Die Tagebücher der Apothekerin

Geheimnisse am Kaiserhof

Story Light Novel:
Natsu Hyuuga

Story Manga:
Itsuki Nanao

Zeichnungen:
Nekokurage

Charakterdesign:
Touco Shino

2

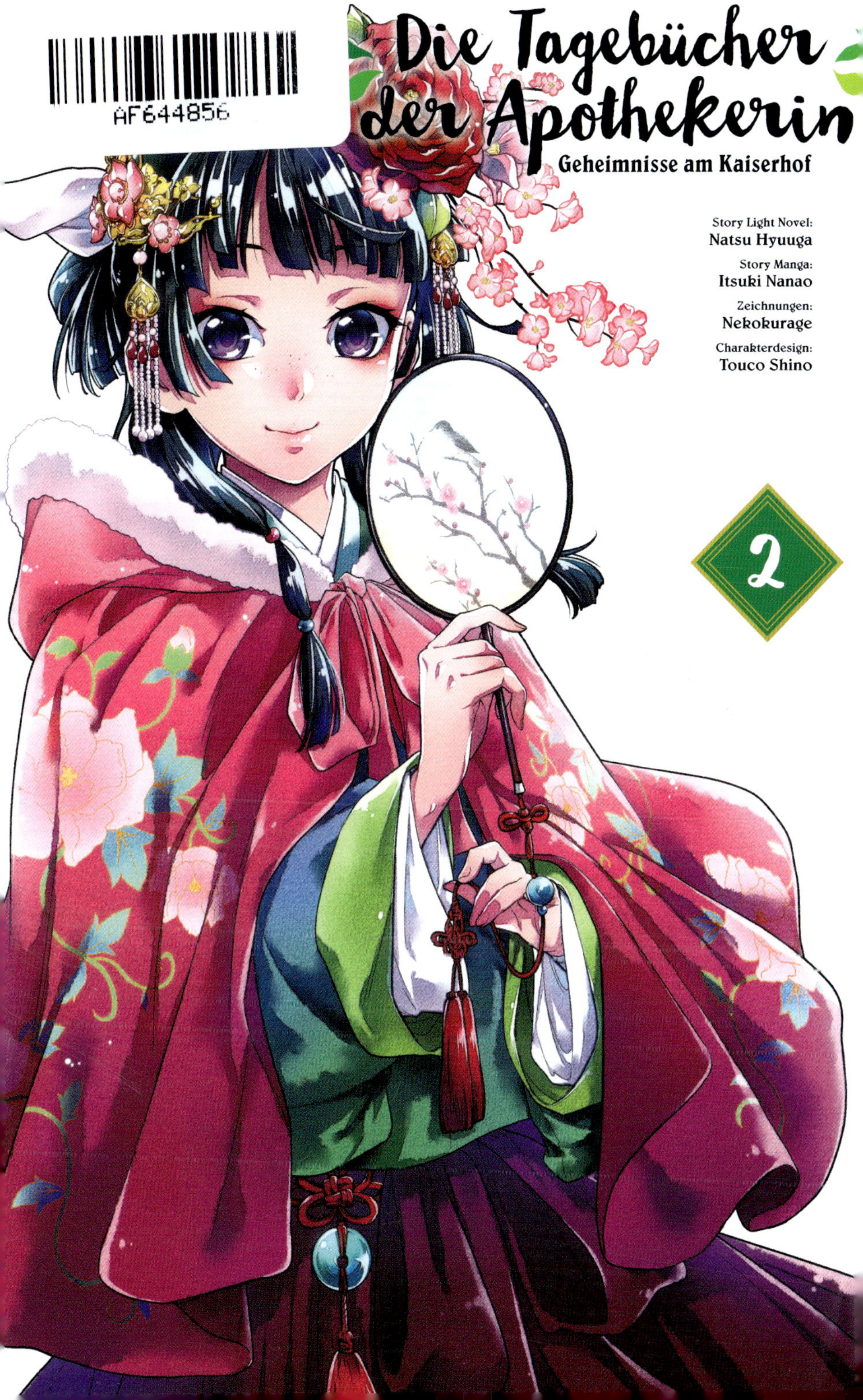

Inhalt

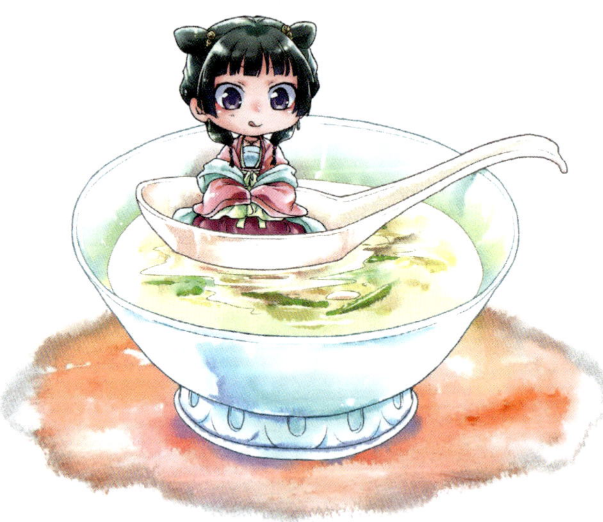

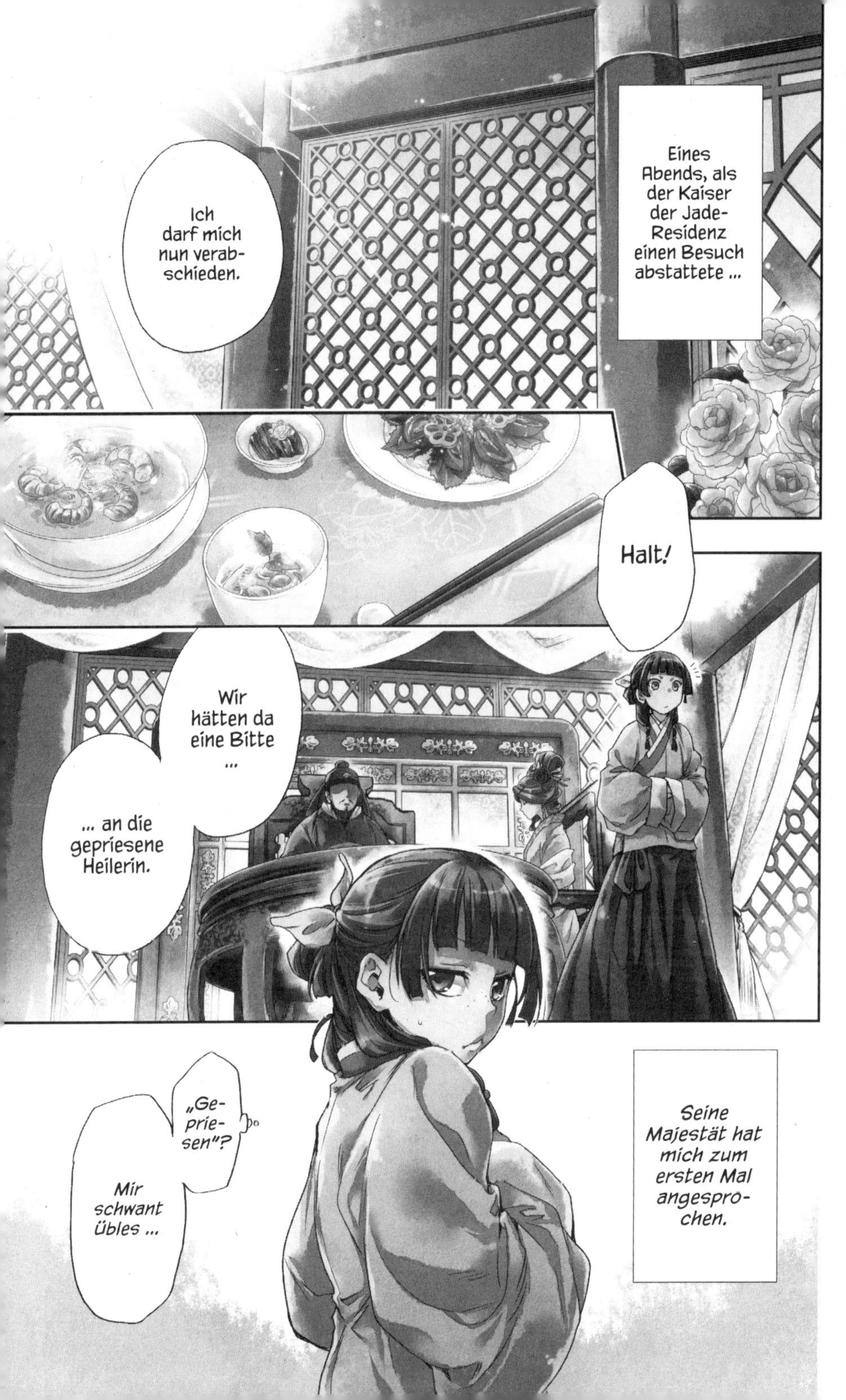
Eines Abends, als der Kaiser der Jade-Residenz einen Besuch abstattete ...
Ich darf mich nun verabschieden.
Halt!
Wir hätten da eine Bitte ...
... an die gepriesene Heilerin.
Seine Majestät hat mich zum ersten Mal angesprochen.
„Gepriesen"?
Mir schwant Übles ...

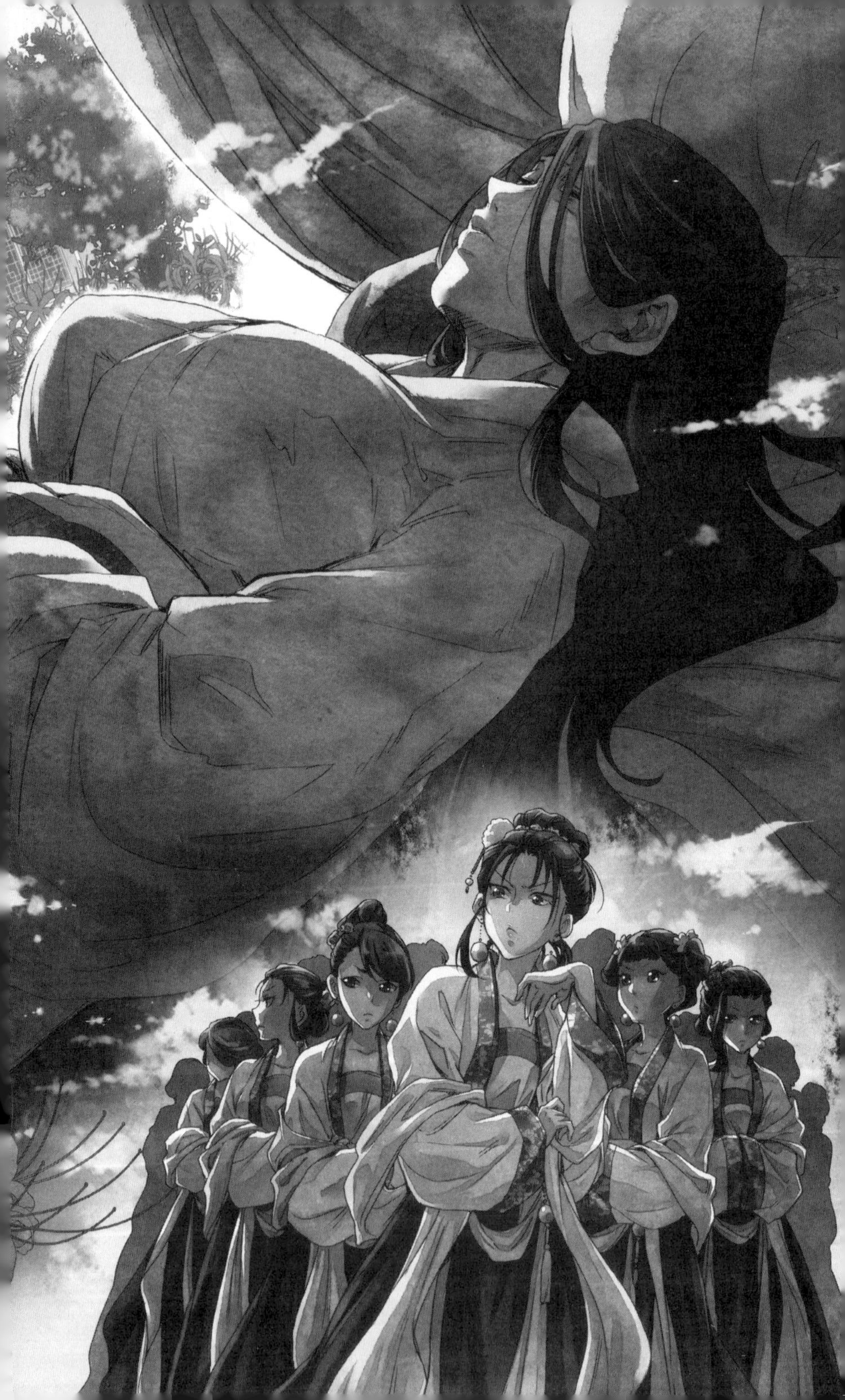

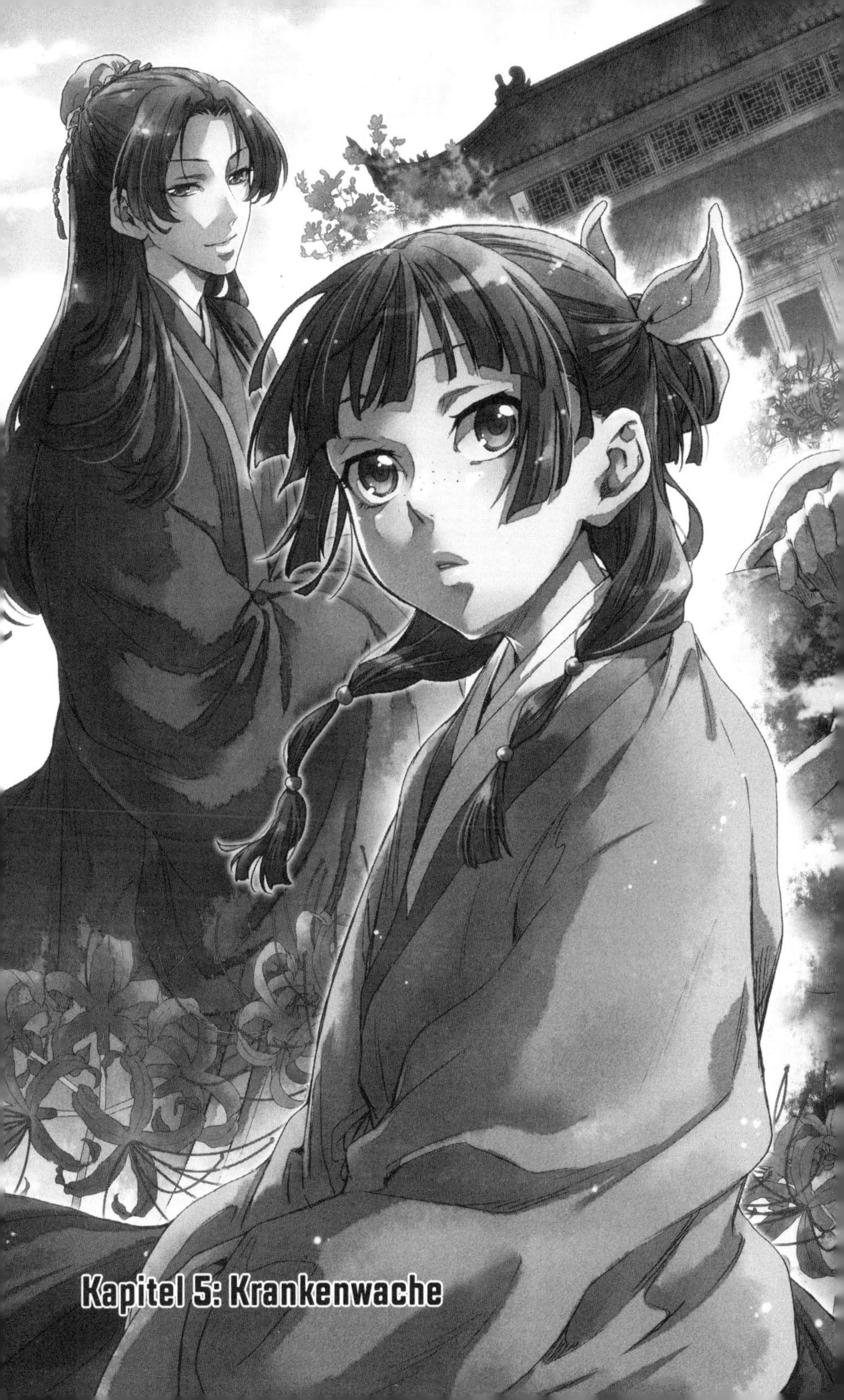

Kapitel 5: Krankenwache

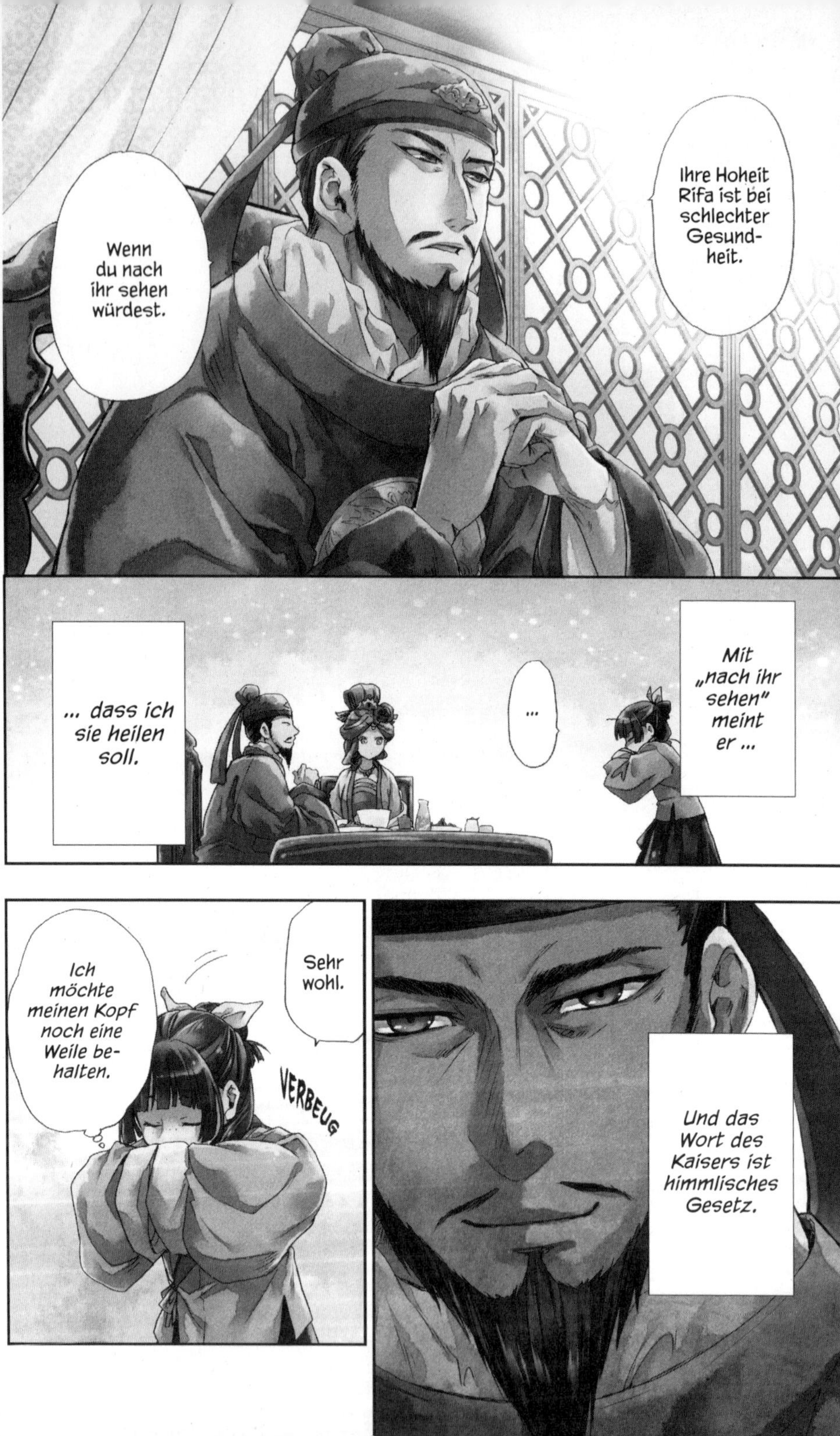
Ihre Hoheit Rifa ist bei schlechter Gesundheit.
Wenn du nach ihr sehen würdest.
Mit „nach ihr sehen" meint er ...
...
... dass ich sie heilen soll.
Und das Wort des Kaisers ist himmlisches Gesetz.
Sehr wohl.
VERBEUG
Ich möchte meinen Kopf noch eine Weile behalten.

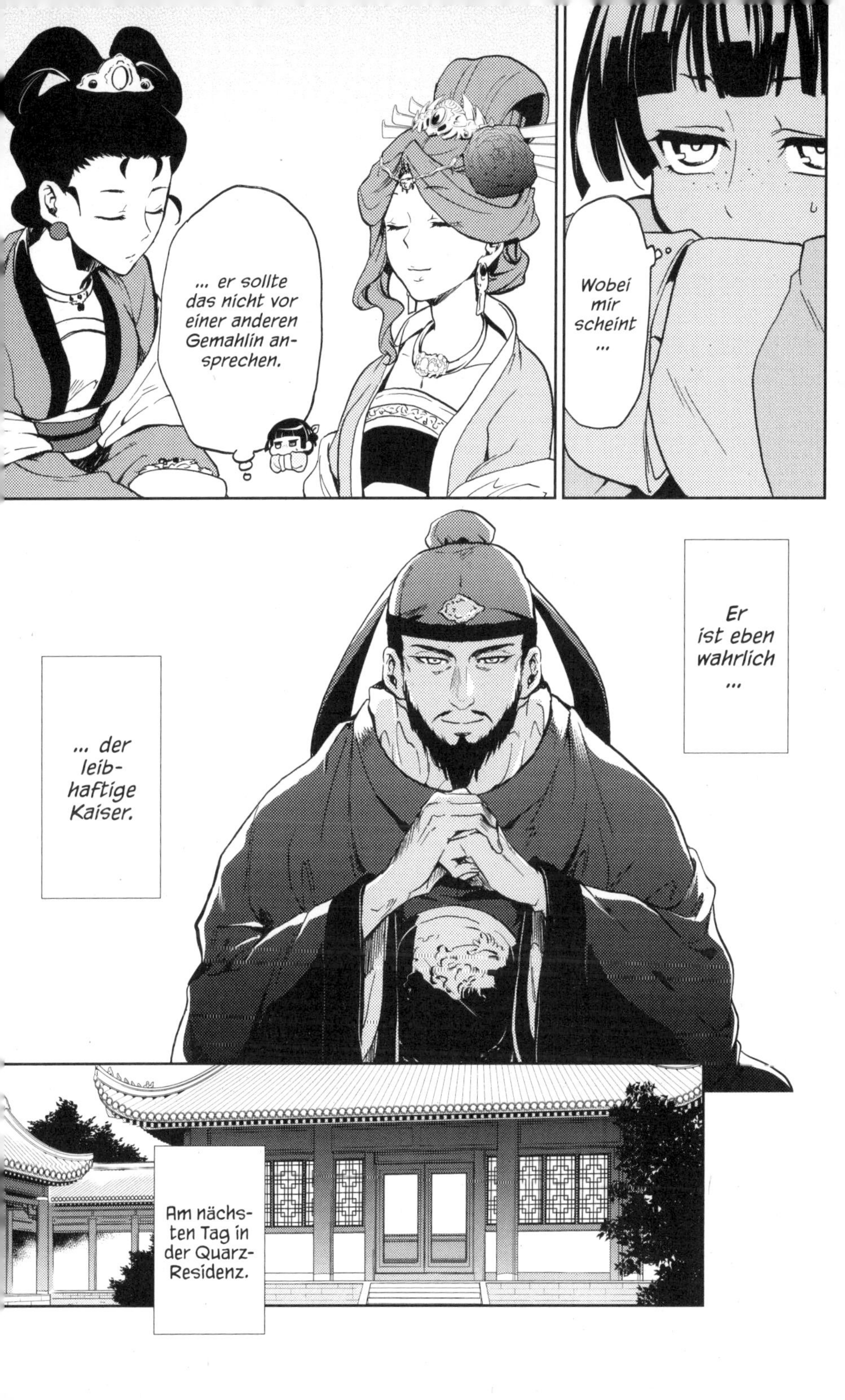
Wobei mir scheint ...
... er sollte das nicht vor einer anderen Gemahlin ansprechen.
Er ist eben wahrlich ...
... der leibhaftige Kaiser.
Am nächsten Tag in der Quarz-Residenz.

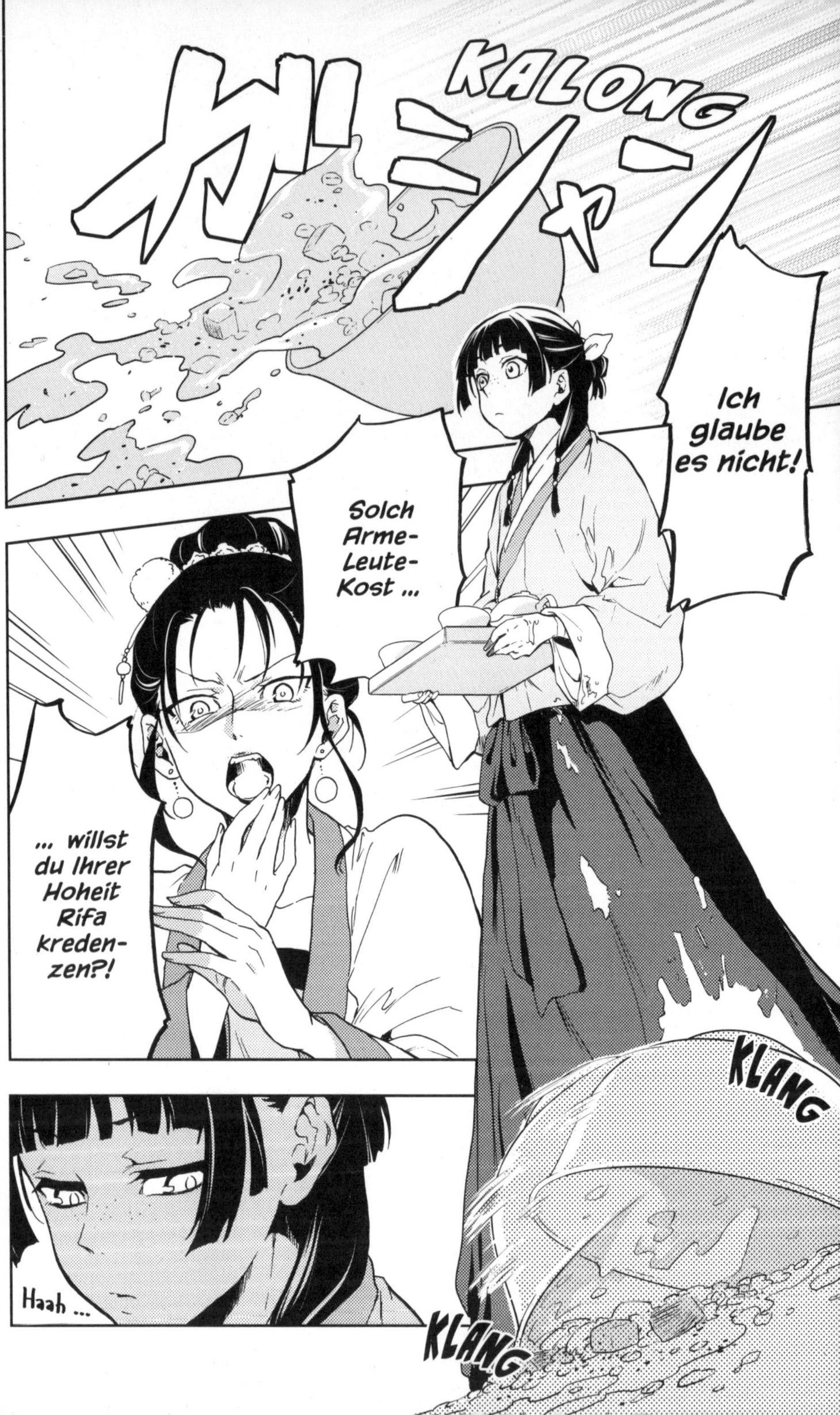
ガシャーン
KALONG
Ich glaube es nicht!
Solch Arme-Leute-Kost ...
... willst du Ihrer Hoheit Rifa kredenzen?!
KLANG
KLANG
Haah ...

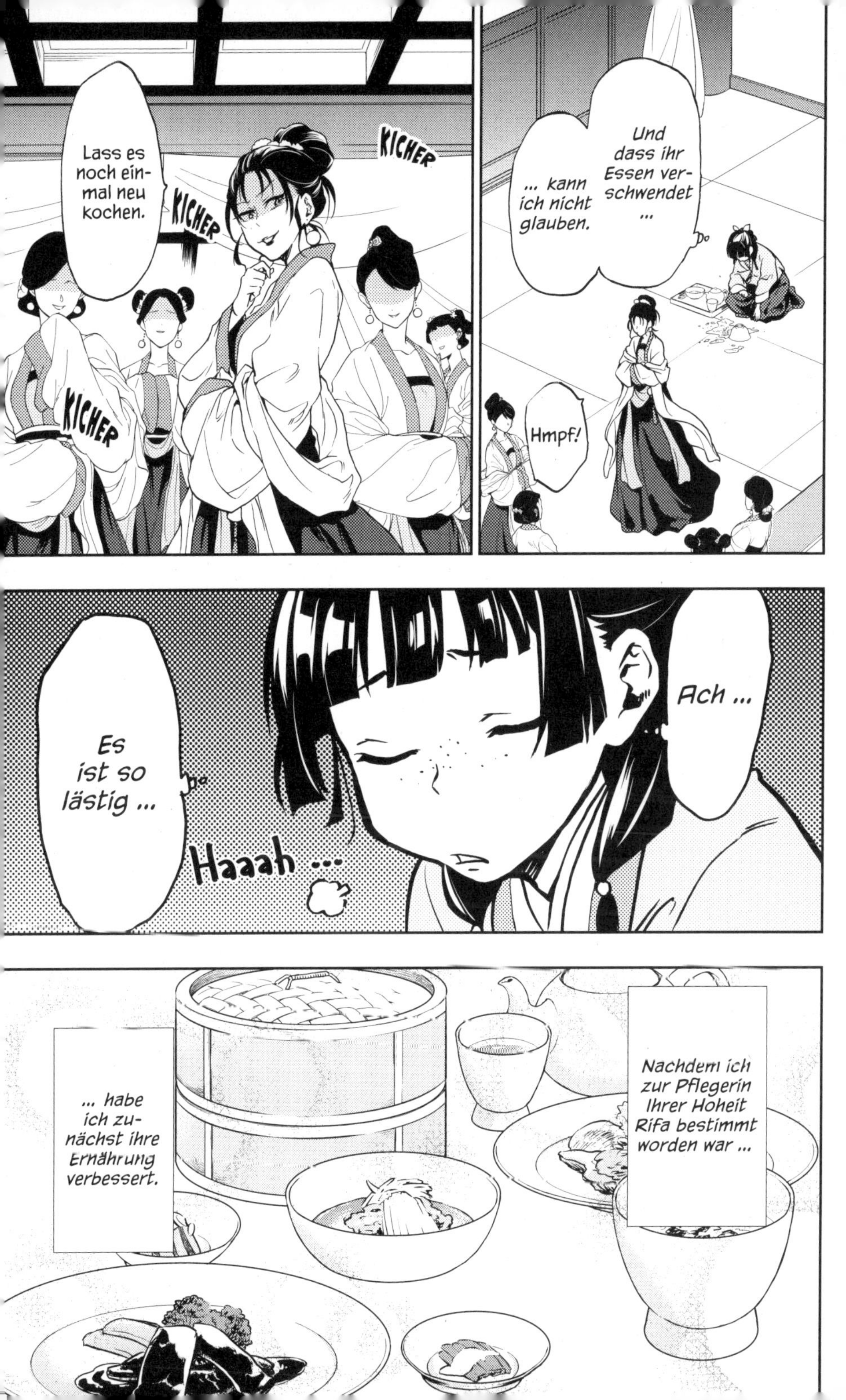
Und dass ihr Essen verschwendet ...
... kann ich nicht glauben.
Hmpf!
KICHER
Lass es noch einmal neu kochen.
KICHER
KICHER
Ach ...
Es ist so lästig ...
Haaah ...
Nachdem ich zur Pflegerin Ihrer Hoheit Rifa bestimmt worden war ...
... habe ich zunächst ihre Ernährung verbessert.

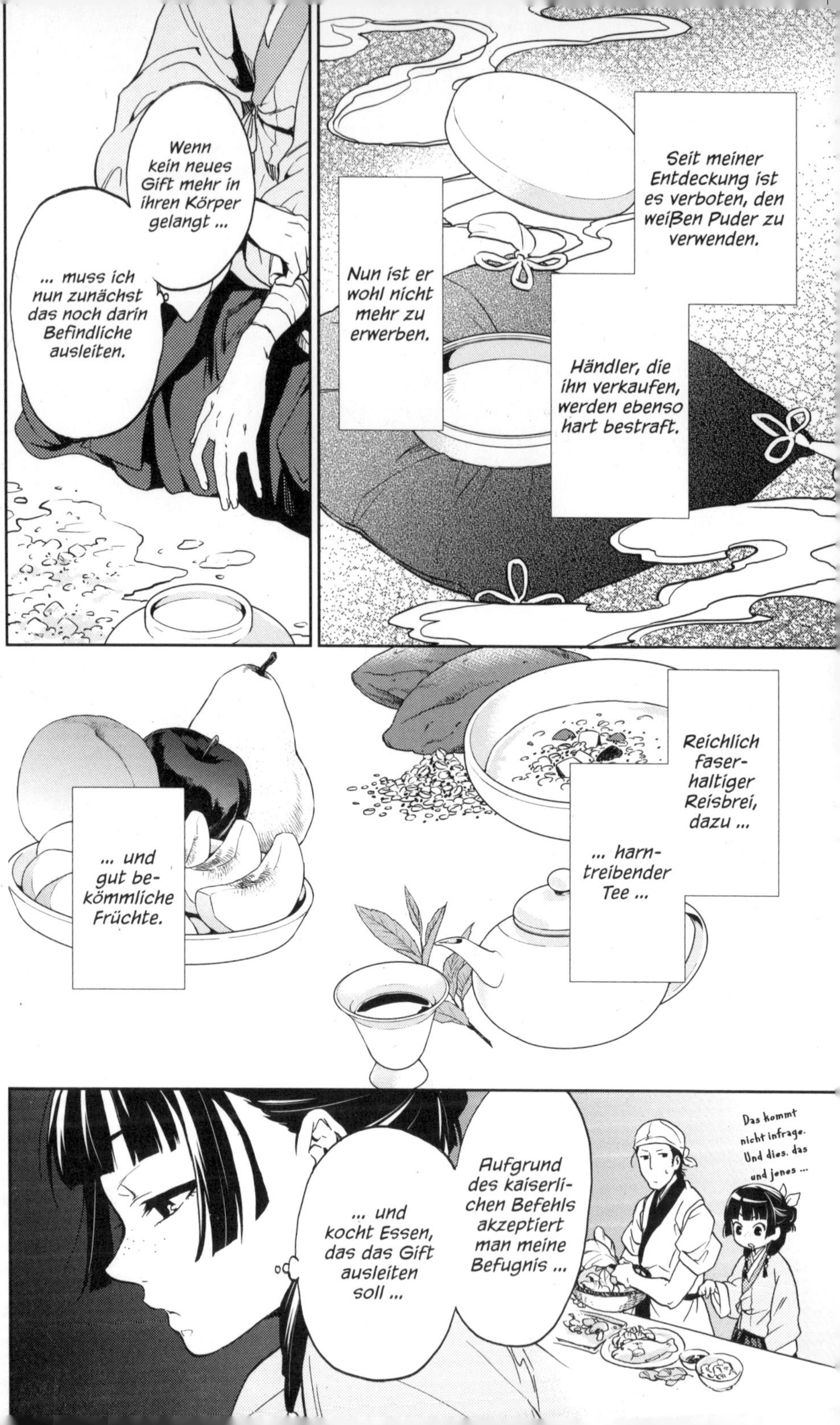
Seit meiner Entdeckung ist es verboten, den weißen Puder zu verwenden.
Händler, die ihn verkaufen, werden ebenso hart bestraft.
Nun ist er wohl nicht mehr zu erwerben.
Wenn kein neues Gift mehr in ihren Körper gelangt ...
... muss ich nun zunächst das noch darin Befindliche ausleiten.
Reichlich faserhaltiger Reisbrei, dazu ...
... harntreibender Tee ...
... und gut bekömmliche Früchte.
Das kommt nicht infrage. Und dies, das und jenes ...
Aufgrund des kaiserlichen Befehls akzeptiert man meine Befugnis ...
... und kocht Essen, das das Gift ausleiten soll ...

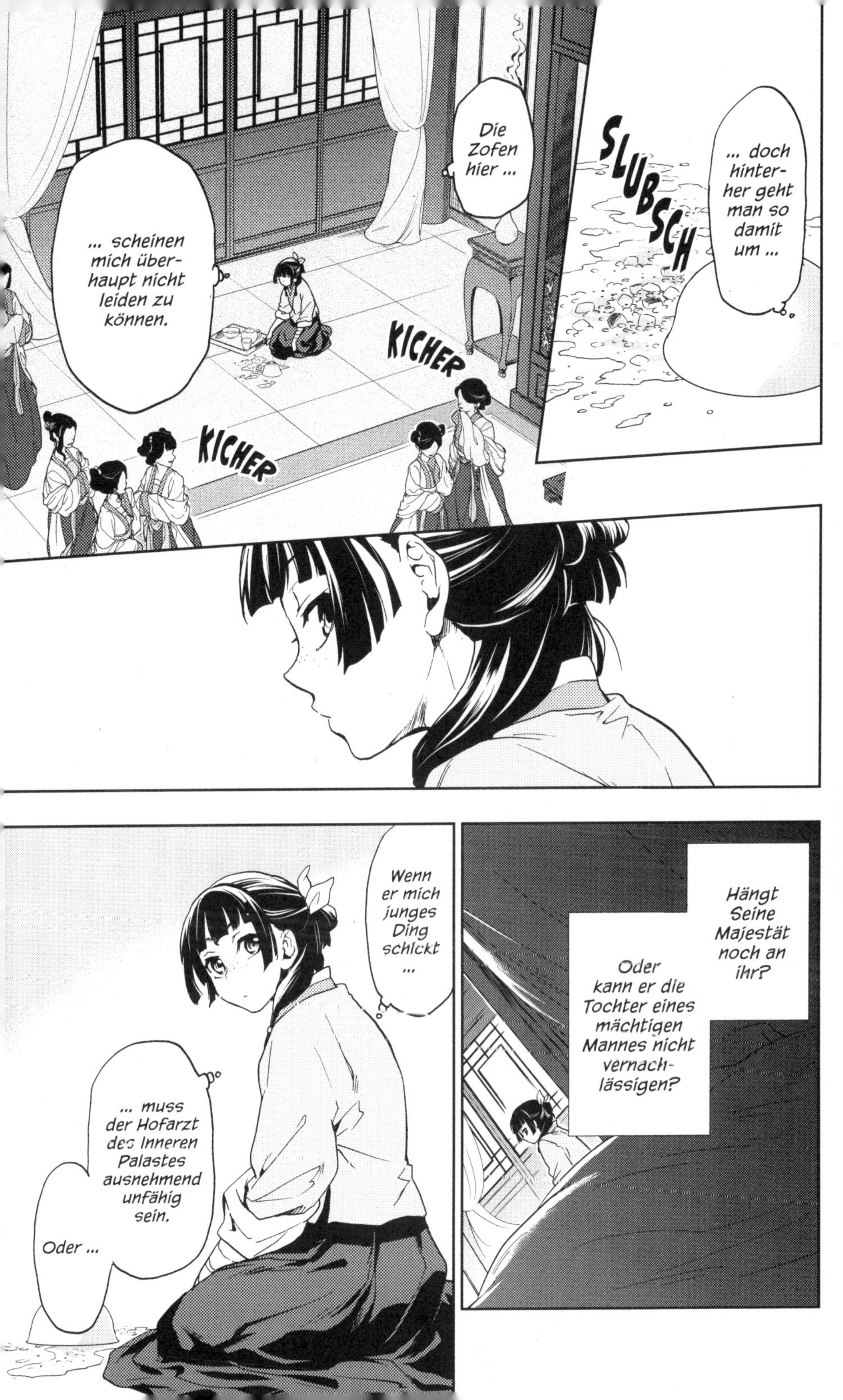
SLUBSCH
... doch hinterher geht man so damit um ...
Die Zofen hier ...
... scheinen mich überhaupt nicht leiden zu können.
KICHER
KICHER
Wenn er mich junges Ding schickt ...
... muss der Hofarzt des Inneren Palastes ausnehmend unfähig sein.
Oder ...
Hängt Seine Majestät noch an ihr?
Oder kann er die Tochter eines mächtigen Mannes nicht vernachlässigen?

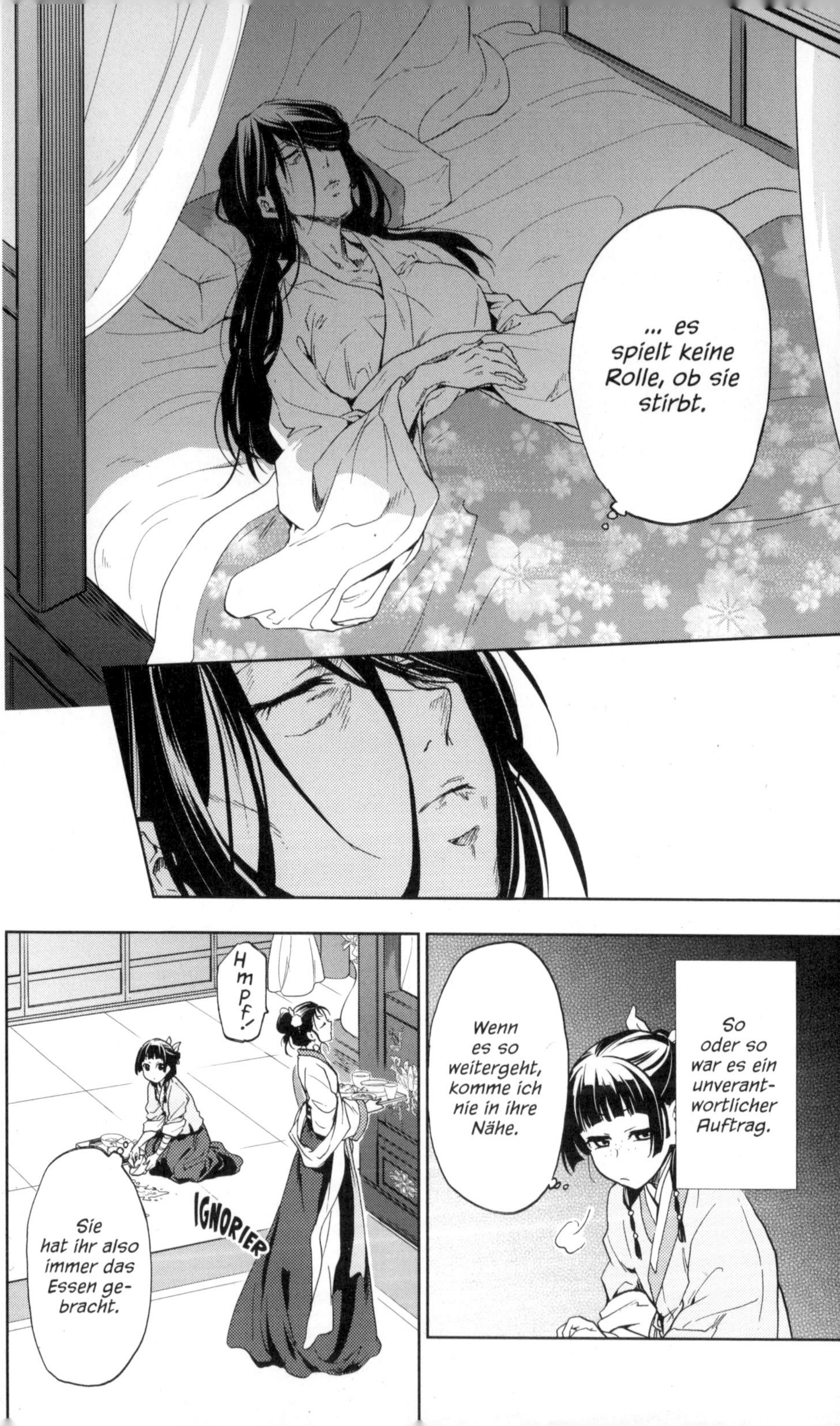
... es spielt keine Rolle, ob sie stirbt.
So oder so war es ein unverant-wortlicher Auftrag.
Wenn es so weitergeht, komme ich nie in ihre Nähe.
Hmpf!
IGNORIER
Sie hat ihr also immer das Essen ge-bracht.

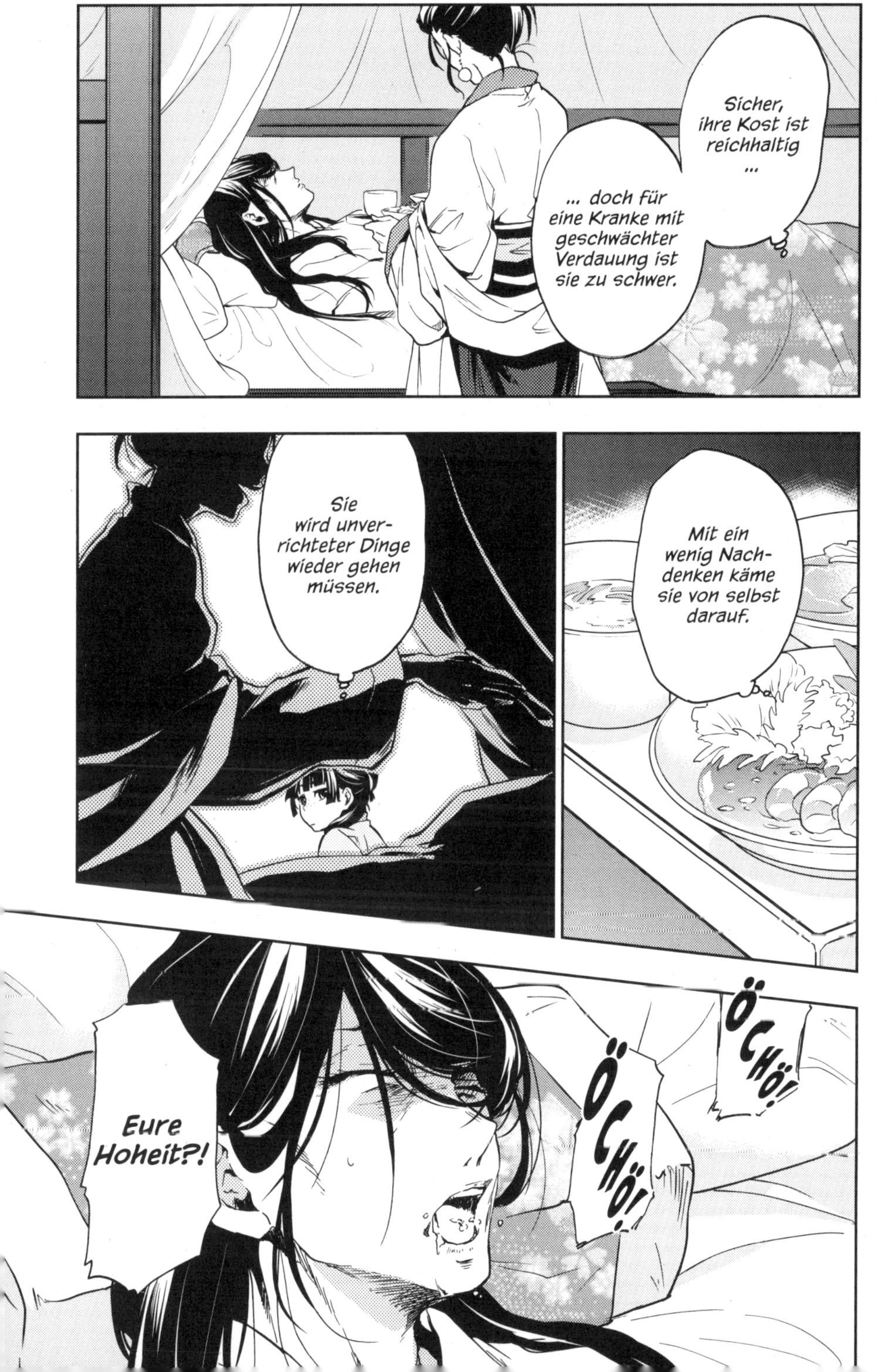
Sicher, ihre Kost ist reichhaltig ...
... doch für eine Kranke mit geschwächter Verdauung ist sie zu schwer.
Mit ein wenig Nachdenken käme sie von selbst darauf.
Sie wird unverrichteter Dinge wieder gehen müssen.
ÖCHÖ!
ÖCHÖ!
Eure Hoheit?!

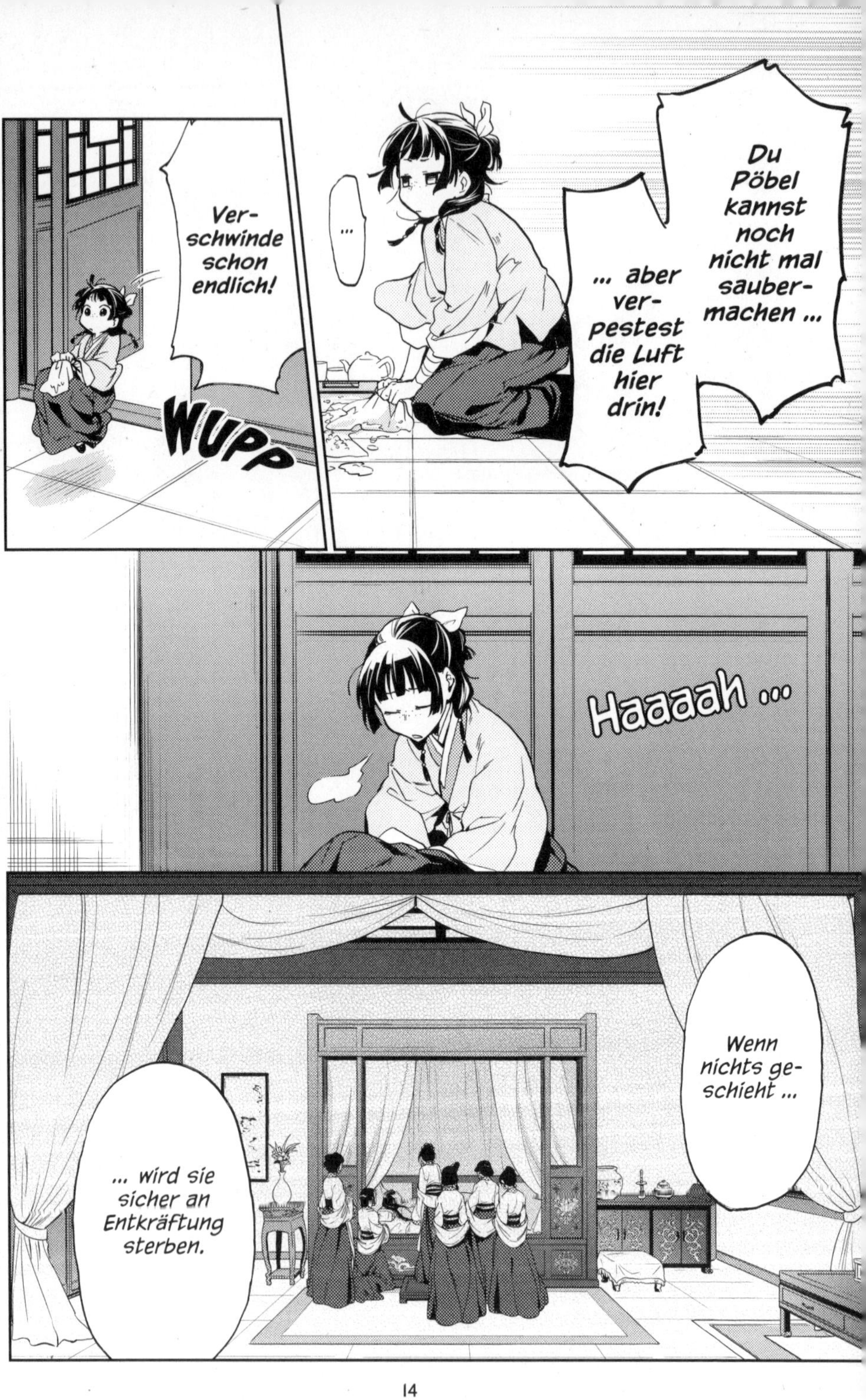

Du Pöbel kannst noch nicht mal saubermachen ...
... aber verpestest die Luft hier drin!
...
Verschwinde schon endlich!
WUPP
Haaaah ...
Wenn nichts geschieht ...
... wird sie sicher an Entkräftung sterben.

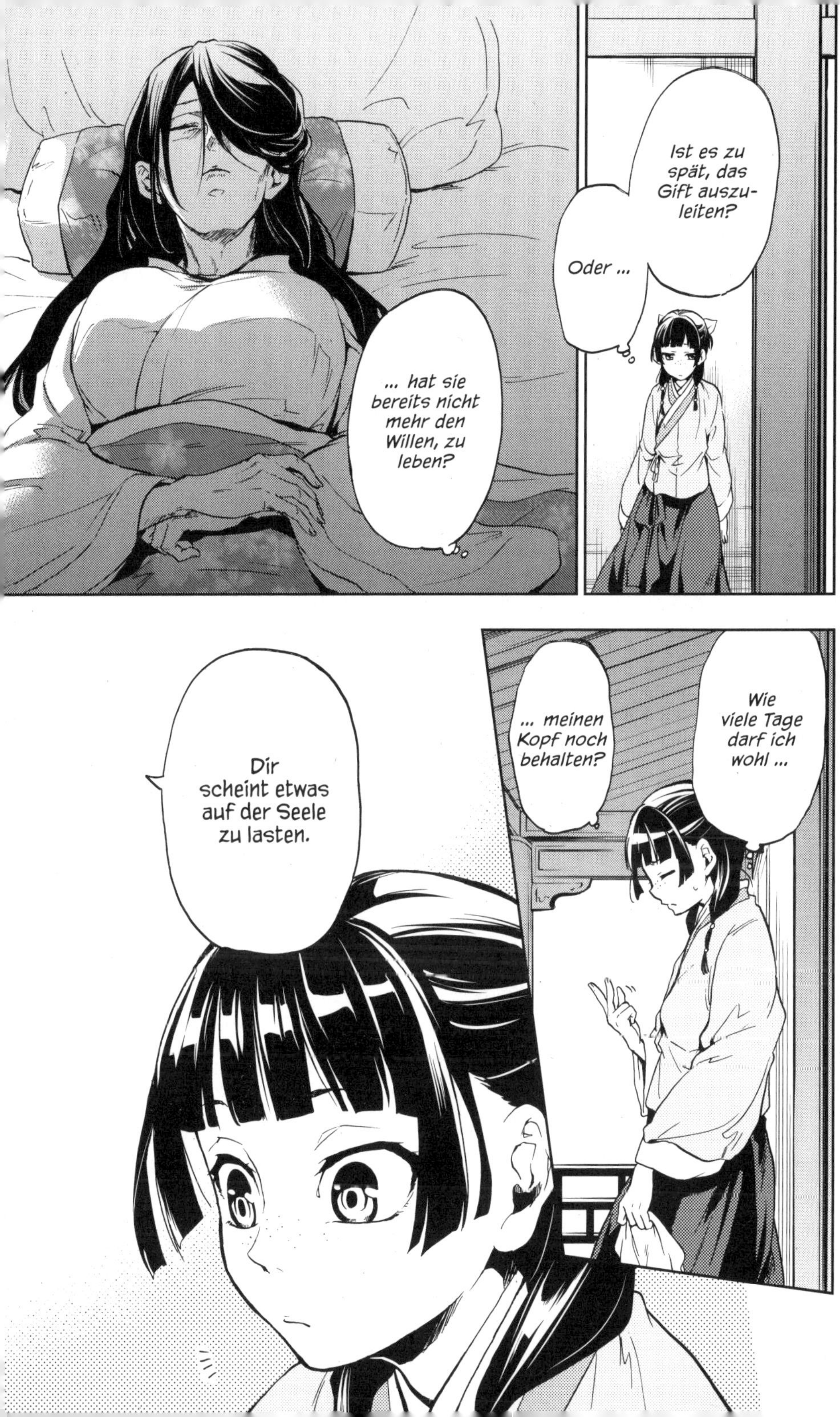
Ist es zu spät, das Gift auszuleiten?
Oder ...
... hat sie bereits nicht mehr den Willen, zu leben?
Wie viele Tage darf ich wohl ...
... meinen Kopf noch behalten?
Dir scheint etwas auf der Seele zu lasten.

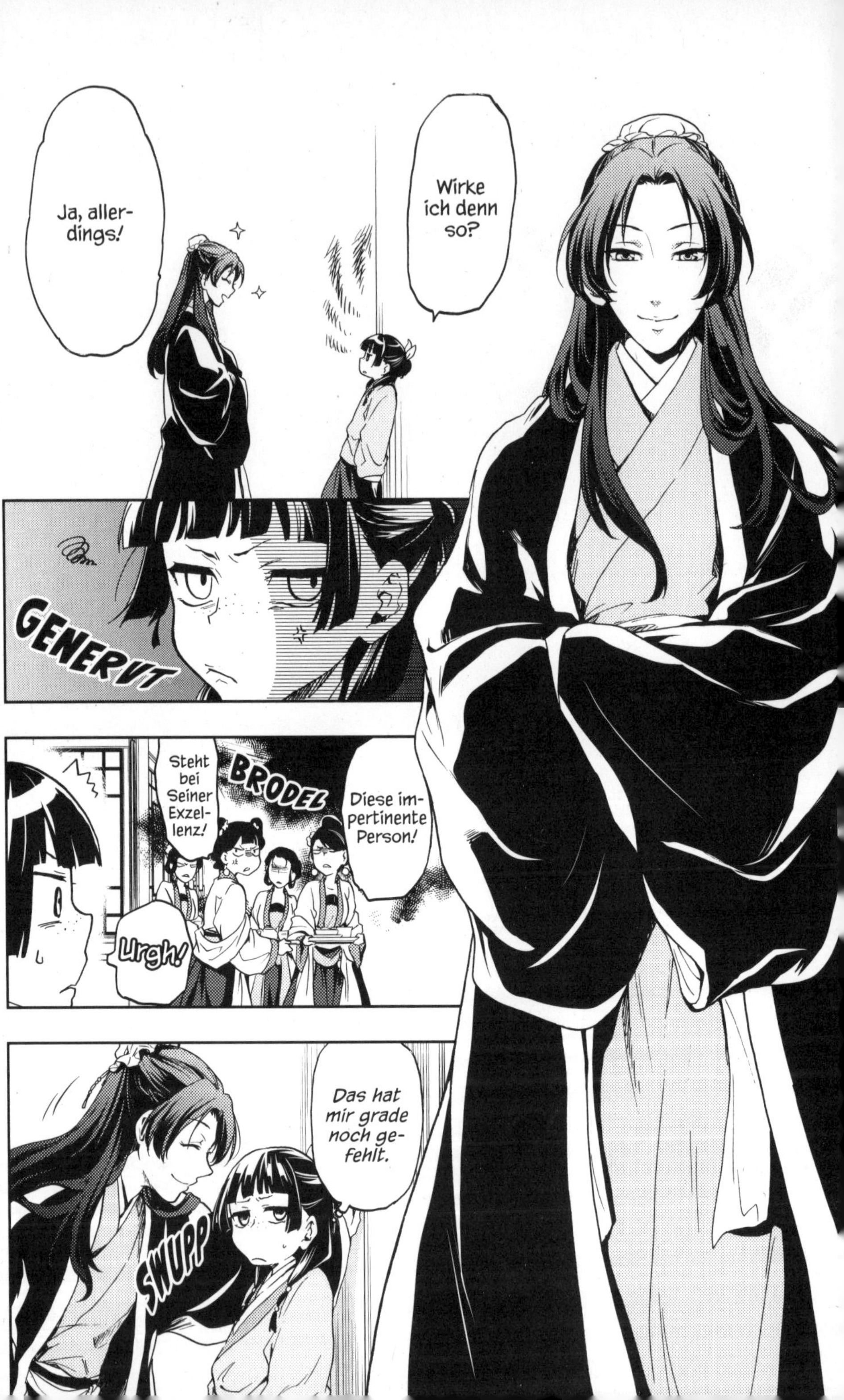

Wirke ich denn so?
Ja, allerdings!
GENERVT
Diese impertinente Person!
BRODEL
Steht bei Seiner Exzellenz!
Urgh!
Das hat mir grade noch gefehlt.
SWUPP

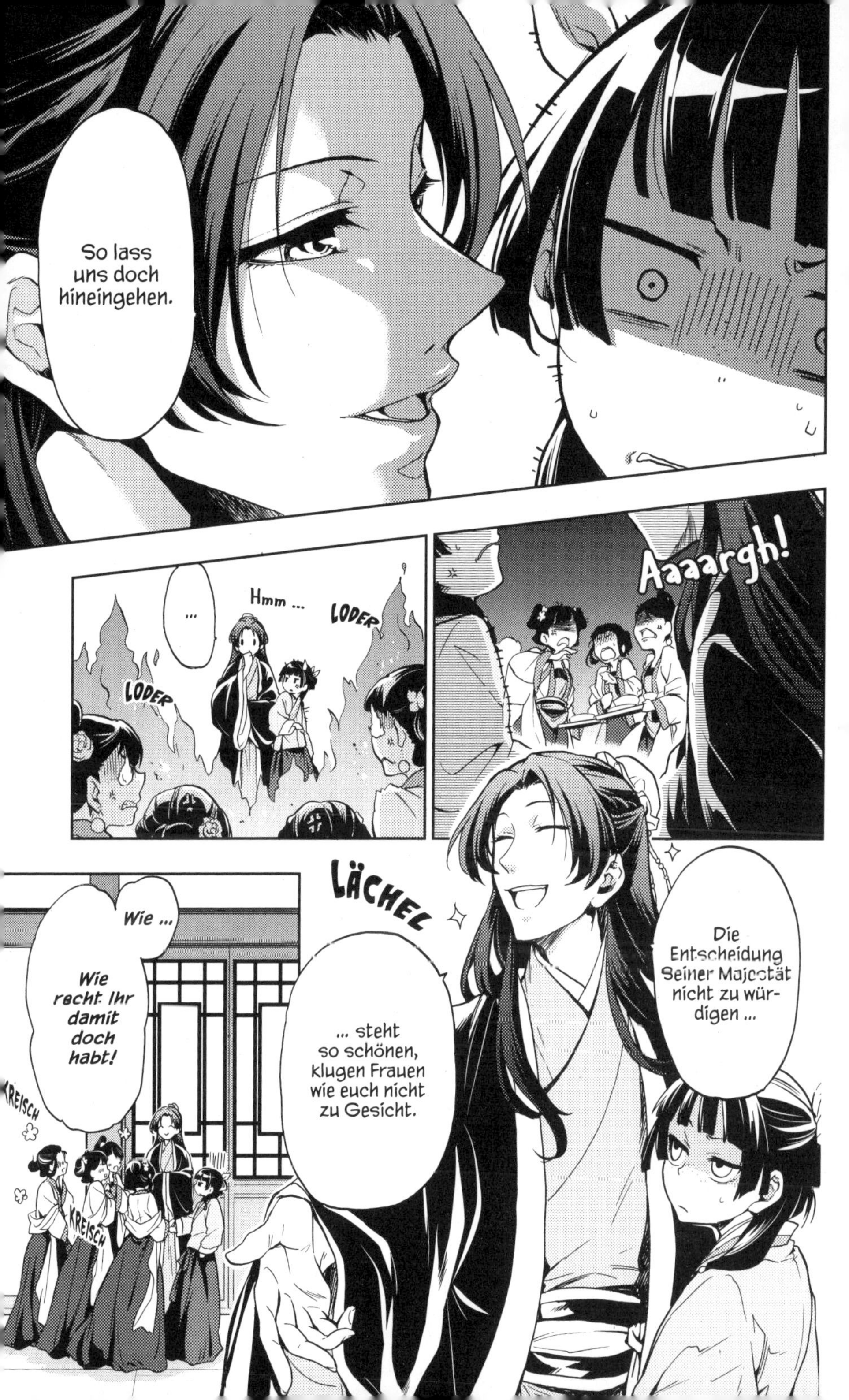

So lass uns doch hineingehen.
Aaaargh!
LODER
Hmm ...
...
LODER
LÄCHEL
Die Entscheidung Seiner Majestät nicht zu würdigen ...
... steht so schönen, klugen Frauen wie euch nicht zu Gesicht.
Wie ...
Wie recht Ihr damit doch habt!
KREISCH
KREISCH

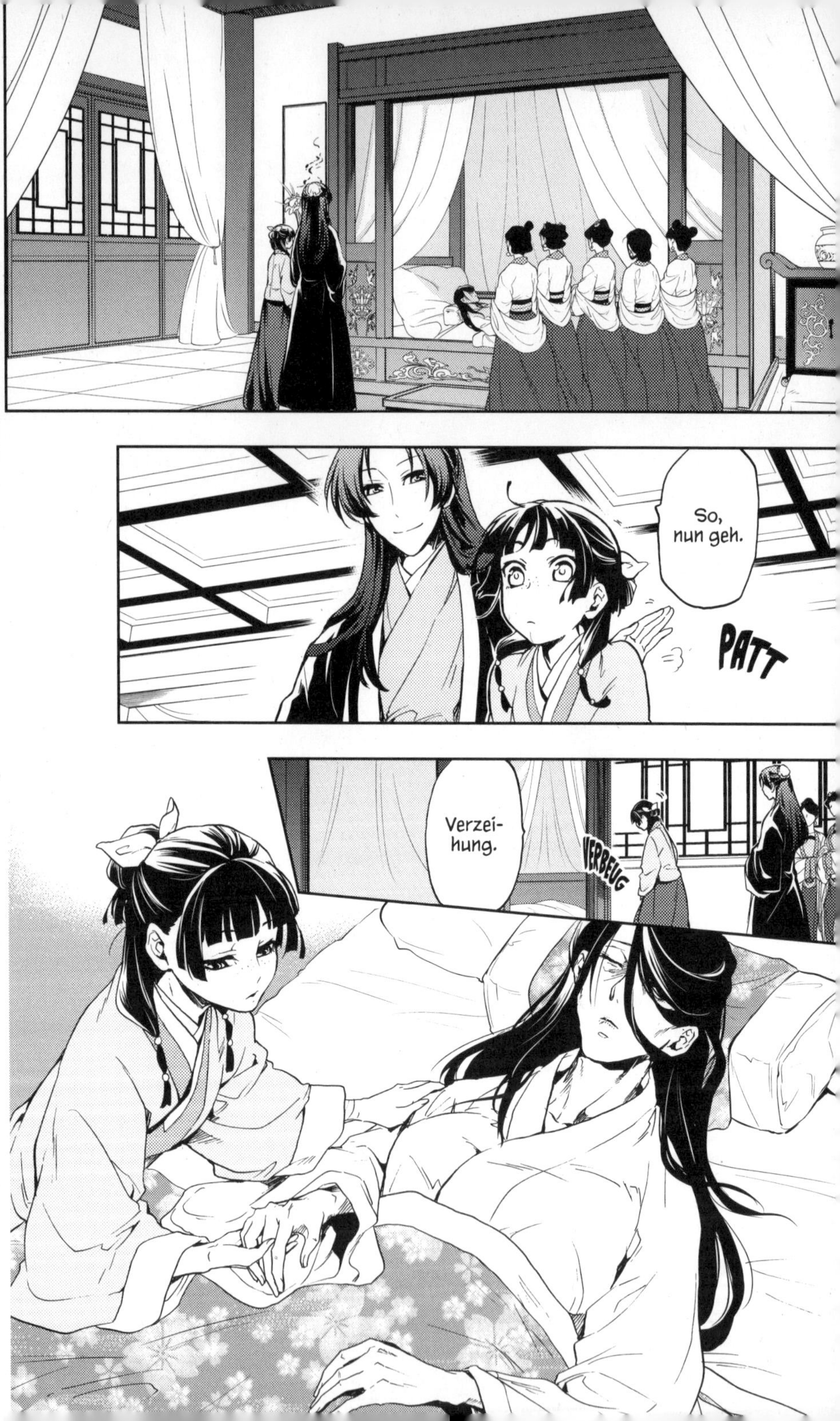

So, nun geh.
PATT
VERBEUG
Verzei-hung.

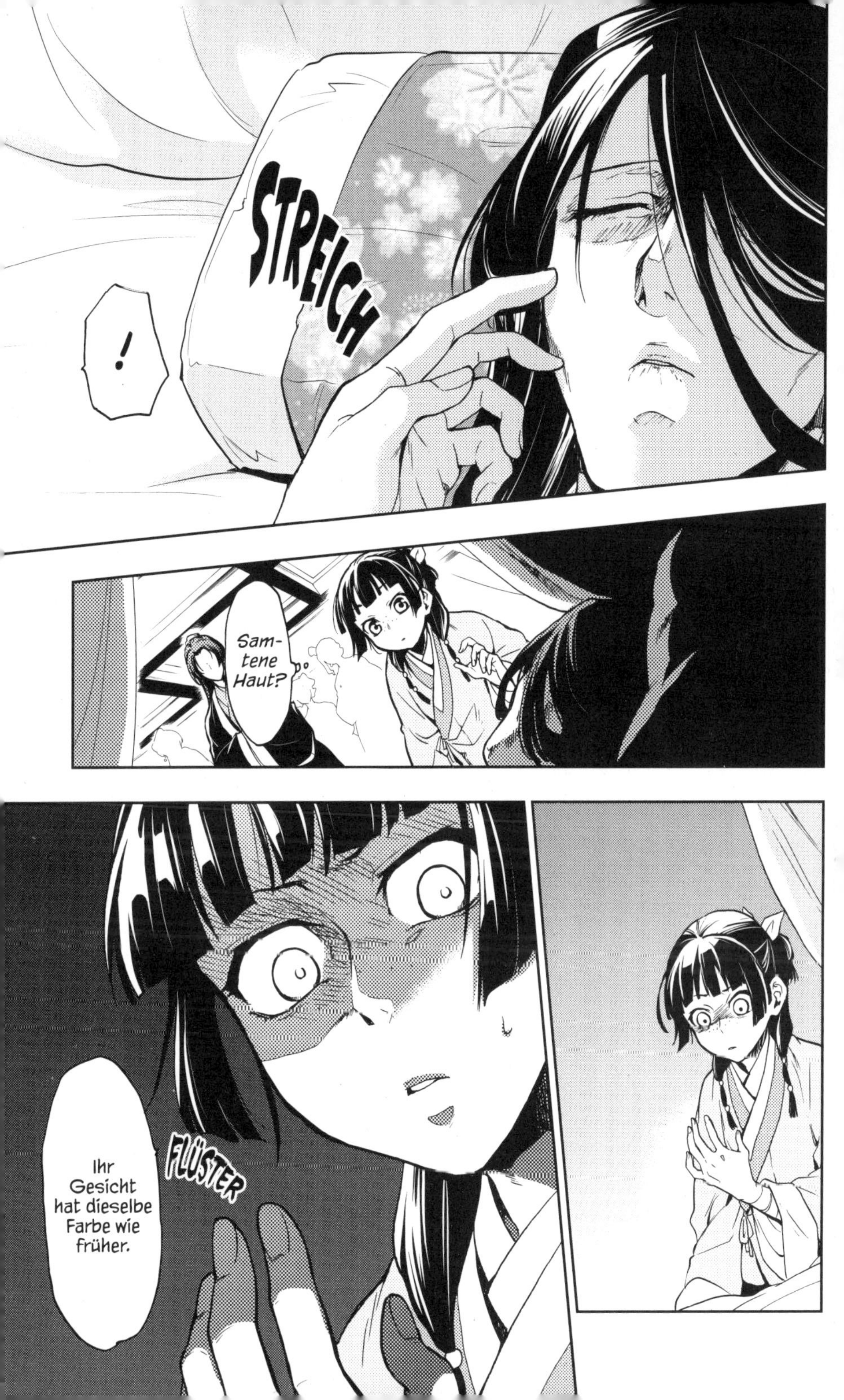
STREICH
!
Samtene Haut?
Ihr Gesicht hat dieselbe Farbe wie früher.
FLÜSTER

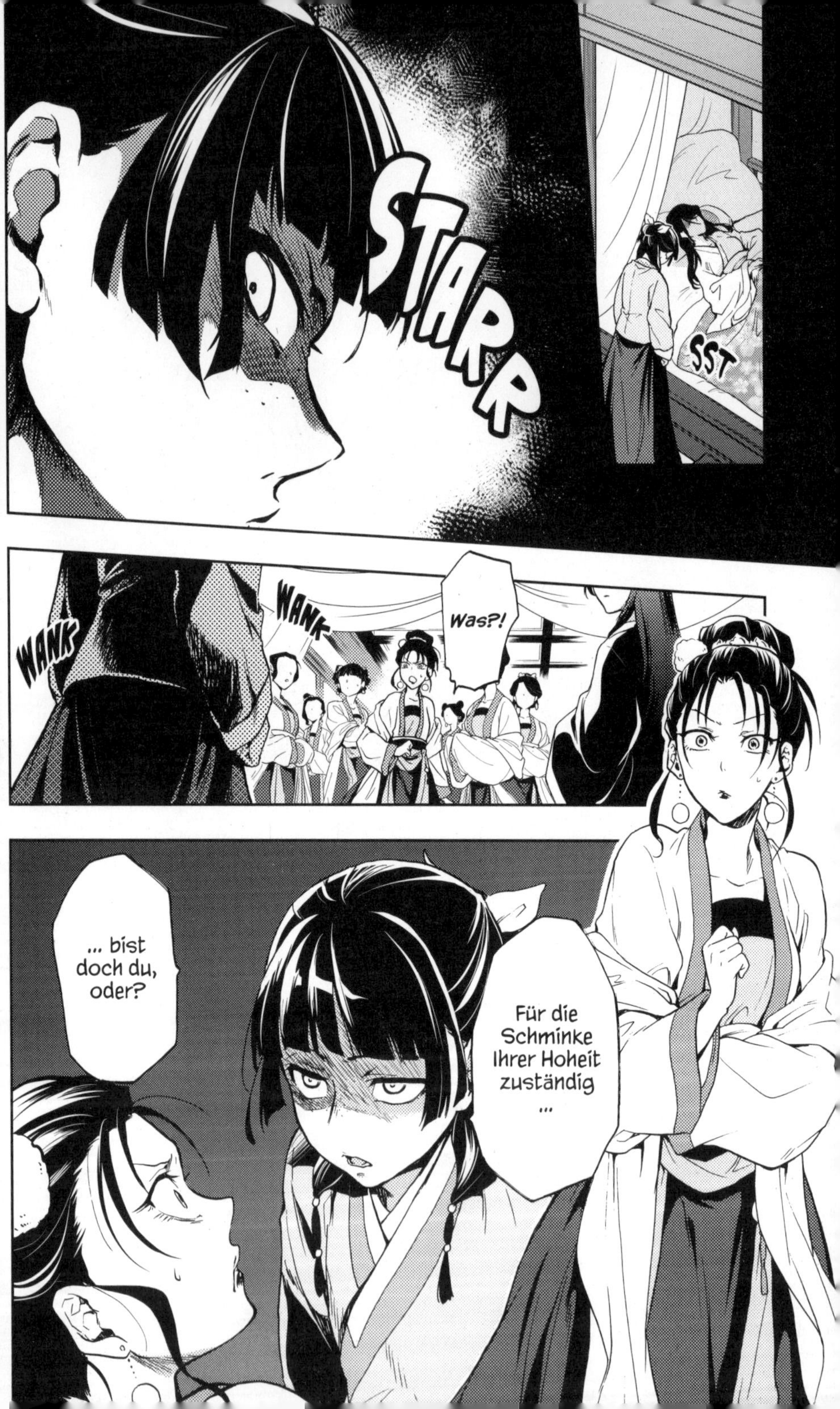
SST
STARR
WANK
WANK
Was?!
Für die Schminke Ihrer Hoheit zuständig ...
... bist doch du, oder?

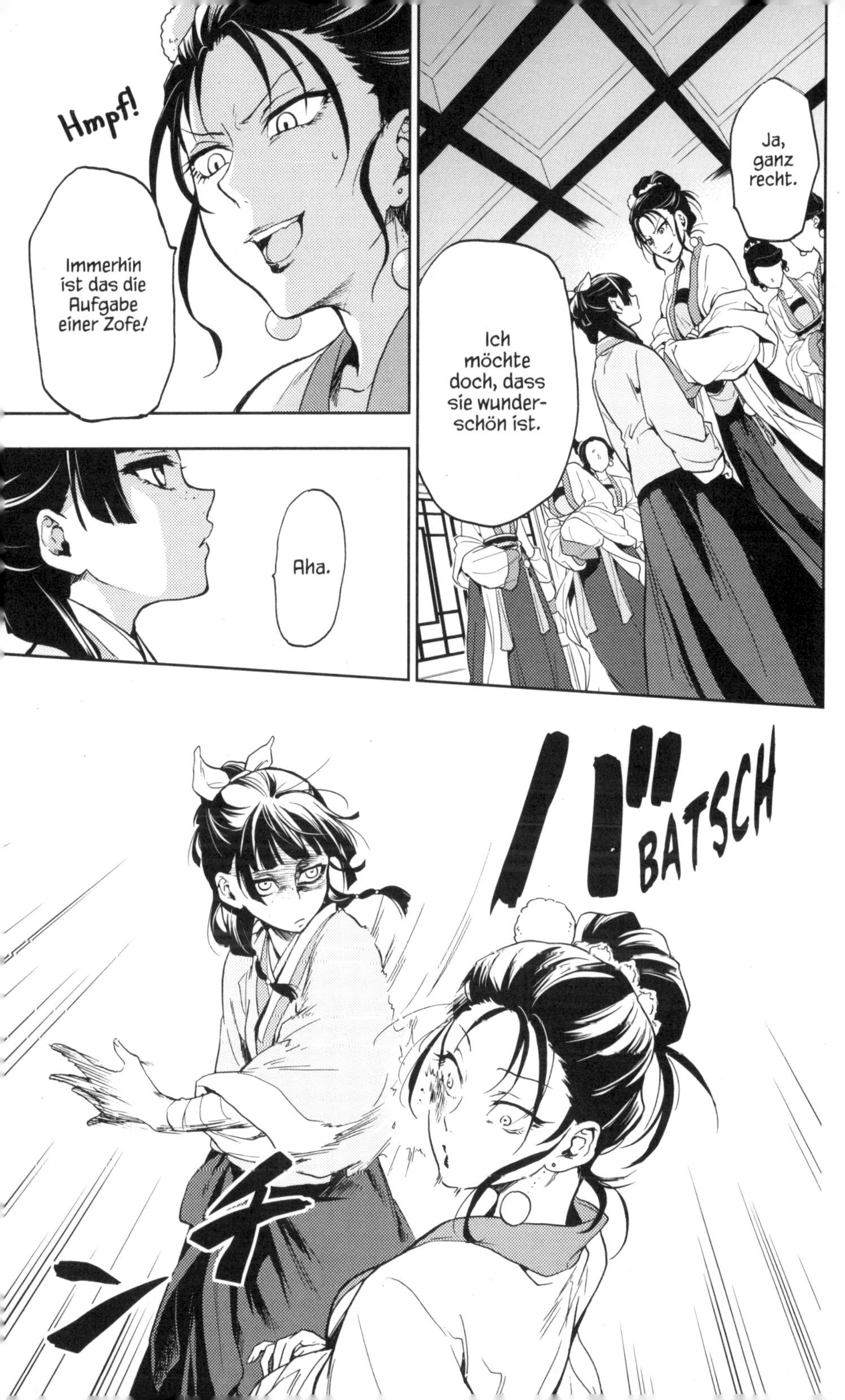
Ja, ganz recht.
Ich möchte doch, dass sie wunderschön ist.
Hmpf!
Immerhin ist das die Aufgabe einer Zofe!
Aha.
BATSCH

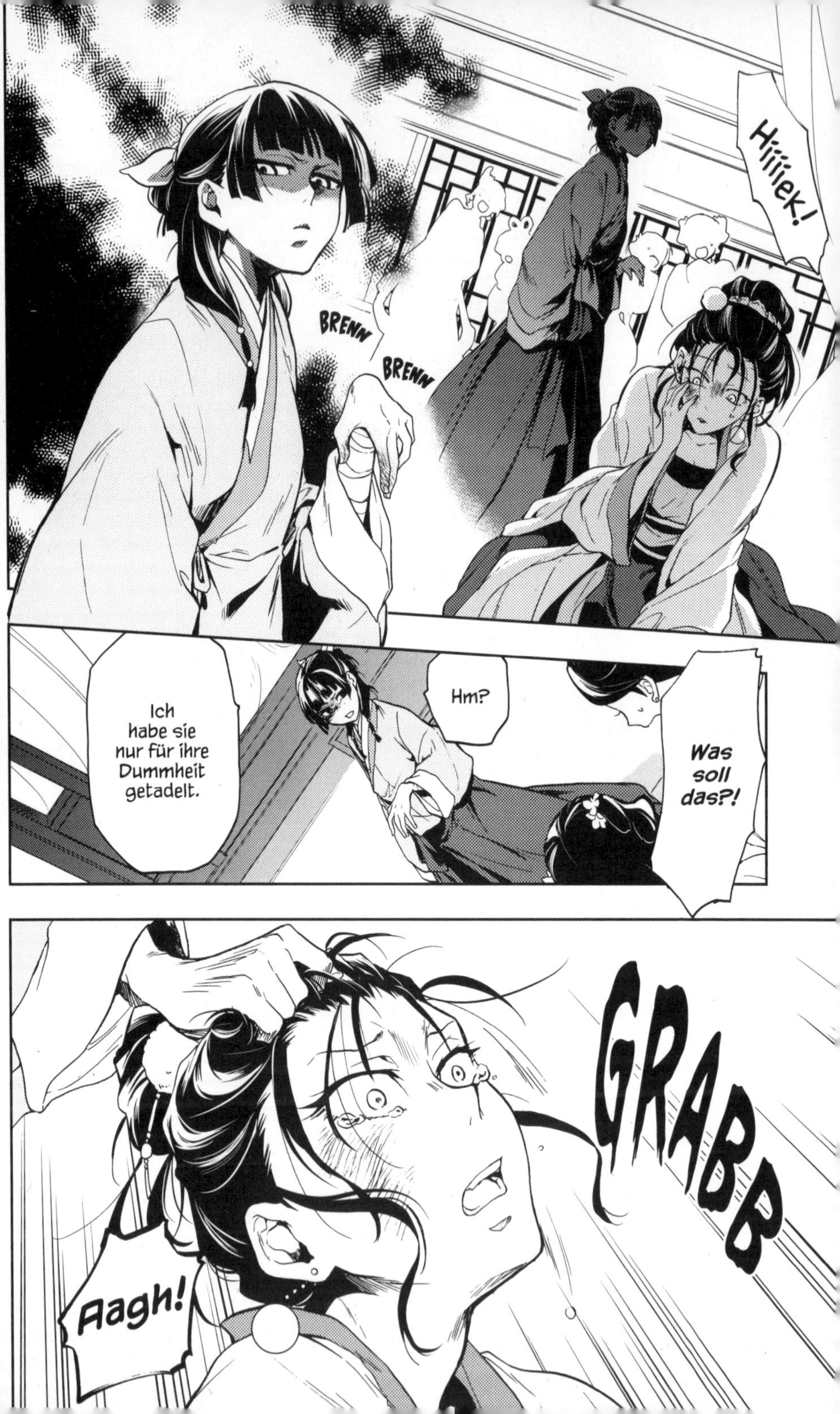

Hiiiiek!
BRENN
BRENN
Was soll das?!
Hm?
Ich habe sie nur für ihre Dummheit getadelt.
GRABB
Aagh!

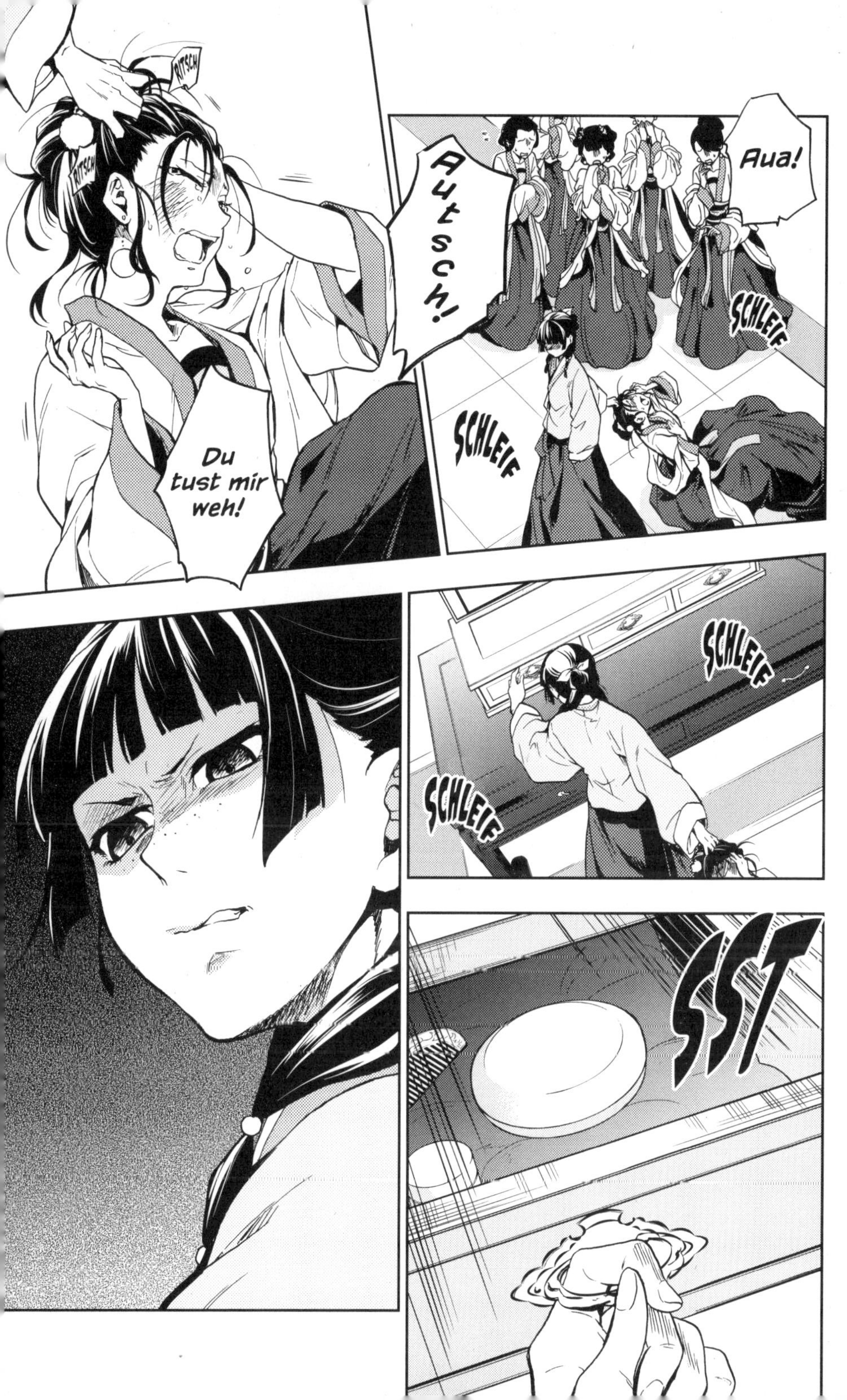
Aua!
Autsch!
SCHLEIF
SCHLEIF
RITSCH
RITSCH
Du tust mir weh!
SCHLEIF
SCHLEIF
SST

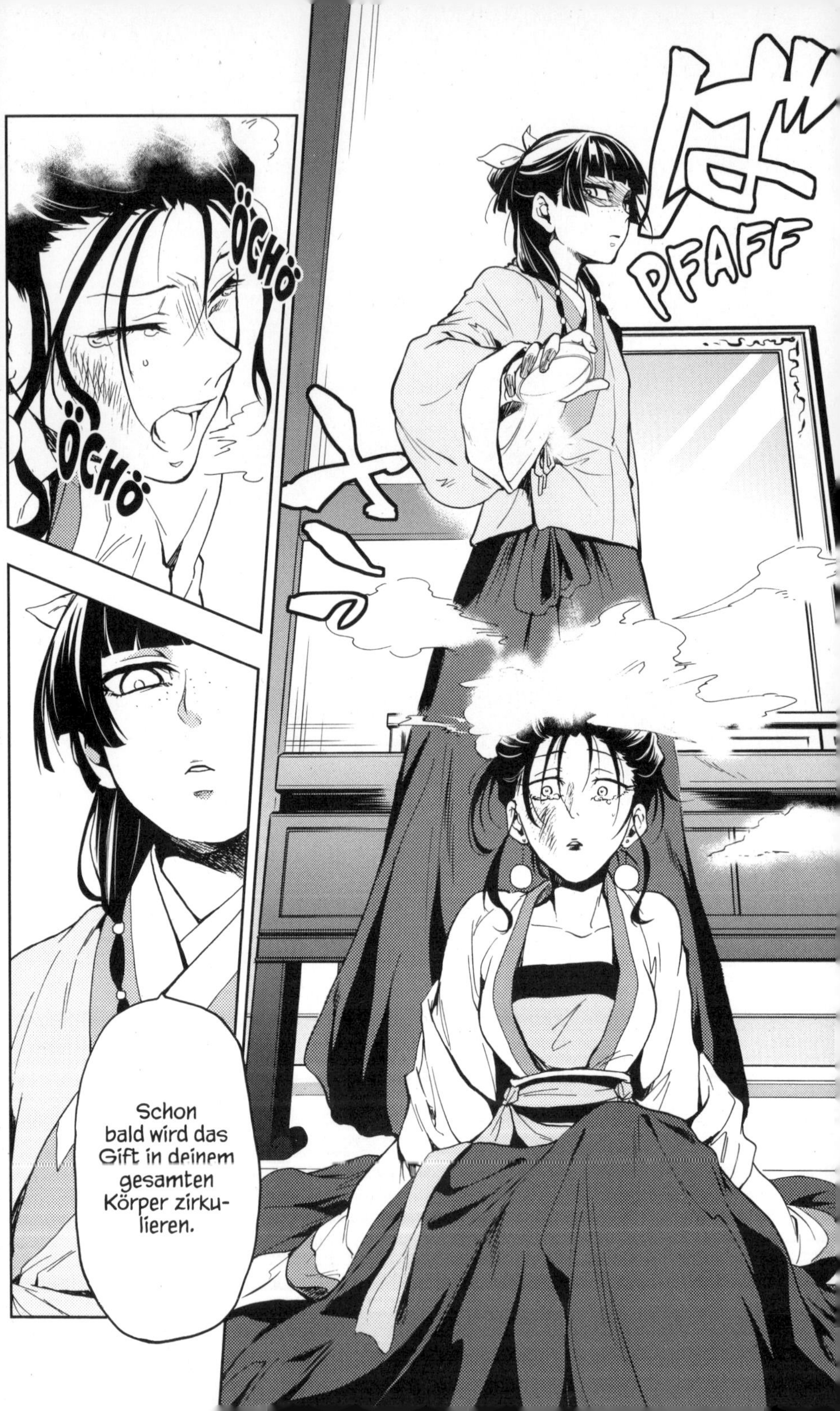

PFAFF
ÖCHÖ
ÖCHÖ
Schon bald wird das Gift in deinem gesamten Körper zirku-lieren.

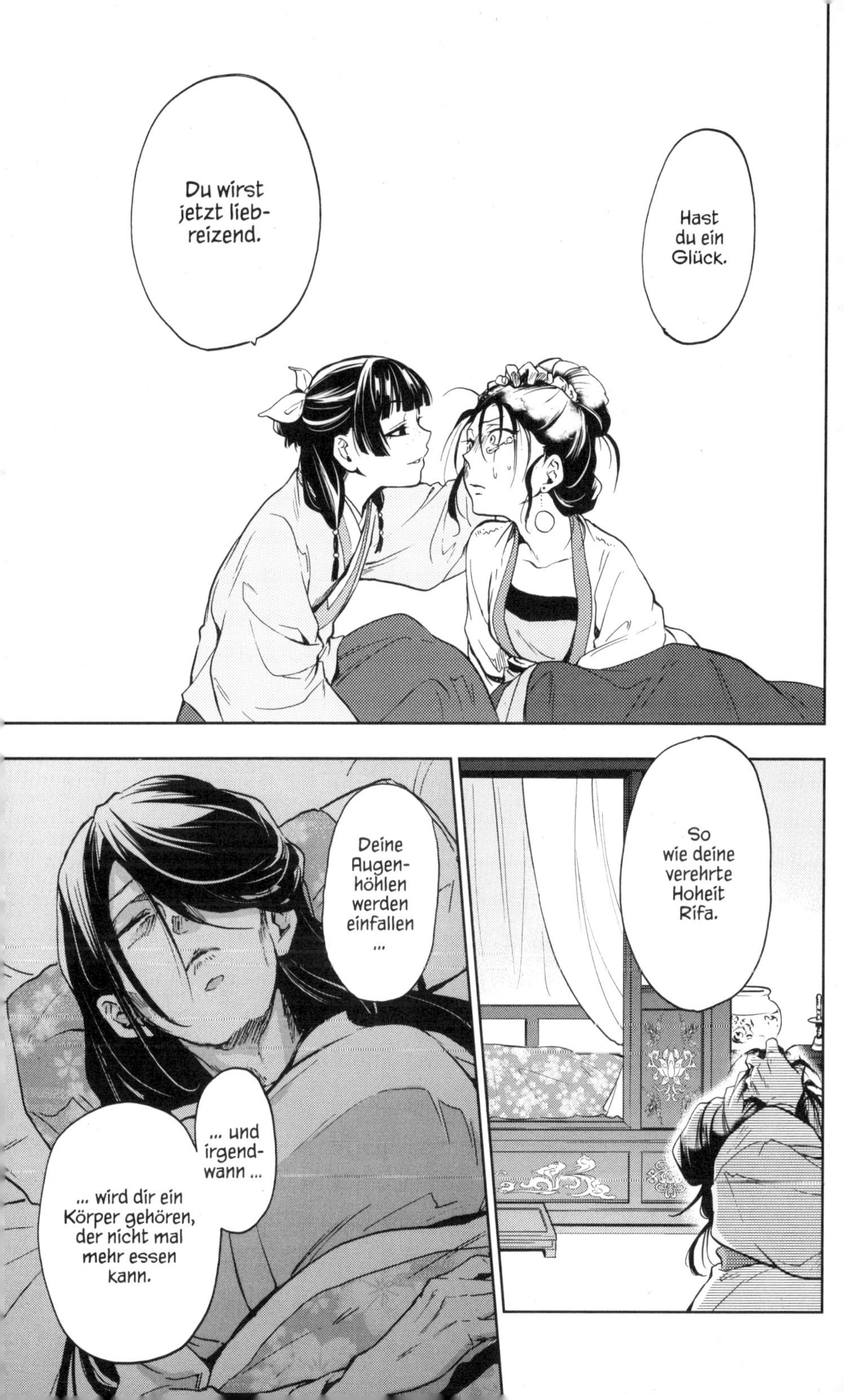
Hast du ein Glück.
Du wirst jetzt liebreizend.
So wie deine verehrte Hoheit Rifa.
Deine Augenhöhlen werden einfallen ...
... und irgendwann ...
... wird dir ein Körper gehören, der nicht mal mehr essen kann.

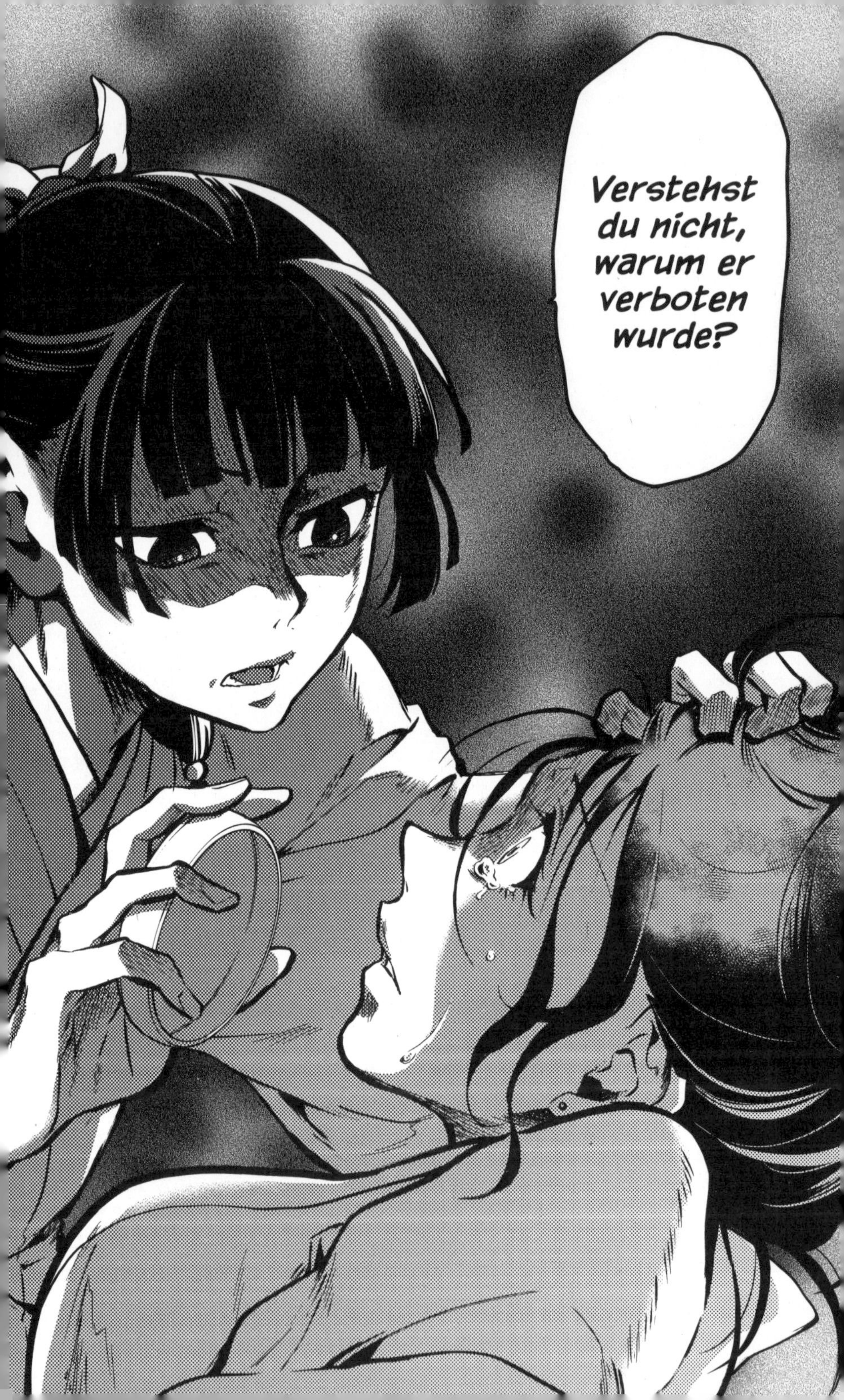
Verstehst du nicht, warum er verboten wurde?

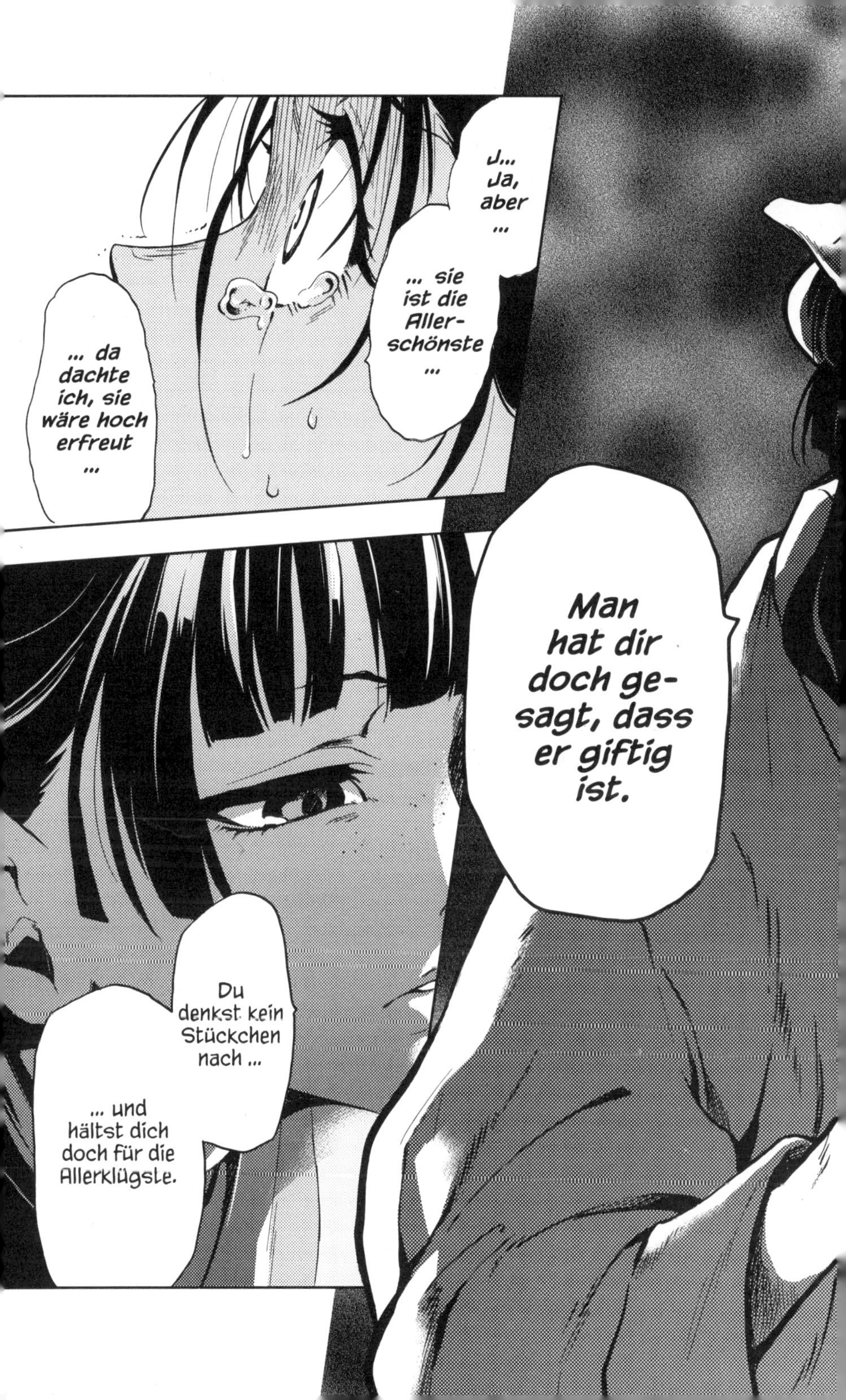

J... Ja, aber ...
... sie ist die Aller-schönste ...
... da dachte ich, sie wäre hoch erfreut ...
Man hat dir doch ge-sagt, dass er giftig ist.
Du denkst kein Stückchen nach ...
... und hältst dich doch für die Allerklügste.

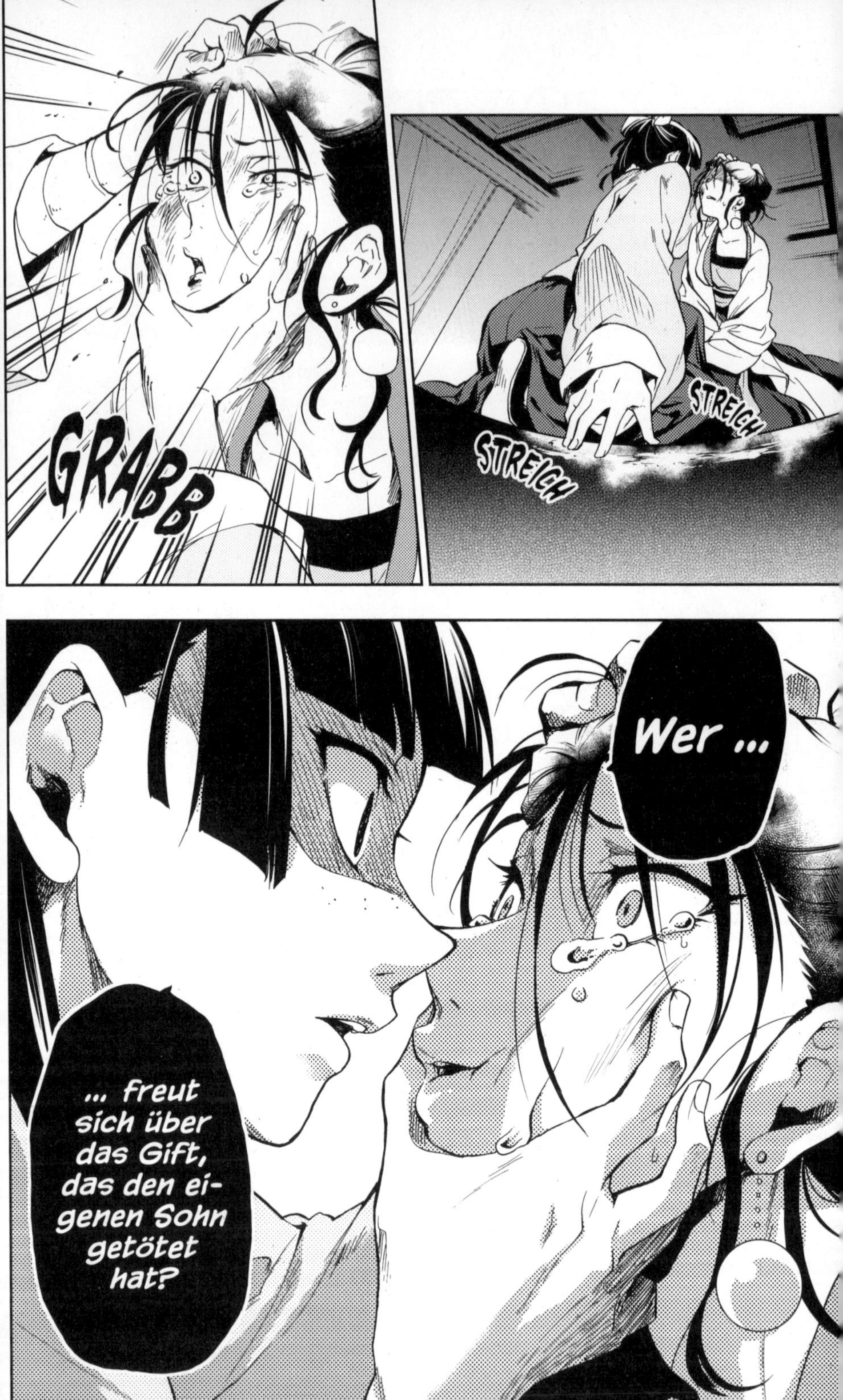
STREICH
STREICH
GRABB
Wer …
… freut sich über das Gift, das den eigenen Sohn getötet hat?

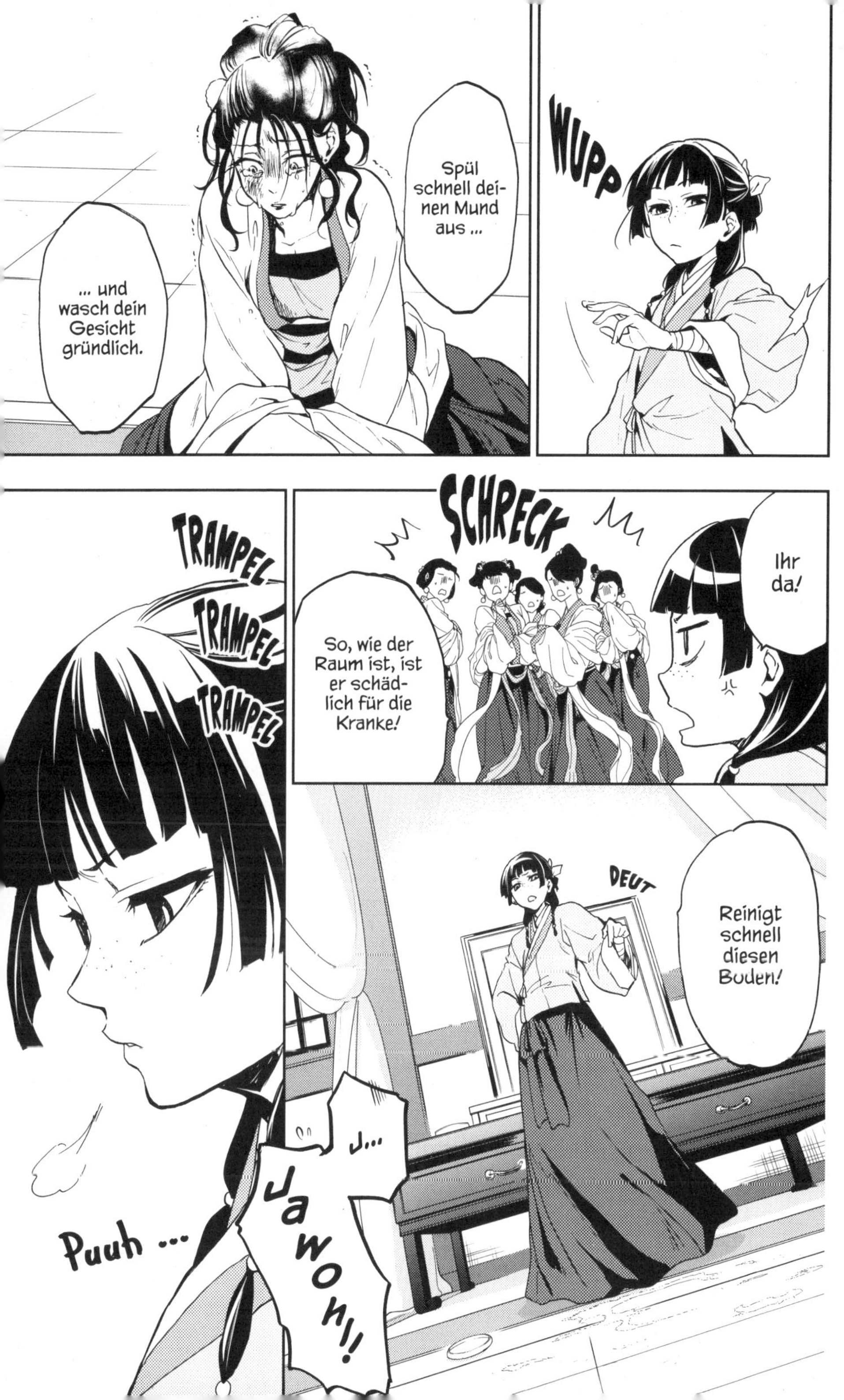
WUPP
Spül schnell deinen Mund aus ...
... und wasch dein Gesicht gründlich.
SCHRECK
Ihr da!
So, wie der Raum ist, ist er schädlich für die Kranke!
DEUT
Reinigt schnell diesen Boden!
J...
Jawohl!!
TRAMPEL
TRAMPEL
TRAMPEL
Puuh ...

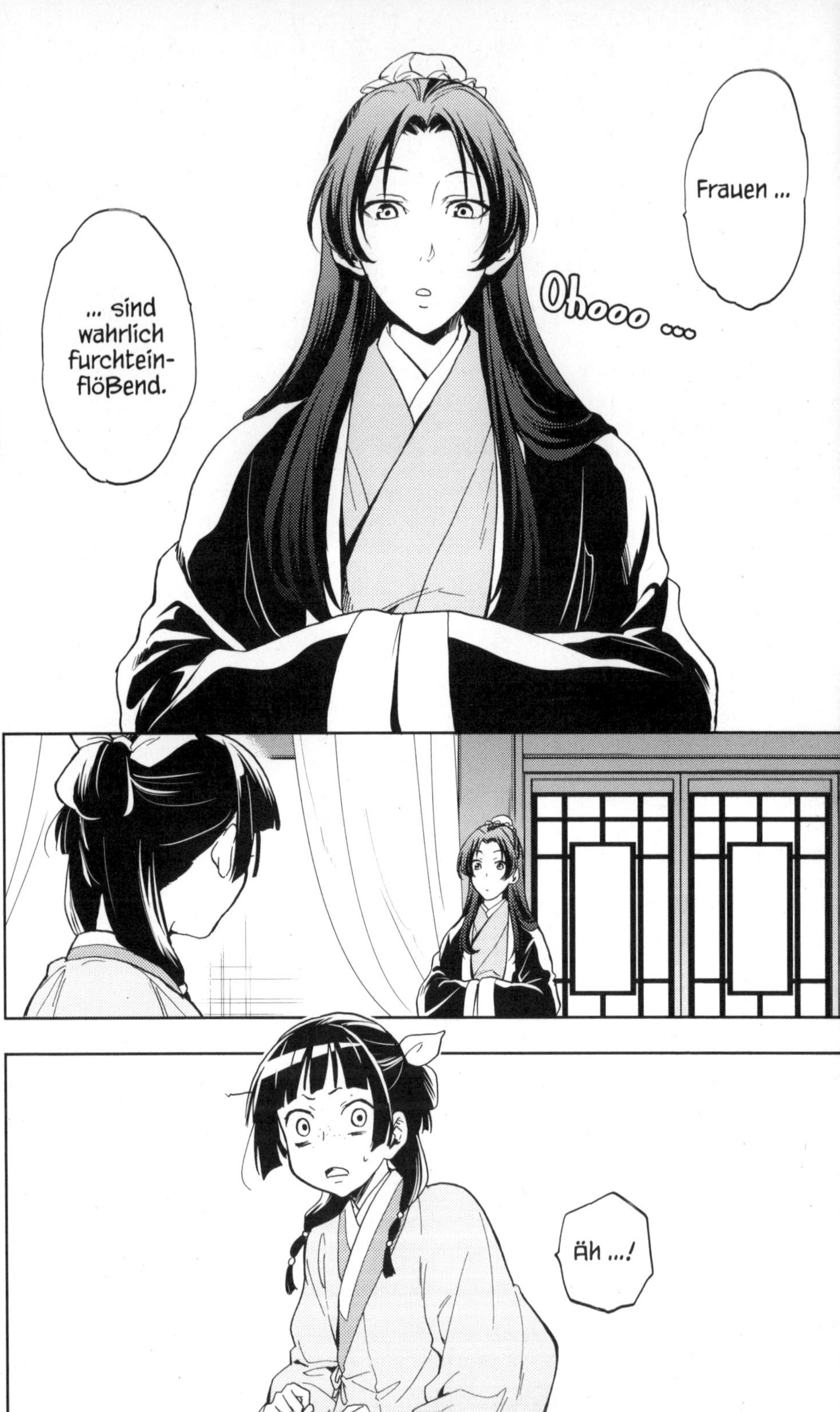
Frauen ...
Ohooo ...
... sind wahrlich furchteinflößend.
Äh ...!

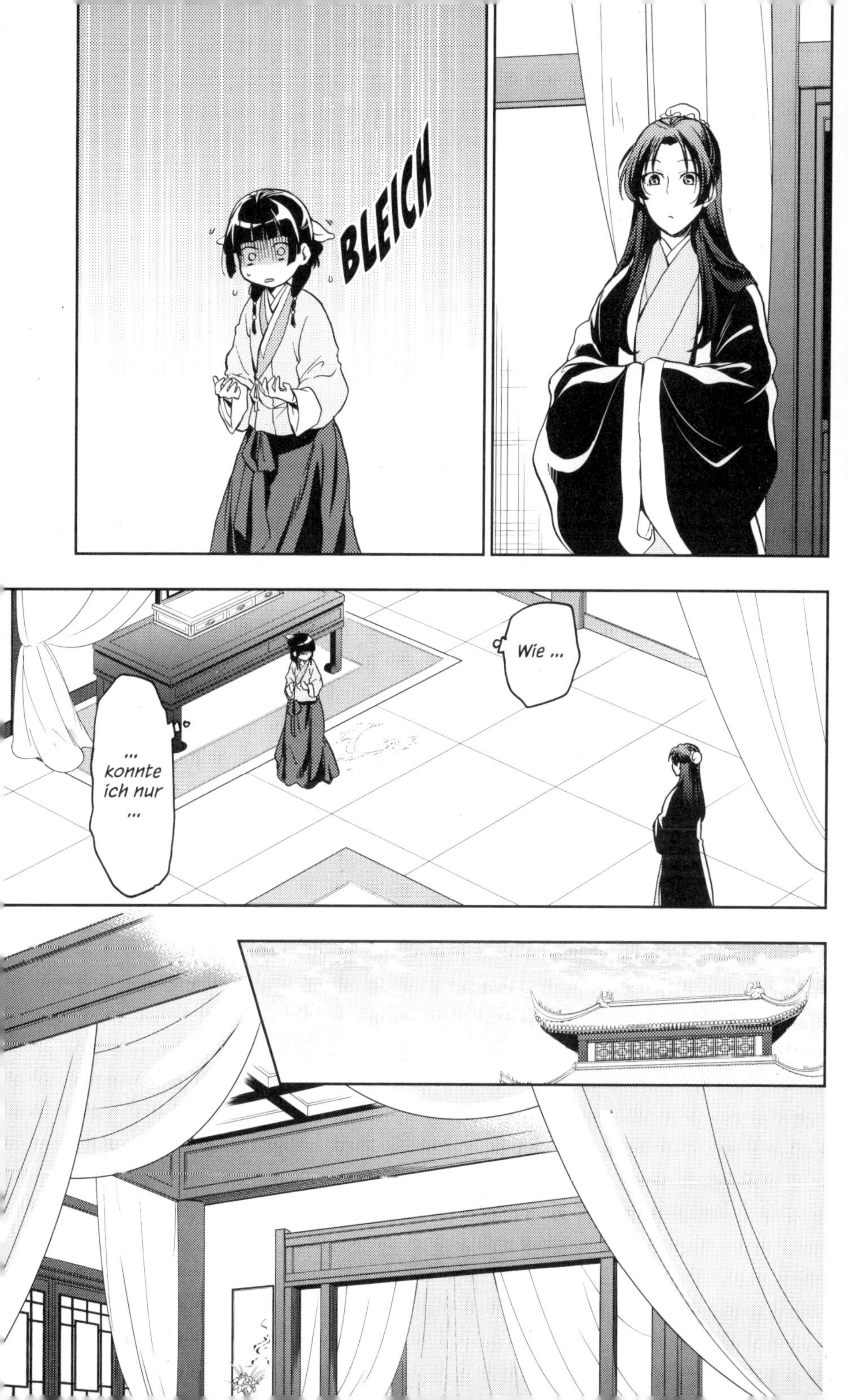
BLEICH
Wie ...
... konnte ich nur ...

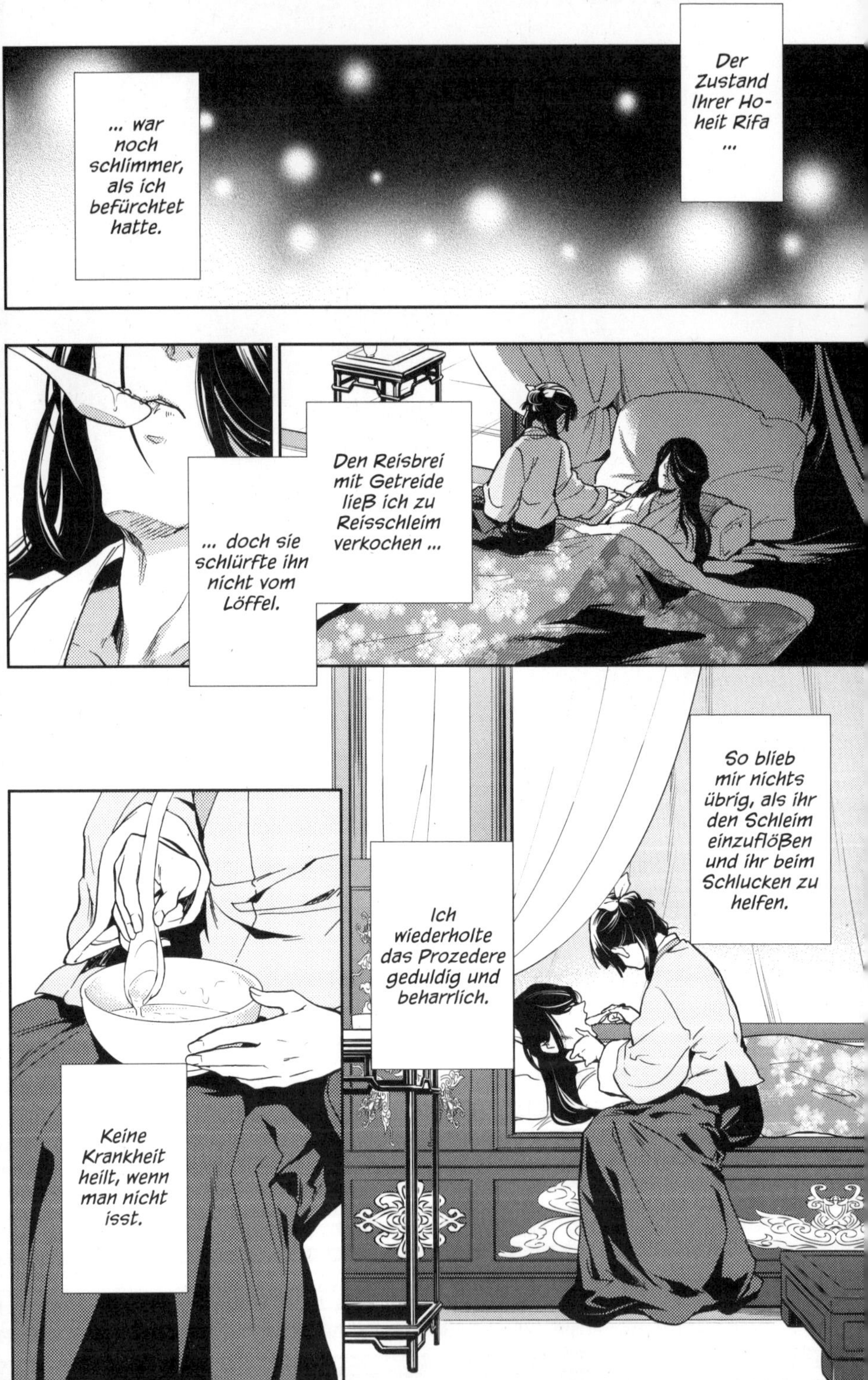
Der Zustand Ihrer Hoheit Rifa ...
... war noch schlimmer, als ich befürchtet hatte.
Den Reisbrei mit Getreide ließ ich zu Reisschleim verkochen ...
... doch sie schlürfte ihn nicht vom Löffel.
So blieb mir nichts übrig, als ihr den Schleim einzuflößen und ihr beim Schlucken zu helfen.
Ich wiederholte das Prozedere geduldig und beharrlich.
Keine Krankheit heilt, wenn man nicht isst.

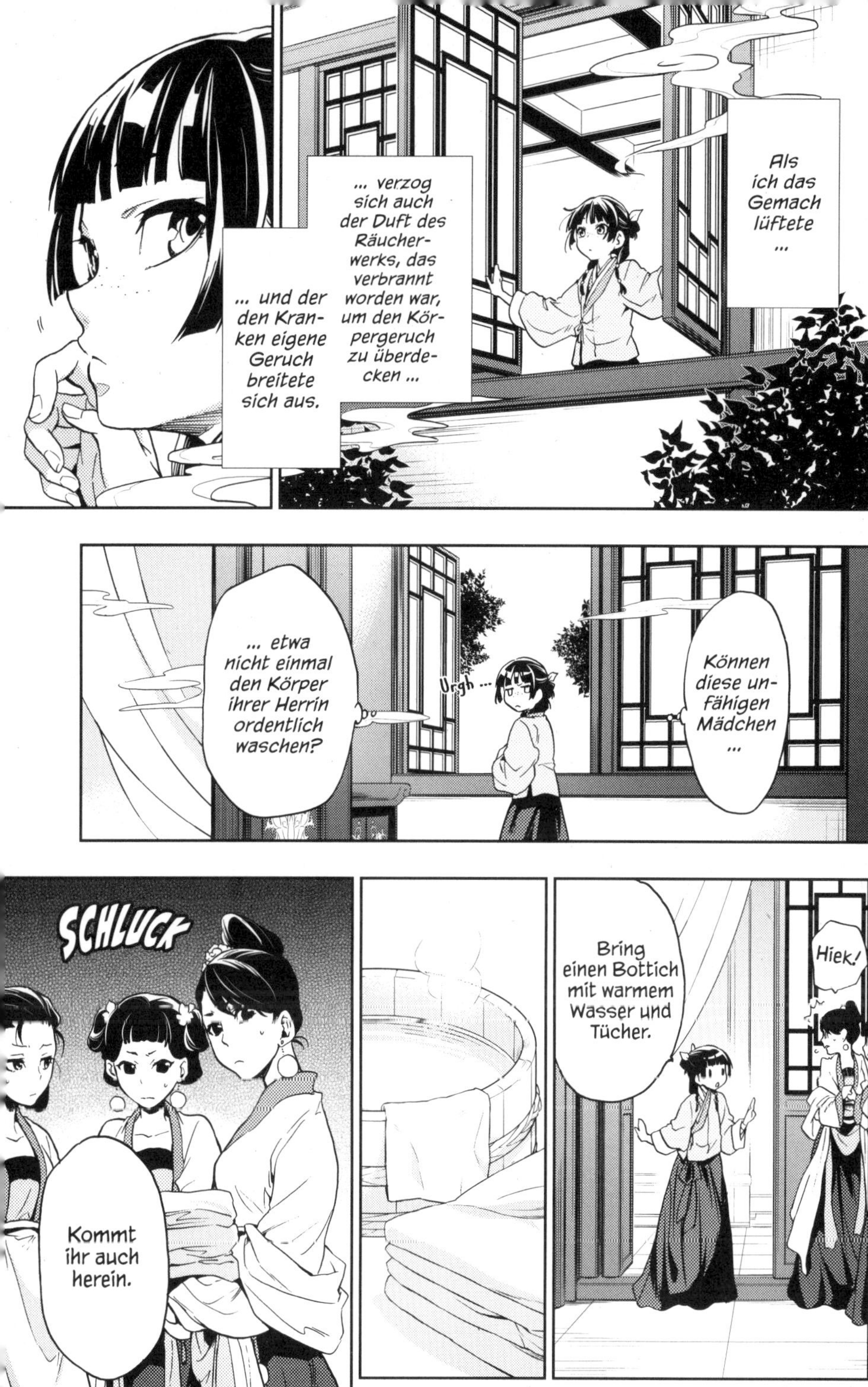
Als ich das Gemach lüftete ...
... verzog sich auch der Duft des Räucherwerks, das verbrannt worden war, um den Körpergeruch zu überdecken ...
... und der den Kranken eigene Geruch breitete sich aus.
Können diese unfähigen Mädchen ...
Urgh ...
... etwa nicht einmal den Körper ihrer Herrin ordentlich waschen?
Hiek!
Bring einen Bottich mit warmem Wasser und Tücher.
SCHLUCK
Kommt ihr auch herein.

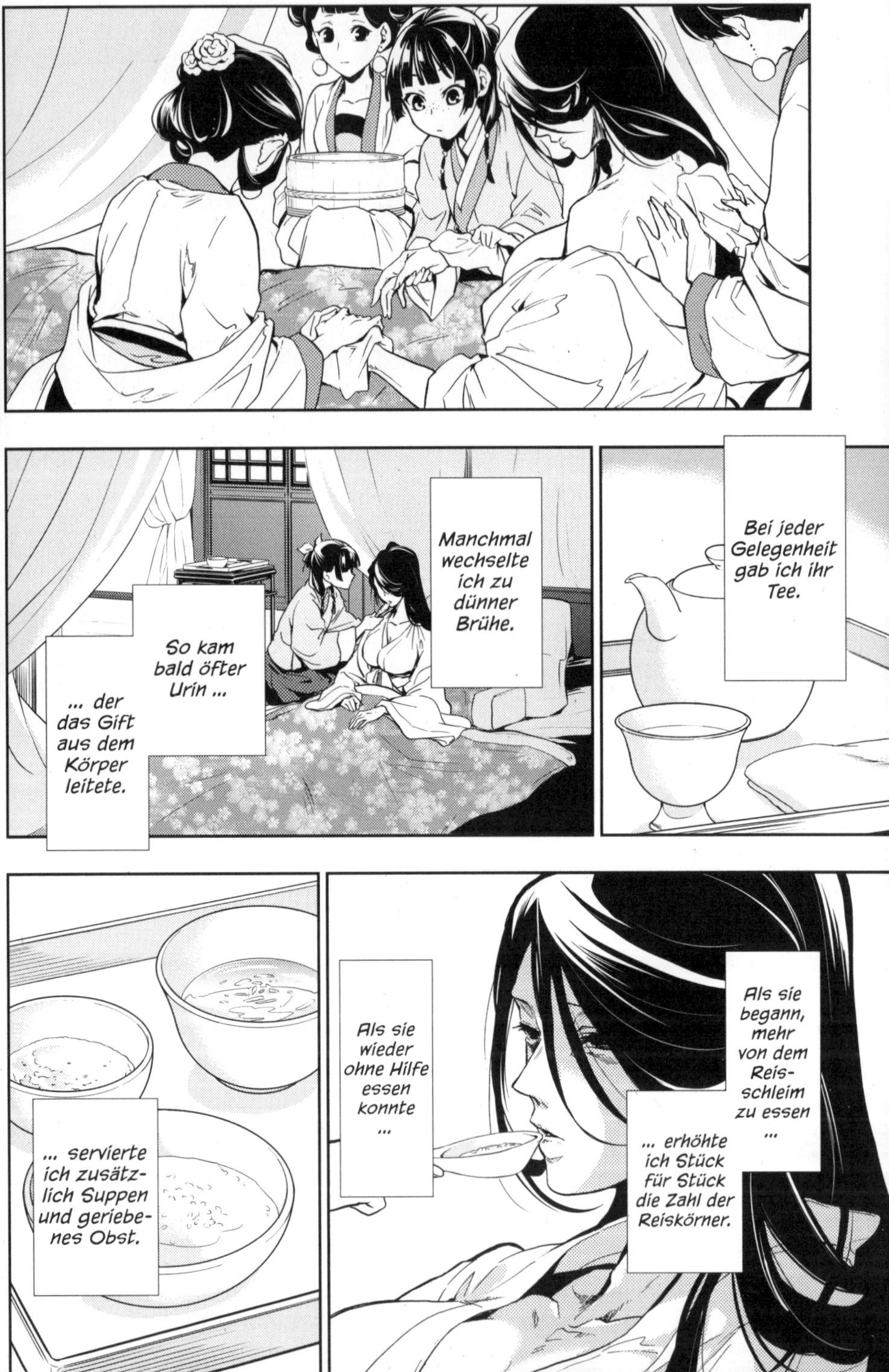
Bei jeder Gelegenheit gab ich ihr Tee.
Manchmal wechselte ich zu dünner Brühe.
So kam bald öfter Urin ...
... der das Gift aus dem Körper leitete.
Als sie begann, mehr von dem Reis-schleim zu essen ...
... erhöhte ich Stück für Stück die Zahl der Reiskörner.
Als sie wieder ohne Hilfe essen konnte ...
... servierte ich zusätz-lich Suppen und geriebe-nes Obst.

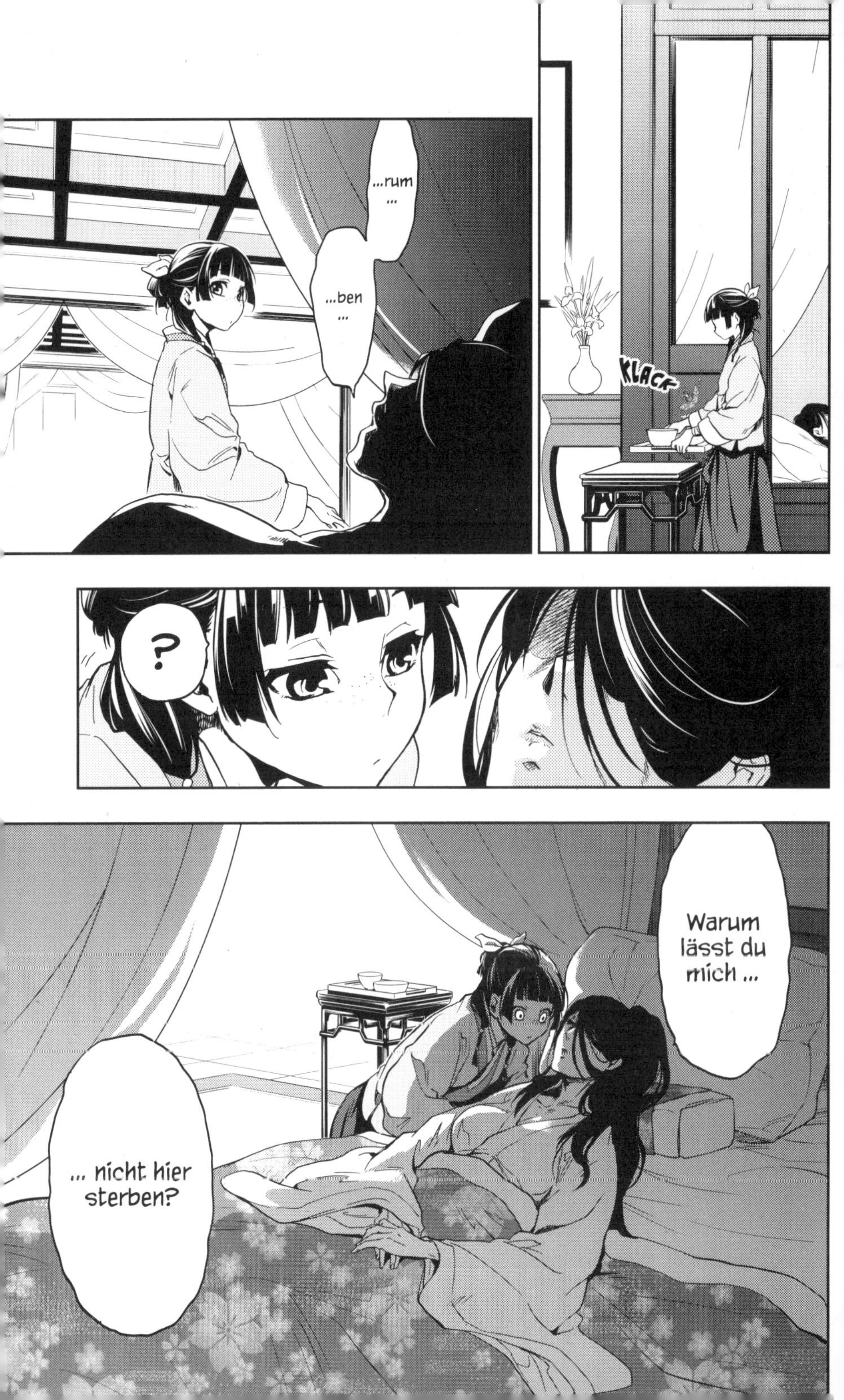
KLACK
...rum
...
...ben
...
?
Warum lässt du mich ...
... nicht hier sterben?

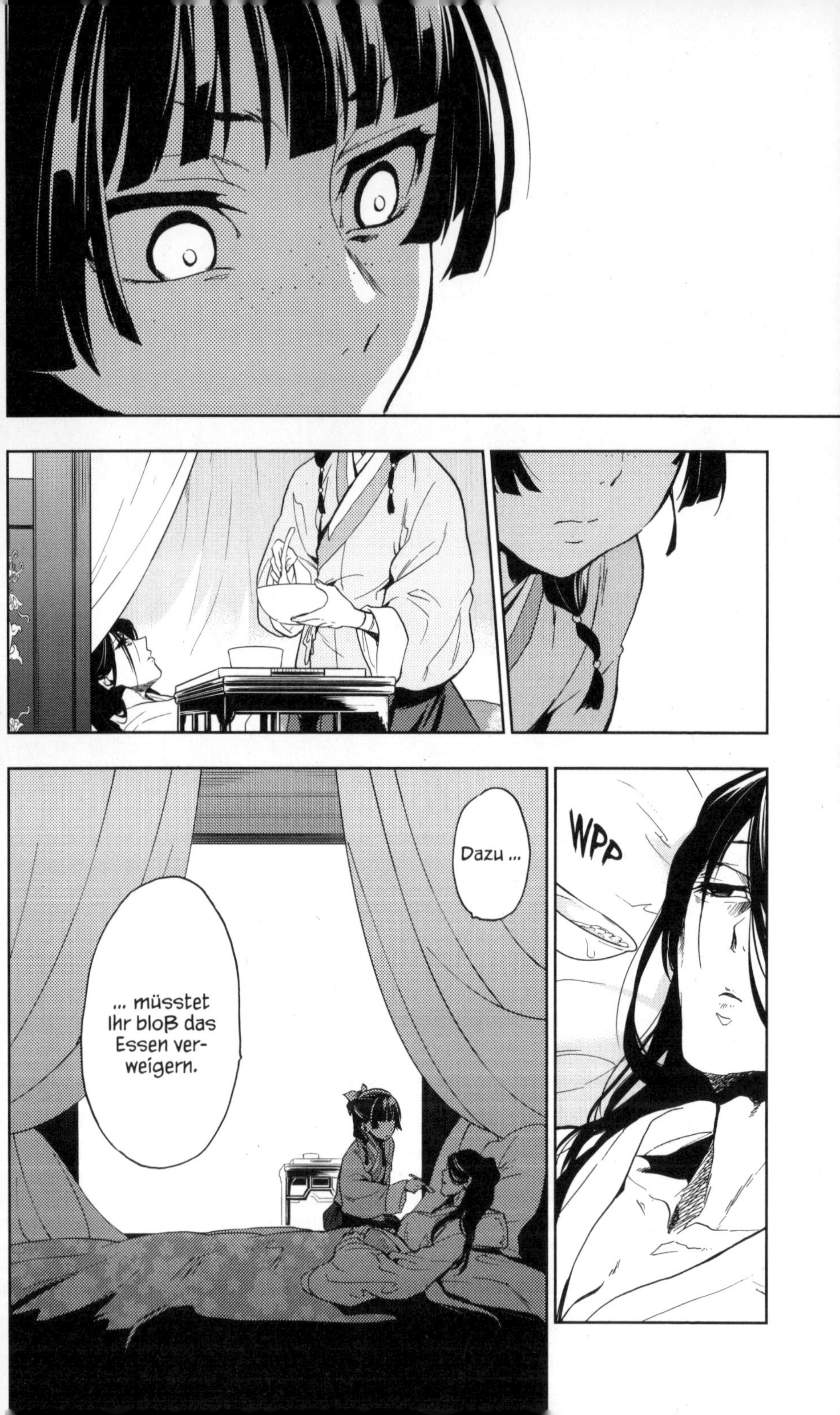

WPP
Dazu ...
... müsstet Ihr bloß das Essen verweigern.

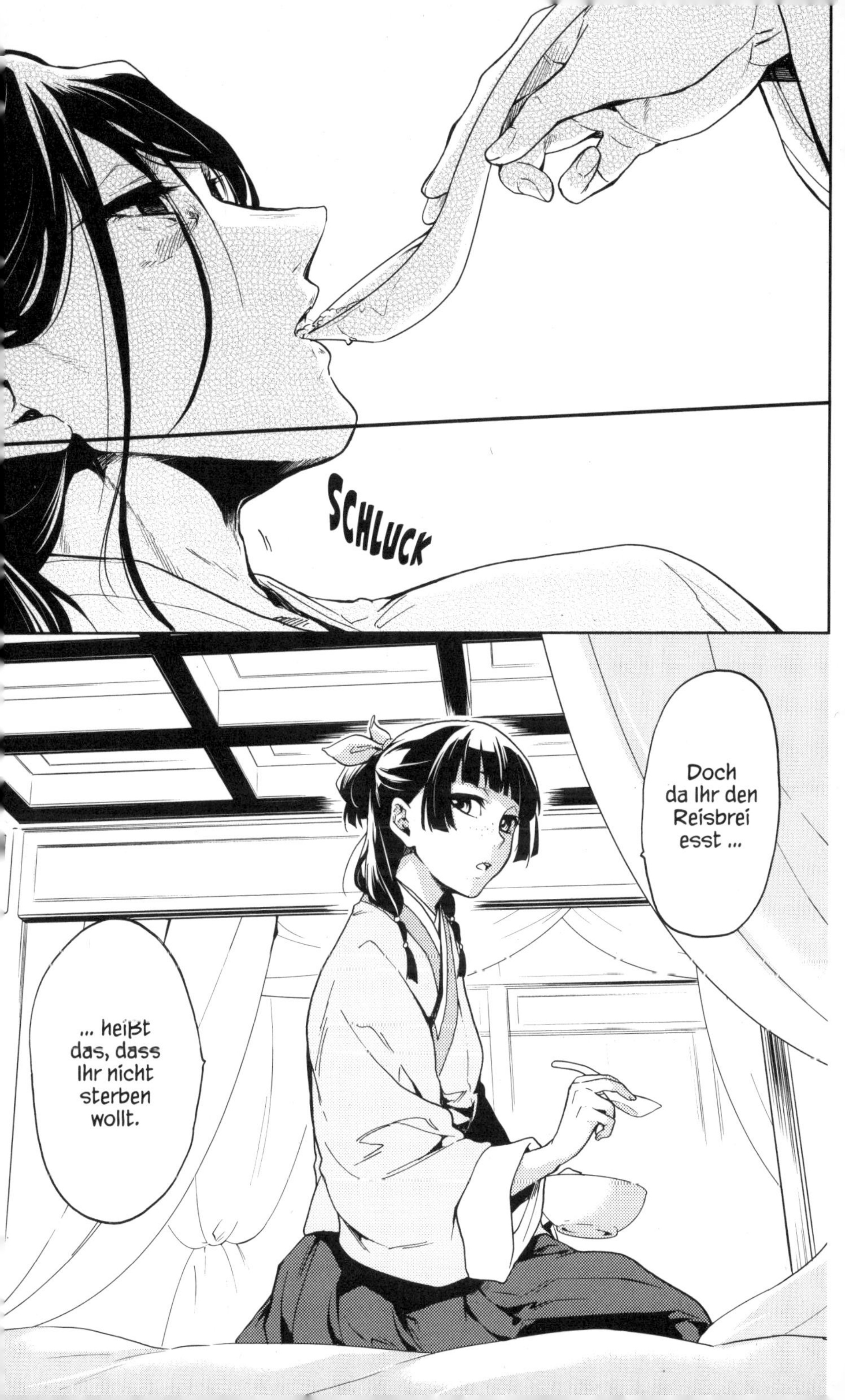
SCHLUCK
Doch da Ihr den Reisbrei esst ...
... heißt das, dass Ihr nicht sterben wollt.

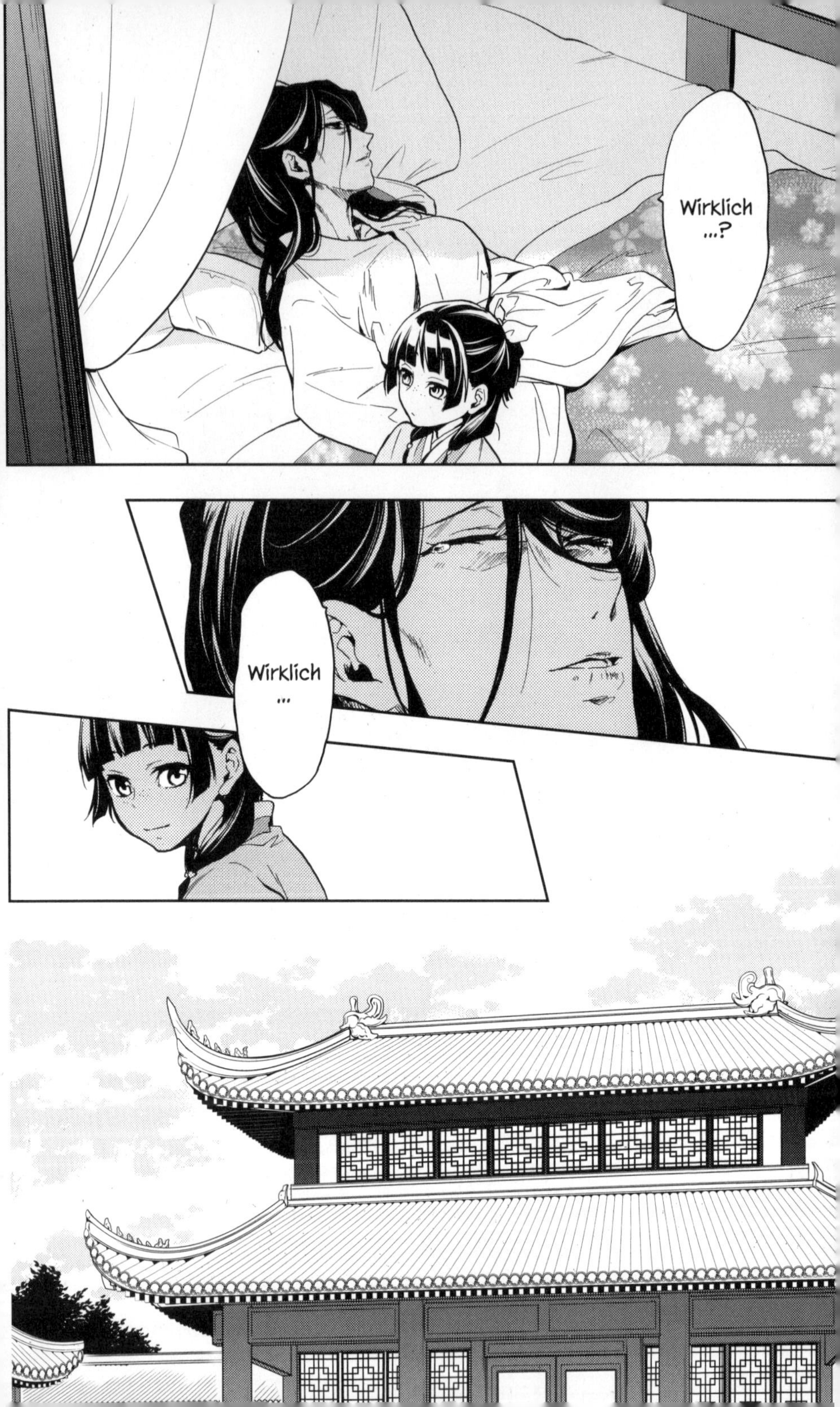
Wirklich ...?
Wirklich ...

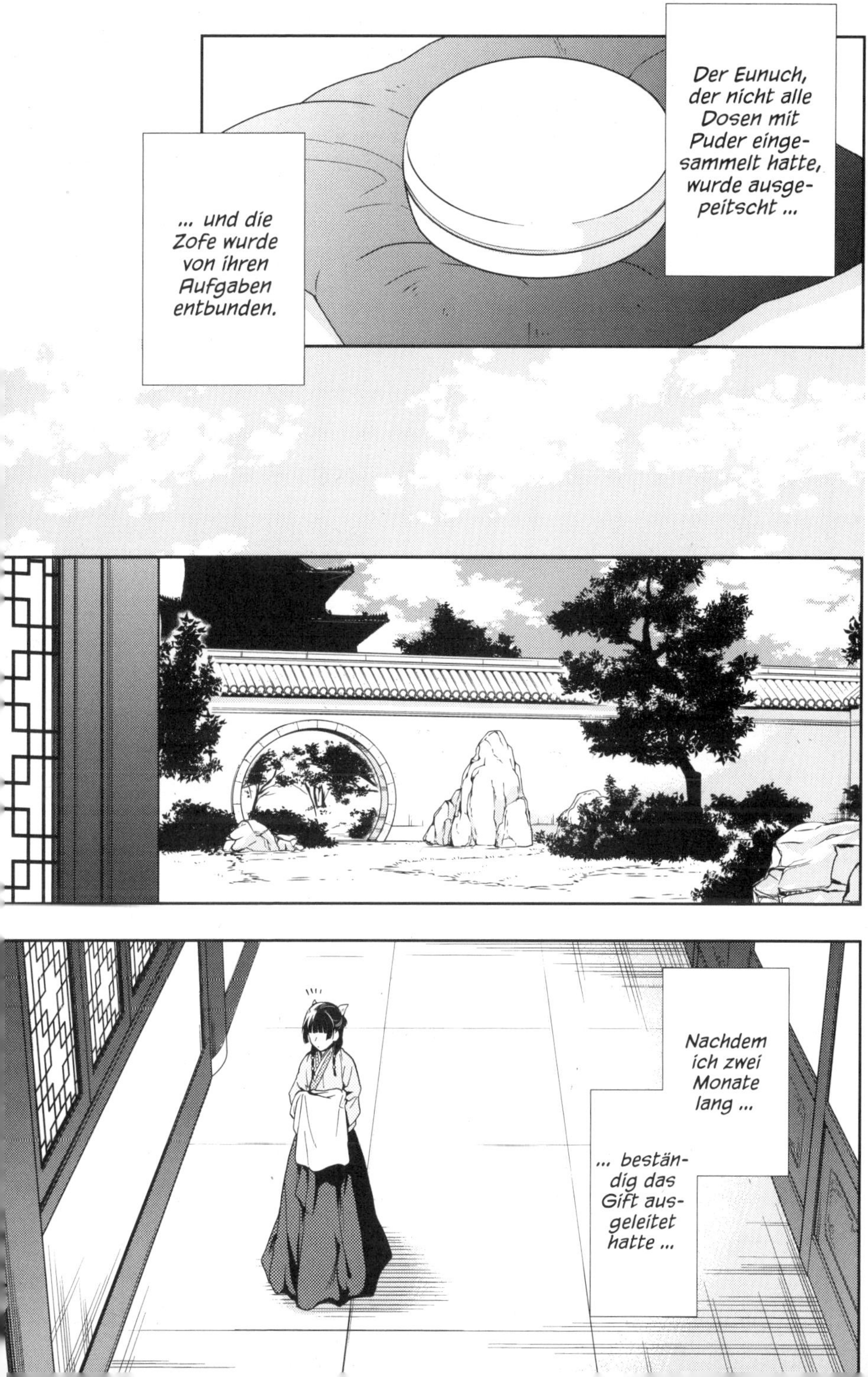
Der Eunuch, der nicht alle Dosen mit Puder einge-sammelt hatte, wurde ausge-peitscht ...
... und die Zofe wurde von ihren Aufgaben entbunden.
Nachdem ich zwei Monate lang ...
... beständig das Gift aus-geleitet hatte ...

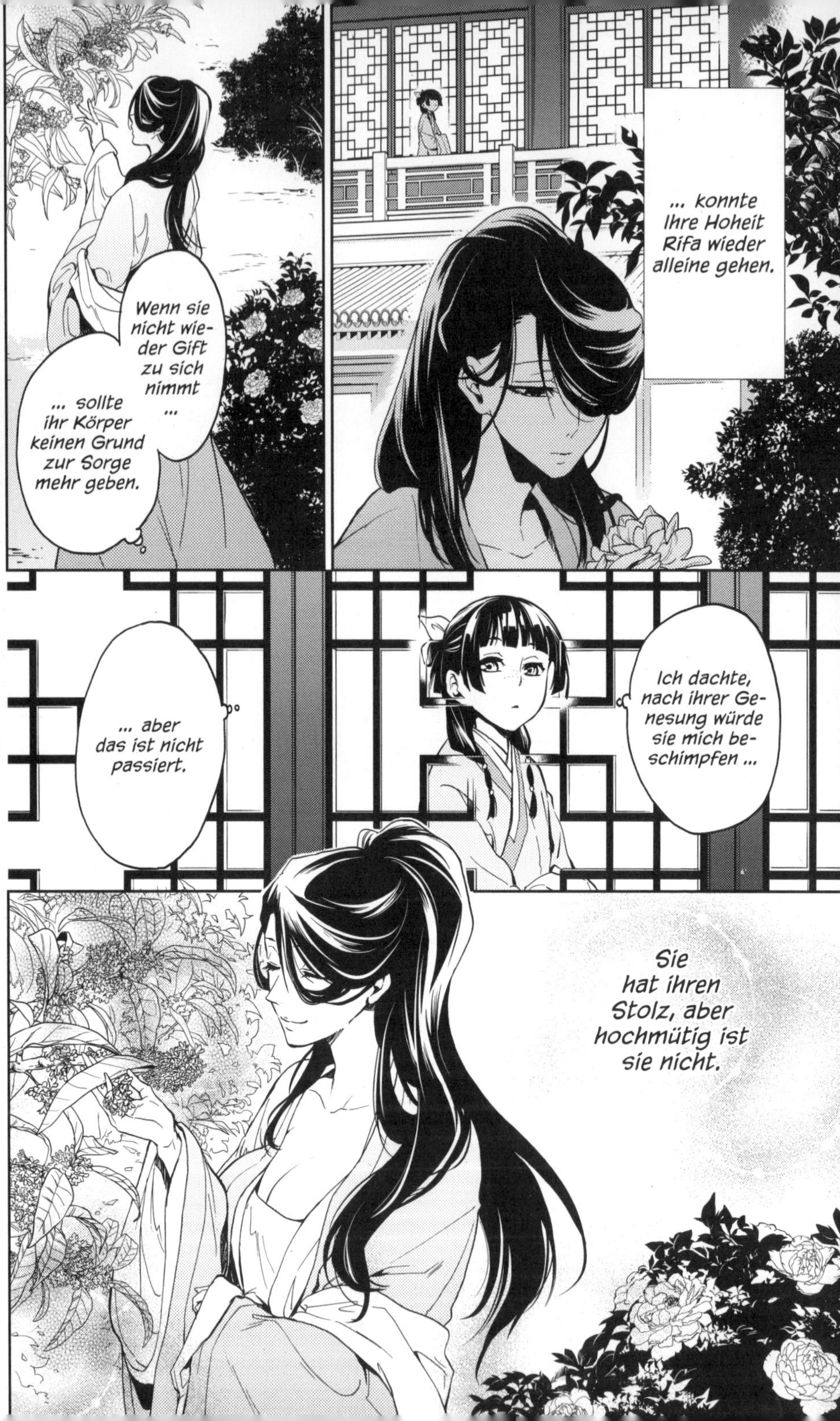
... konnte Ihre Hoheit Rifa wieder alleine gehen.
Wenn sie nicht wieder Gift zu sich nimmt ...
... sollte ihr Körper keinen Grund zur Sorge mehr geben.
Ich dachte, nach ihrer Genesung würde sie mich beschimpfen ...
... aber das ist nicht passiert.
Sie hat ihren Stolz, aber hochmütig ist sie nicht.

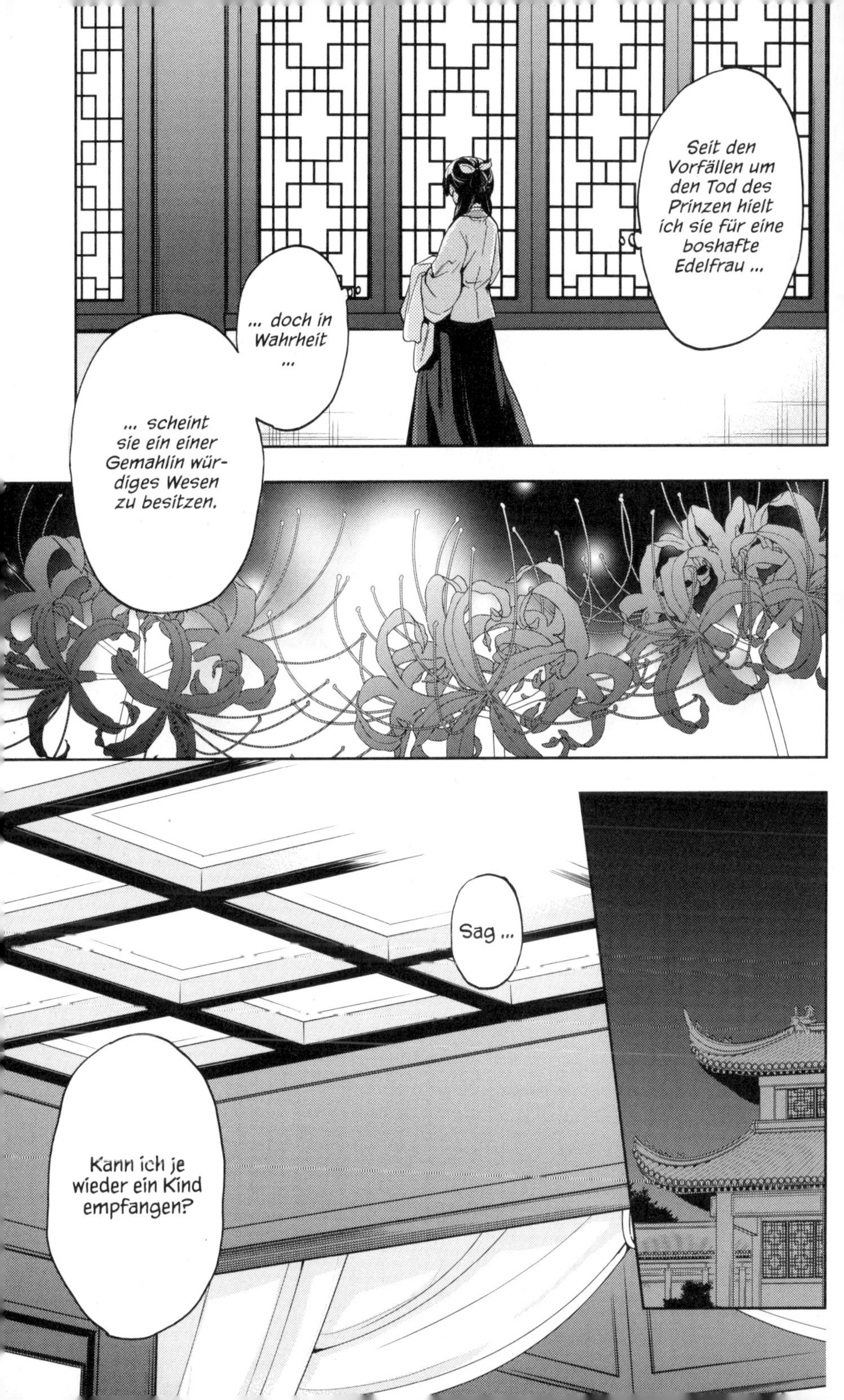

Seit den Vorfällen um den Tod des Prinzen hielt ich sie für eine boshafte Edelfrau ...
... doch in Wahrheit ...
... scheint sie ein einer Gemahlin wür-diges Wesen zu besitzen.
Sag ...
Kann ich je wieder ein Kind empfangen?

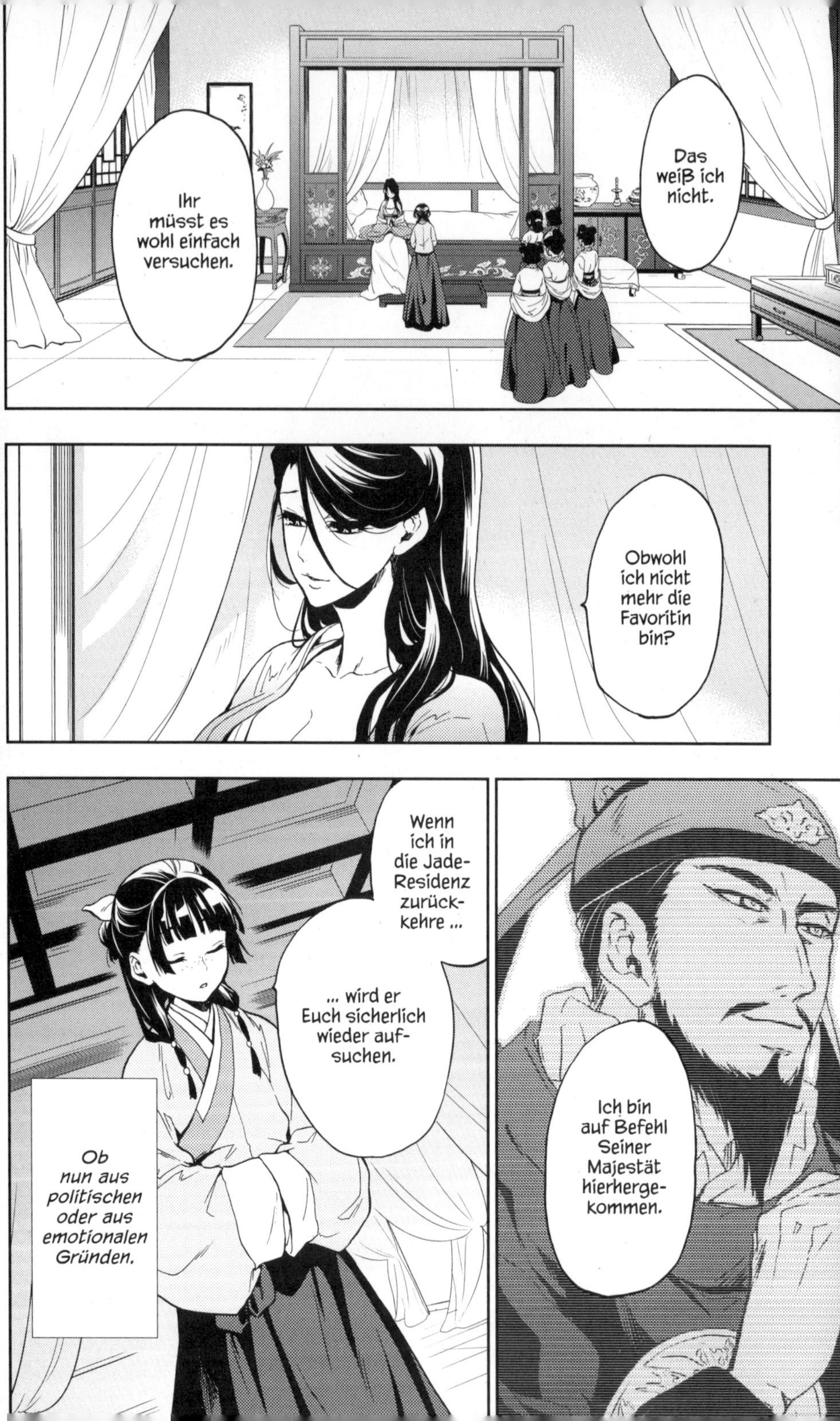

Das weiß ich nicht.
Ihr müsst es wohl einfach versuchen.
Obwohl ich nicht mehr die Favoritin bin?
Ich bin auf Befehl Seiner Majestät hierhergekommen.
Wenn ich in die Jade-Residenz zurückkehre ...
... wird er Euch sicherlich wieder aufsuchen.
Ob nun aus politischen oder aus emotionalen Gründen.

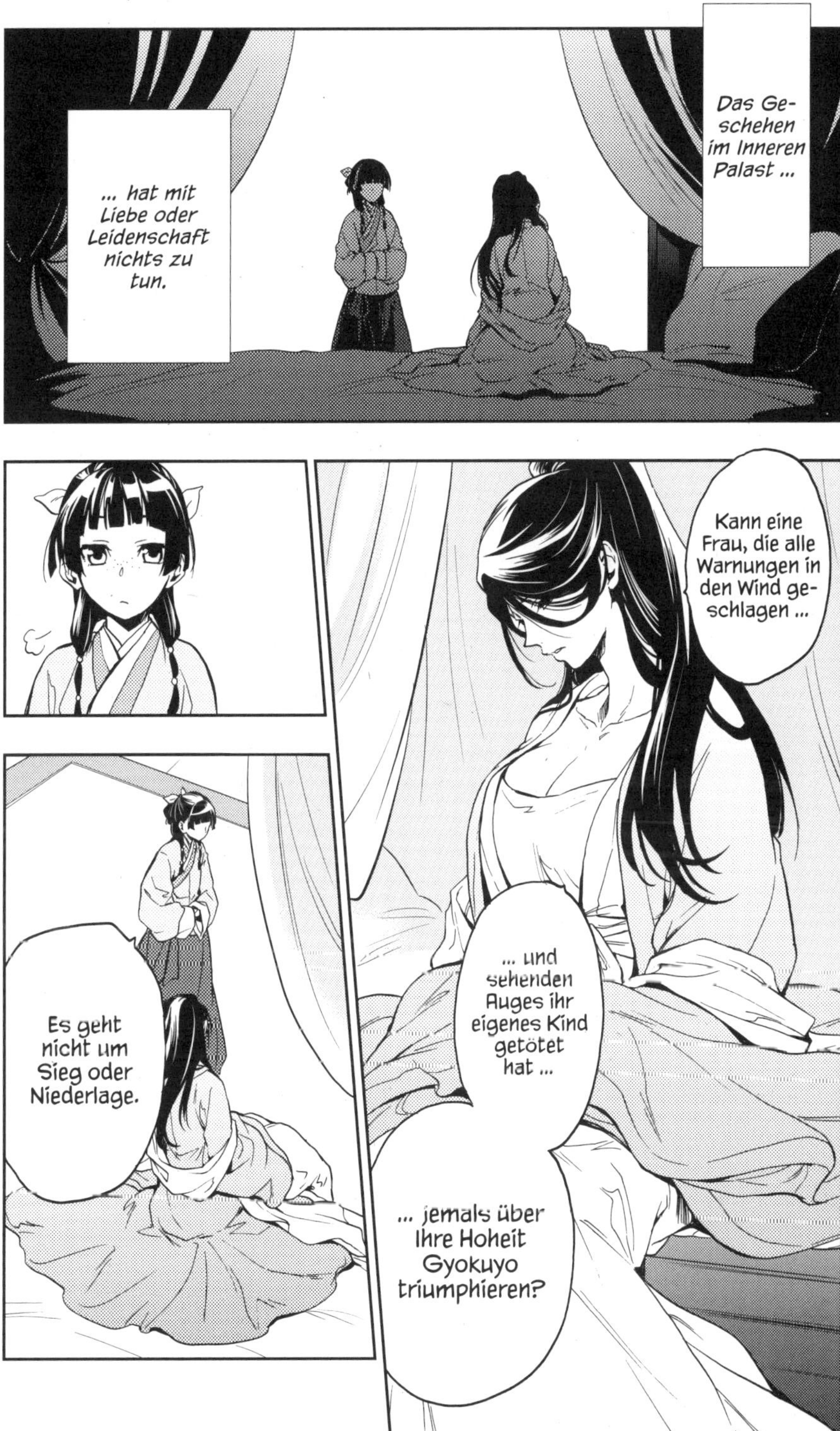
Das Geschehen im Inneren Palast ...
... hat mit Liebe oder Leidenschaft nichts zu tun.
Kann eine Frau, die alle Warnungen in den Wind geschlagen ...
... und sehenden Auges ihr eigenes Kind getötet hat ...
... jemals über Ihre Hoheit Gyokuyo triumphieren?
Es geht nicht um Sieg oder Niederlage.

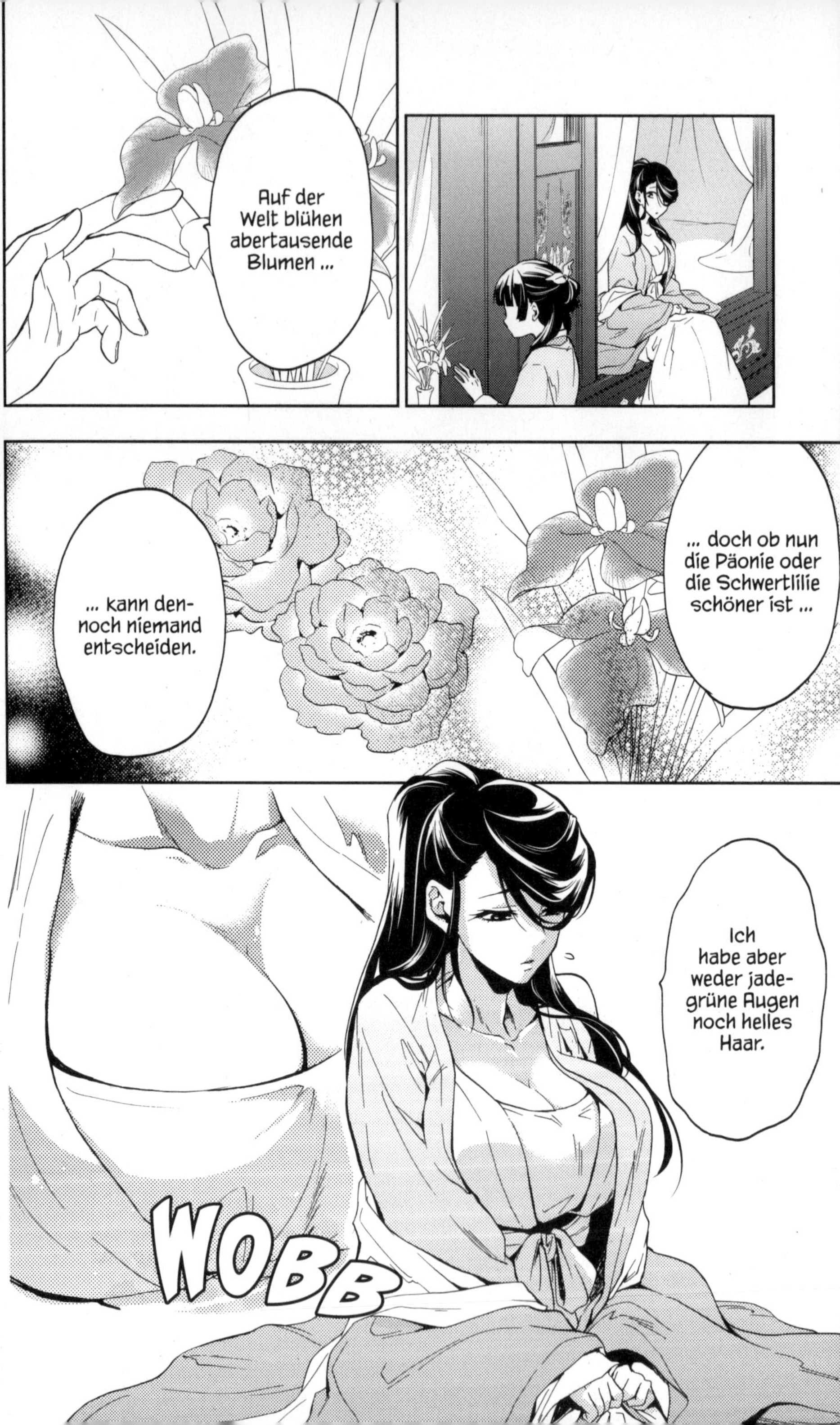
Auf der Welt blühen abertausende Blumen ...
... doch ob nun die Päonie oder die Schwertlilie schöner ist ...
... kann dennoch niemand entscheiden.
Ich habe aber weder jadegrüne Augen noch helles Haar.
WOBB

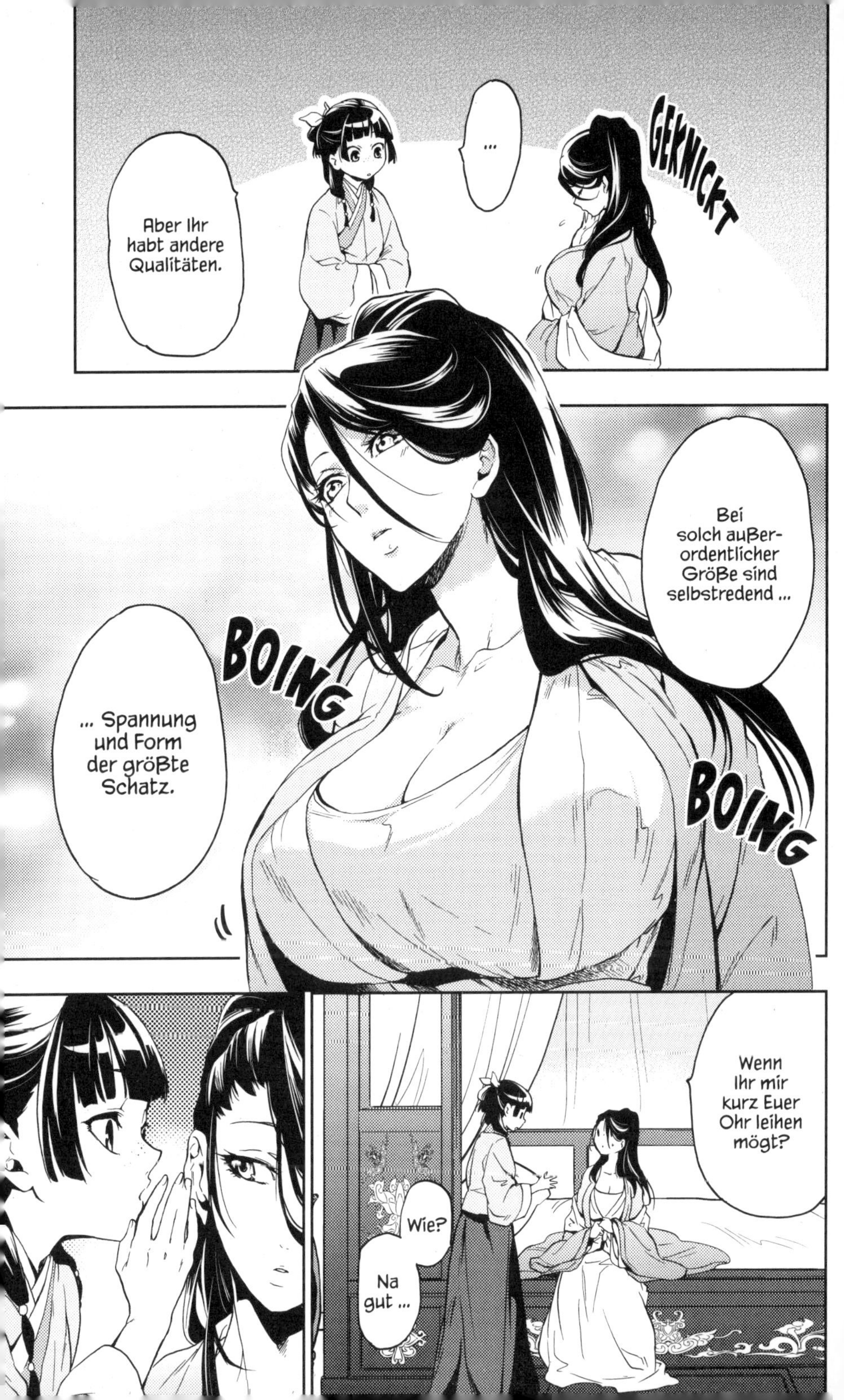
GEKNICKT
...
Aber Ihr habt andere Qualitäten.
Bei solch außer-ordentlicher Größe sind selbstredend ...
BOING
BOING
... Spannung und Form der größte Schatz.
Wenn Ihr mir kurz Euer Ohr leihen mögt?
Wie?
Na gut ...

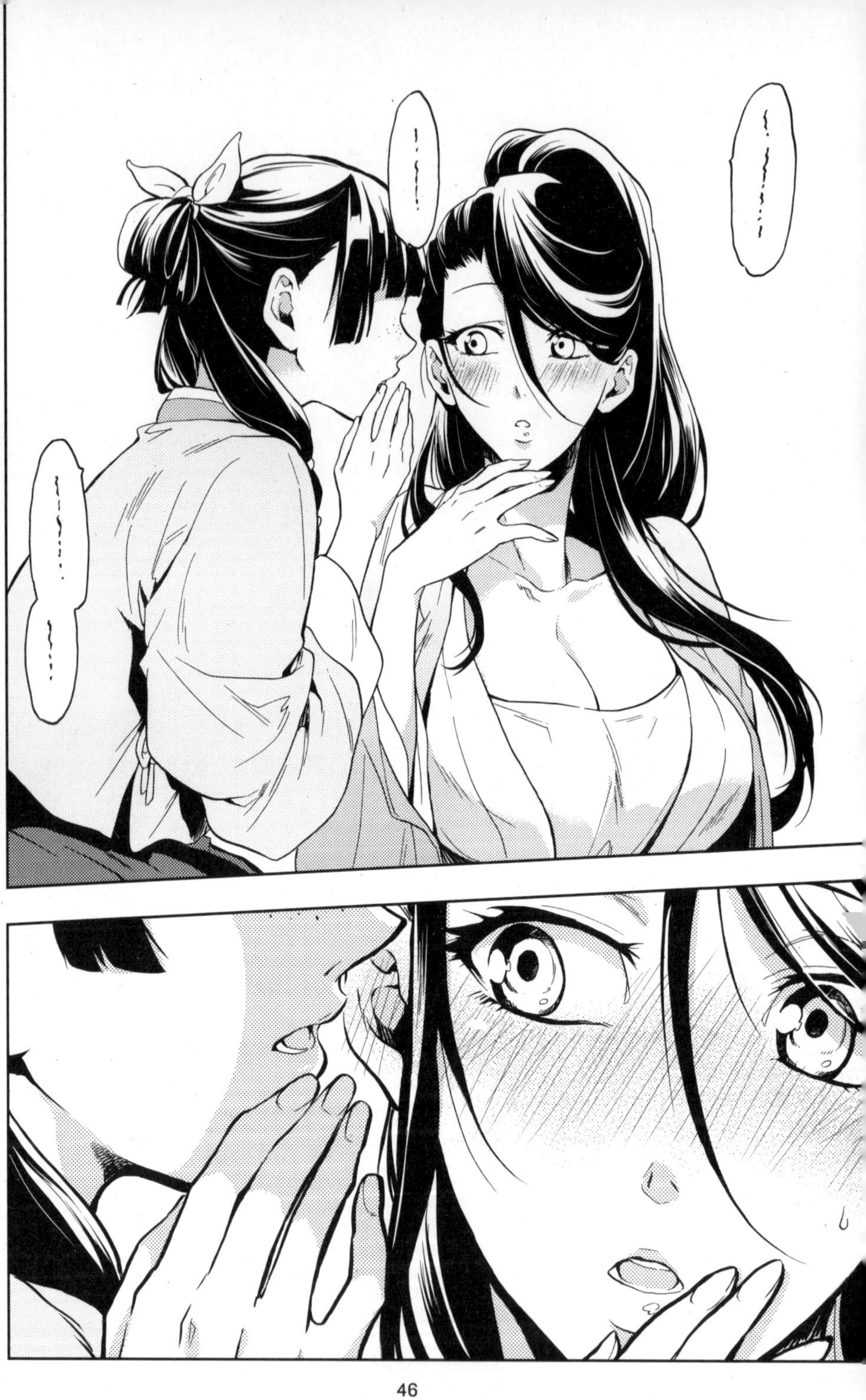

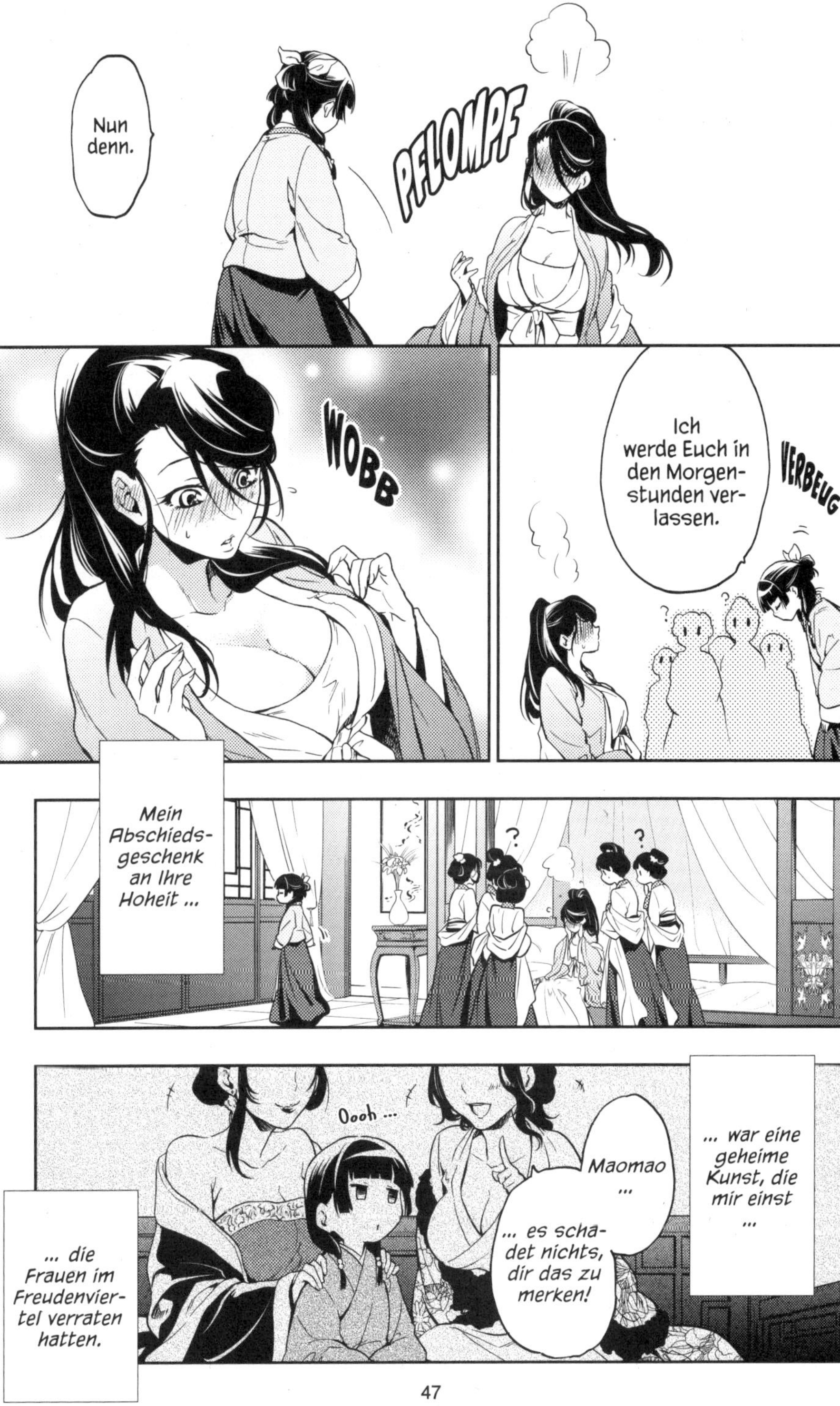
PFLOMPF
Nun denn.
VERBEUG
Ich werde Euch in den Morgenstunden verlassen.
WOBB
Mein Abschiedsgeschenk an Ihre Hoheit ...
... war eine geheime Kunst, die mir einst ...
Maomao ...
... es schadet nichts, dir das zu merken!
Oooh ...
... die Frauen im Freudenviertel verraten hatten.

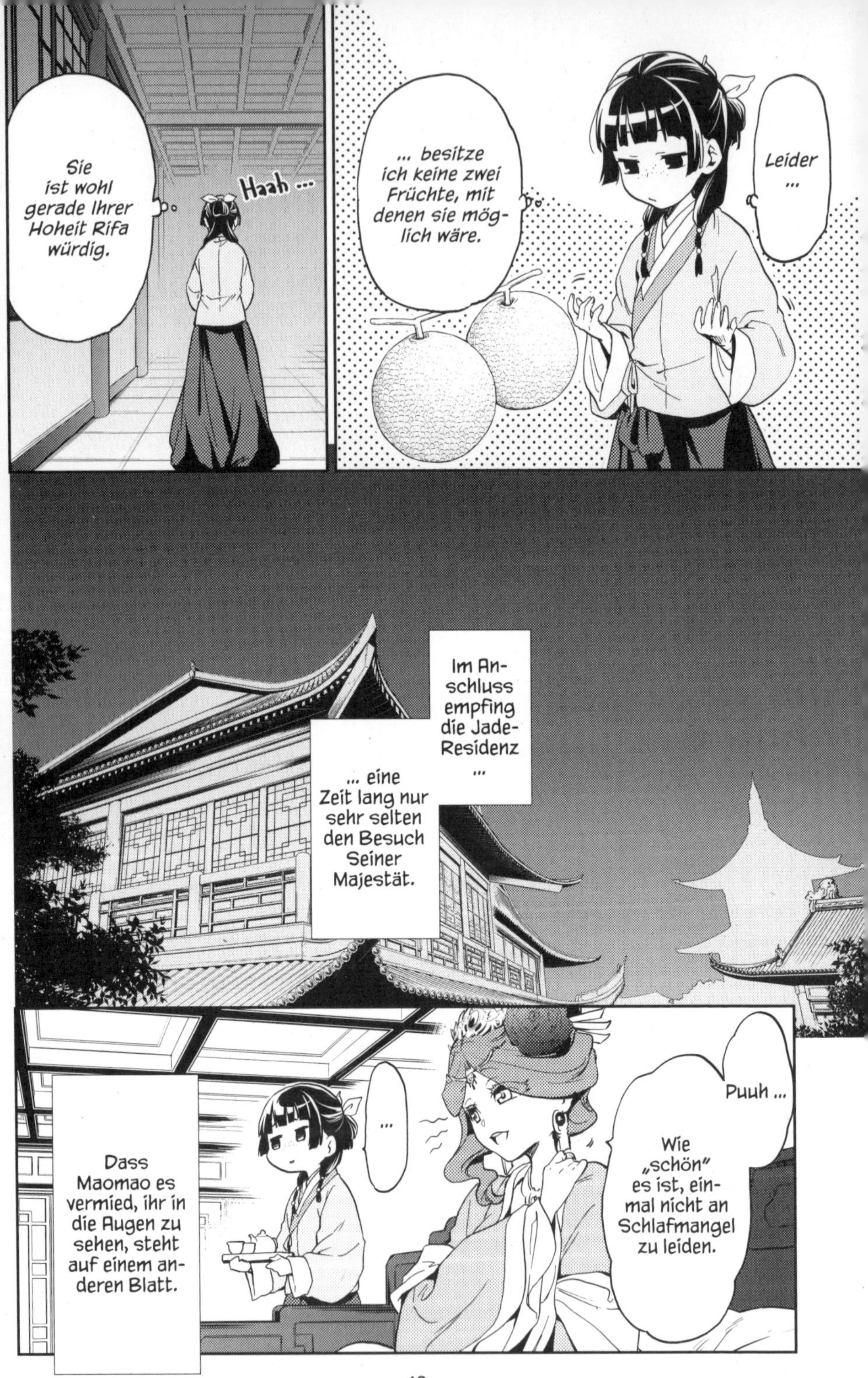
Leider ...
... besitze ich keine zwei Früchte, mit denen sie möglich wäre.
Haah ...
Sie ist wohl gerade Ihrer Hoheit Rifa würdig.
Im Anschluss empfing die Jade-Residenz ...
... eine Zeit lang nur sehr selten den Besuch Seiner Majestät.
Puuh ...
Wie „schön" es ist, einmal nicht an Schlafmangel zu leiden.
...
Dass Maomao es vermied, ihr in die Augen zu sehen, steht auf einem anderen Blatt.

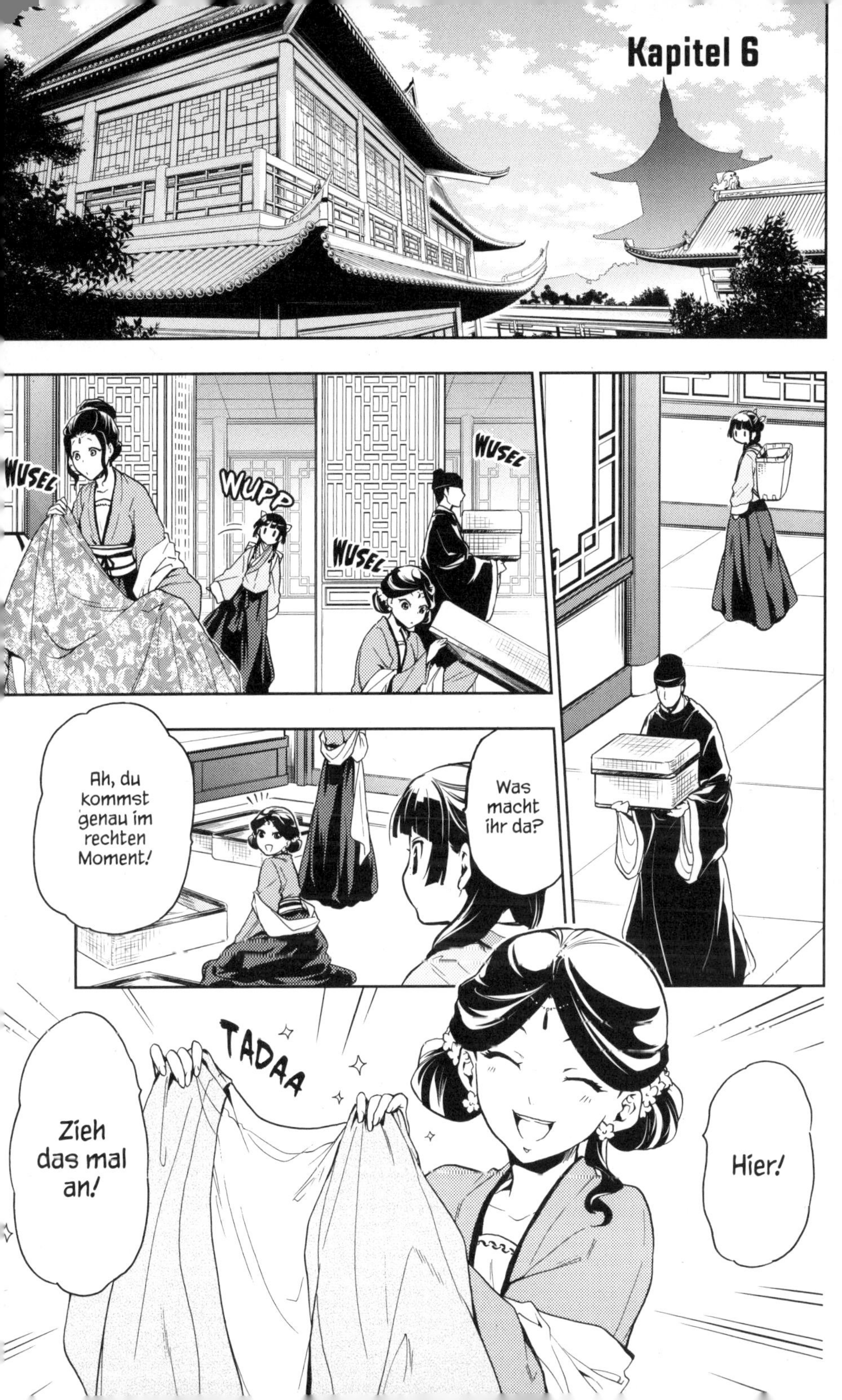
Kapitel 6
WUSEL
WUSEL
WUPP
WUSEL
Was macht ihr da?
Ah, du kommst genau im rechten Moment!
Hier!
TADAA
Zieh das mal an!

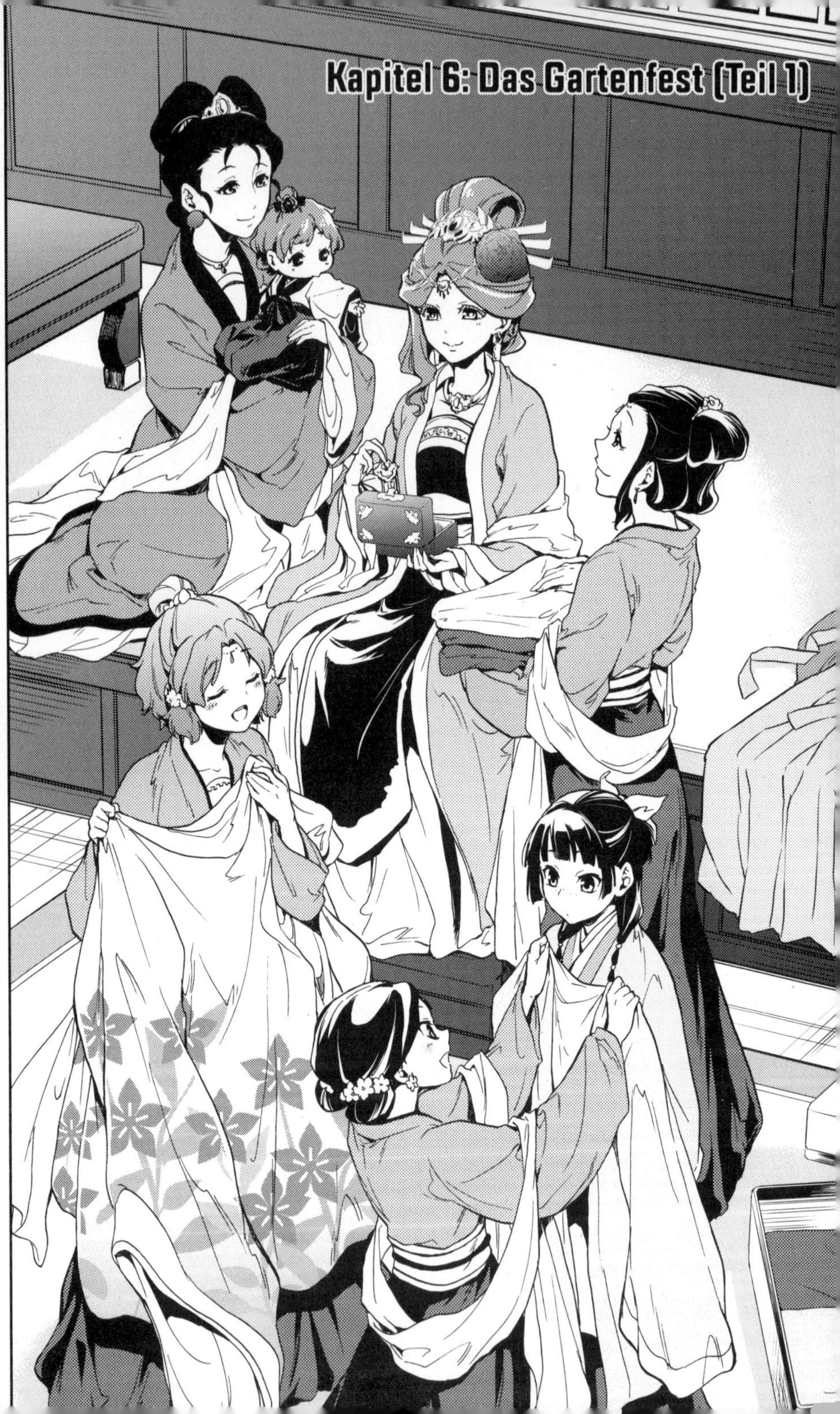
Kapitel 6: Das Gartenfest (Teil 1)

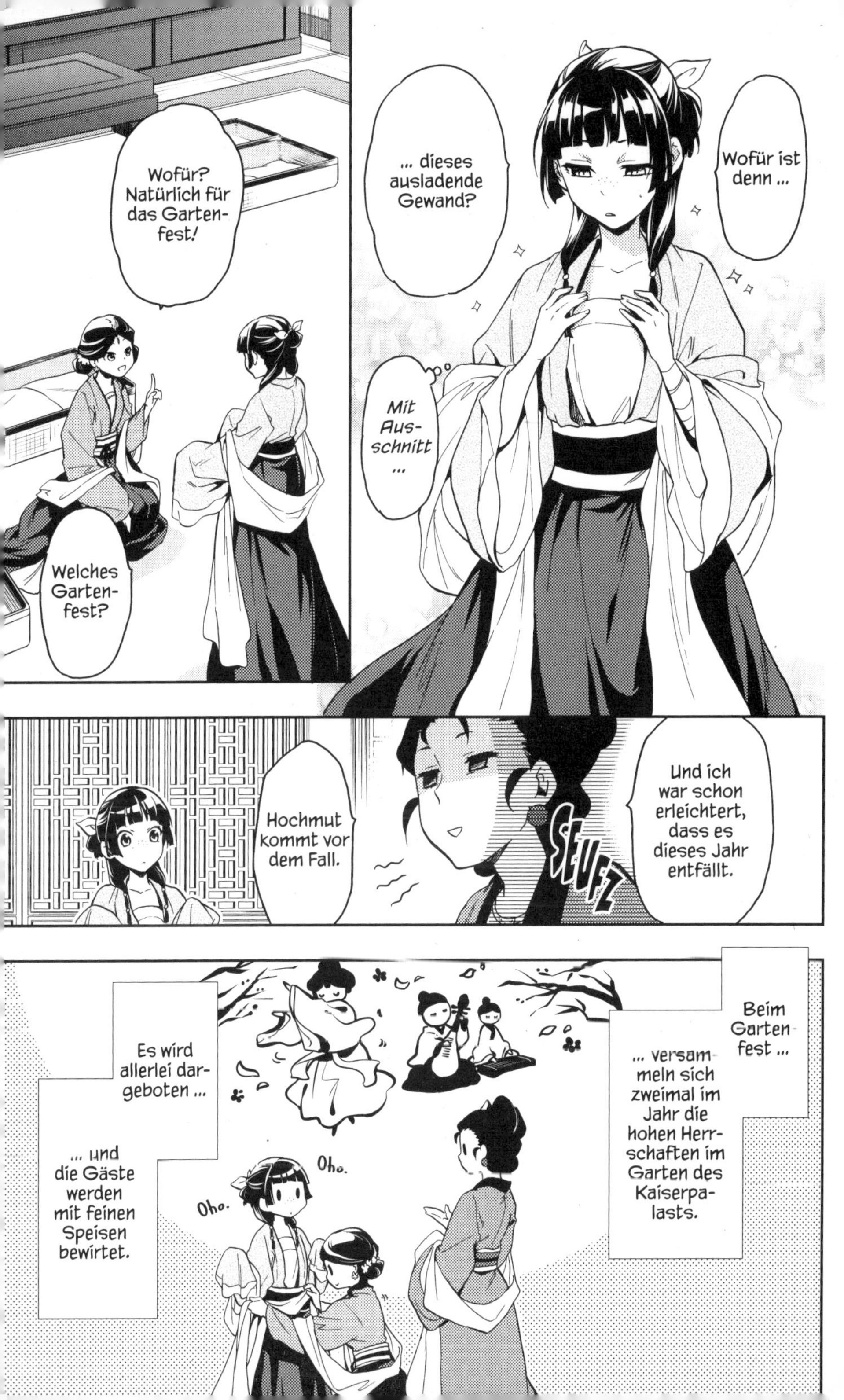
Wofür ist denn ...
... dieses ausladende Gewand?
Mit Ausschnitt ...
Wofür? Natürlich für das Gartenfest!
Welches Gartenfest?
Und ich war schon erleichtert, dass es dieses Jahr entfällt.
SEUFZ
Hochmut kommt vor dem Fall.
Beim Gartenfest ...
... versammeln sich zweimal im Jahr die hohen Herrschaften im Garten des Kaiserpalasts.
Es wird allerlei dargeboten ...
... und die Gäste werden mit feinen Speisen bewirtet.
Oho.
Oho.

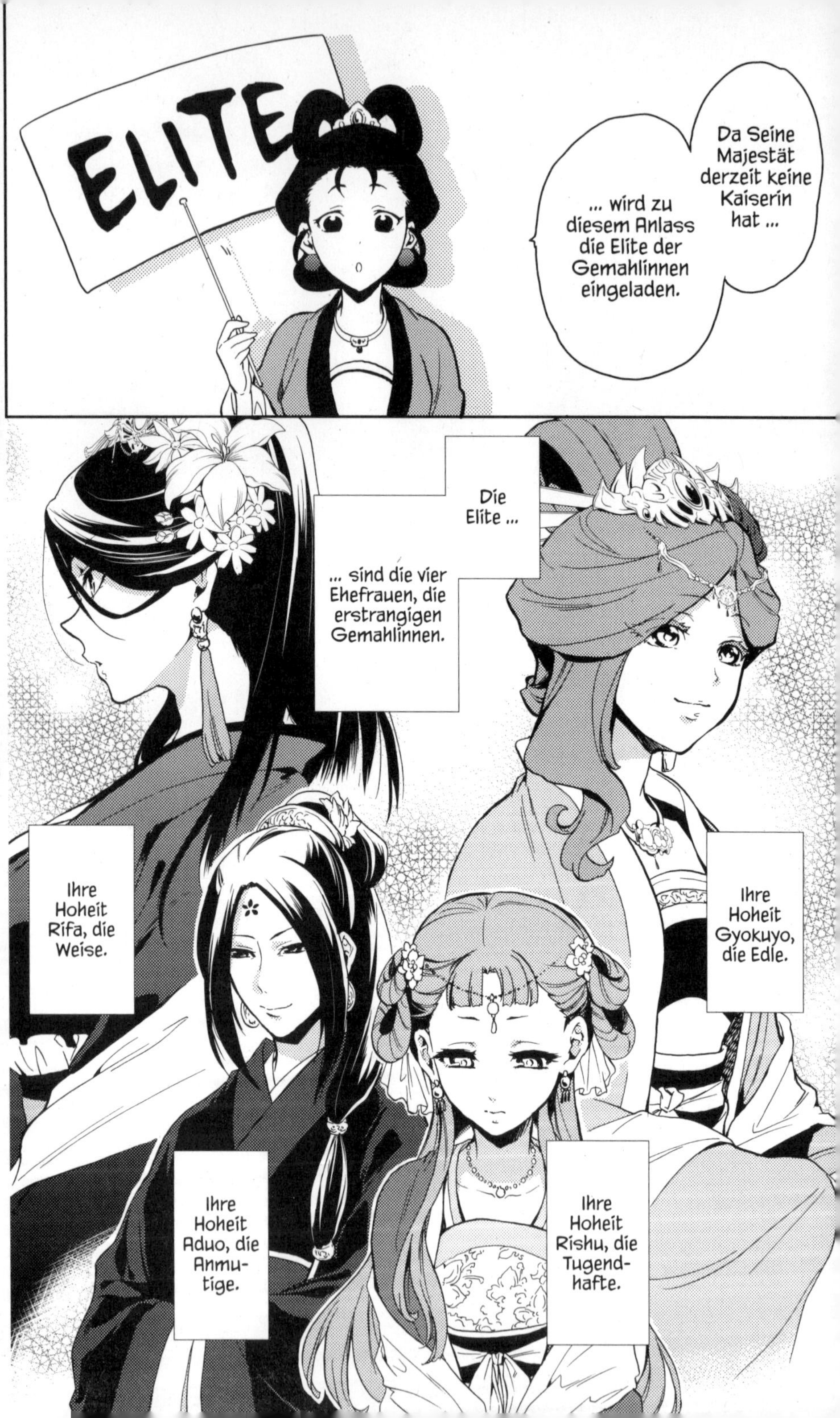
ELITE
Da Seine Majestät derzeit keine Kaiserin hat ...
... wird zu diesem Anlass die Elite der Gemahlinnen eingeladen.
Die Elite ...
... sind die vier Ehefrauen, die erstrangigen Gemahlinnen.
Ihre Hoheit Gyokuyo, die Edle.
Ihre Hoheit Rifa, die Weise.
Ihre Hoheit Rishu, die Tugend-hafte.
Ihre Hoheit Aduo, die Anmu-tige.

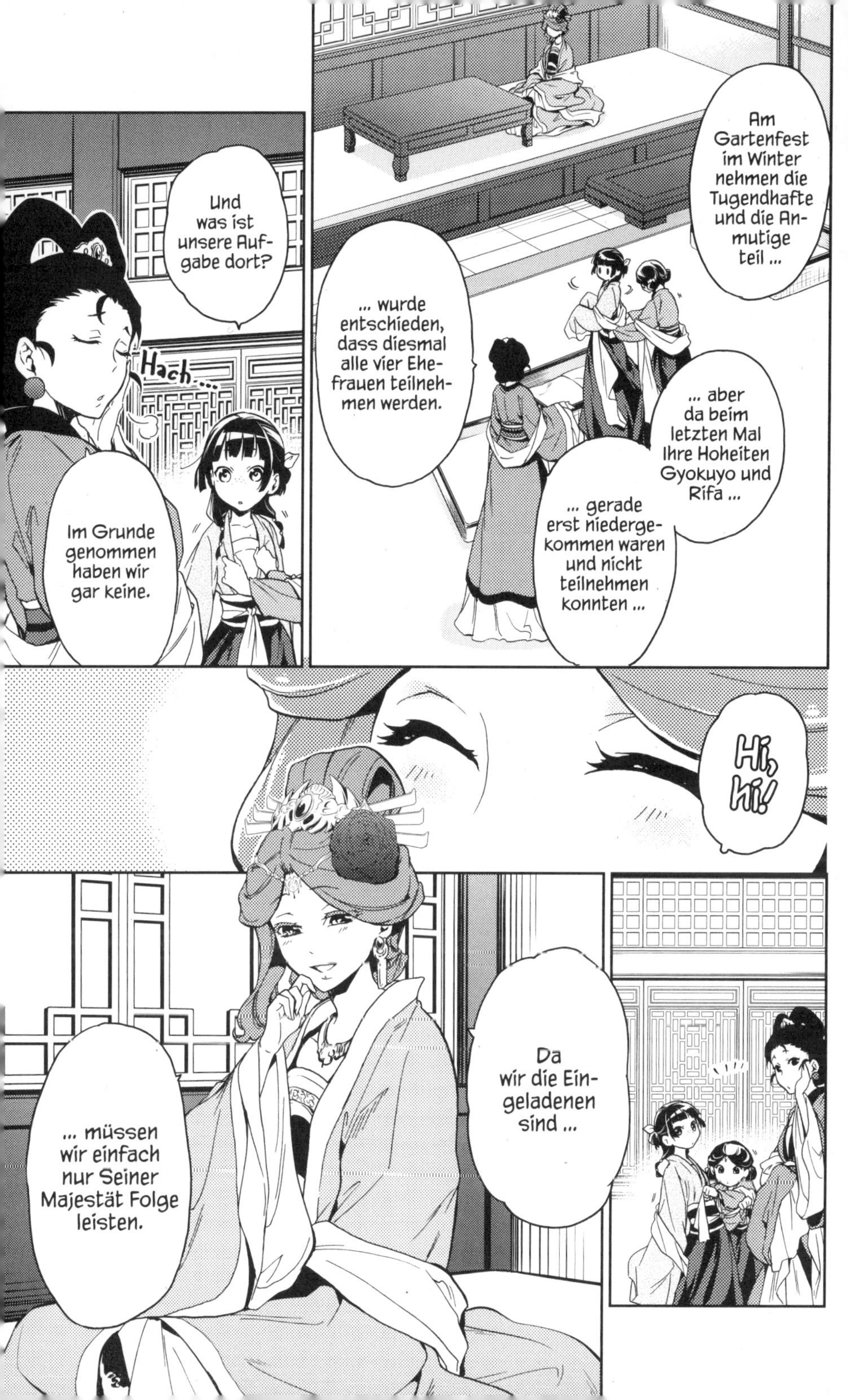
Am Gartenfest im Winter nehmen die Tugendhafte und die Anmutige teil ...
... aber da beim letzten Mal Ihre Hoheiten Gyokuyo und Rifa ...
... gerade erst niedergekommen waren und nicht teilnehmen konnten ...
... wurde entschieden, dass diesmal alle vier Ehefrauen teilnehmen werden.
Und was ist unsere Aufgabe dort?
Hach ...
Im Grunde genommen haben wir gar keine.
Hi, hi!
Da wir die Eingeladenen sind ...
... müssen wir einfach nur Seiner Majestät Folge leisten.

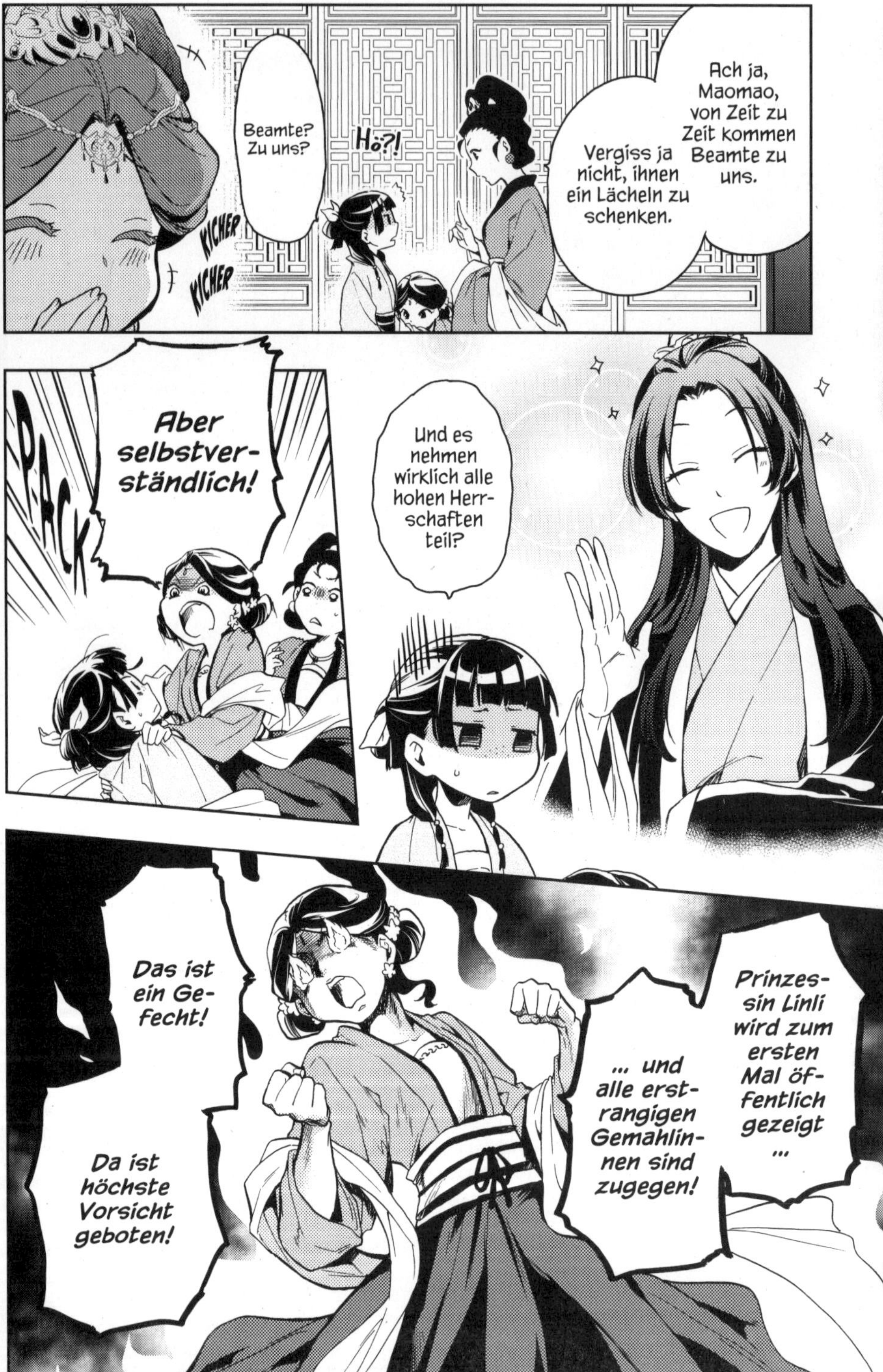
Ach ja, Maomao, von Zeit zu Zeit kommen Beamte zu uns.
Vergiss ja nicht, ihnen ein Lächeln zu schenken.
Hö?!
Beamte? Zu uns?
KICHER
KICHER
Und es nehmen wirklich alle hohen Herrschaften teil?
Aber selbstverständlich!
PACK
Prinzessin Linli wird zum ersten Mal öffentlich gezeigt ...
... und alle erstrangigen Gemahlinnen sind zugegen!
Das ist ein Gefecht!
Da ist höchste Vorsicht geboten!

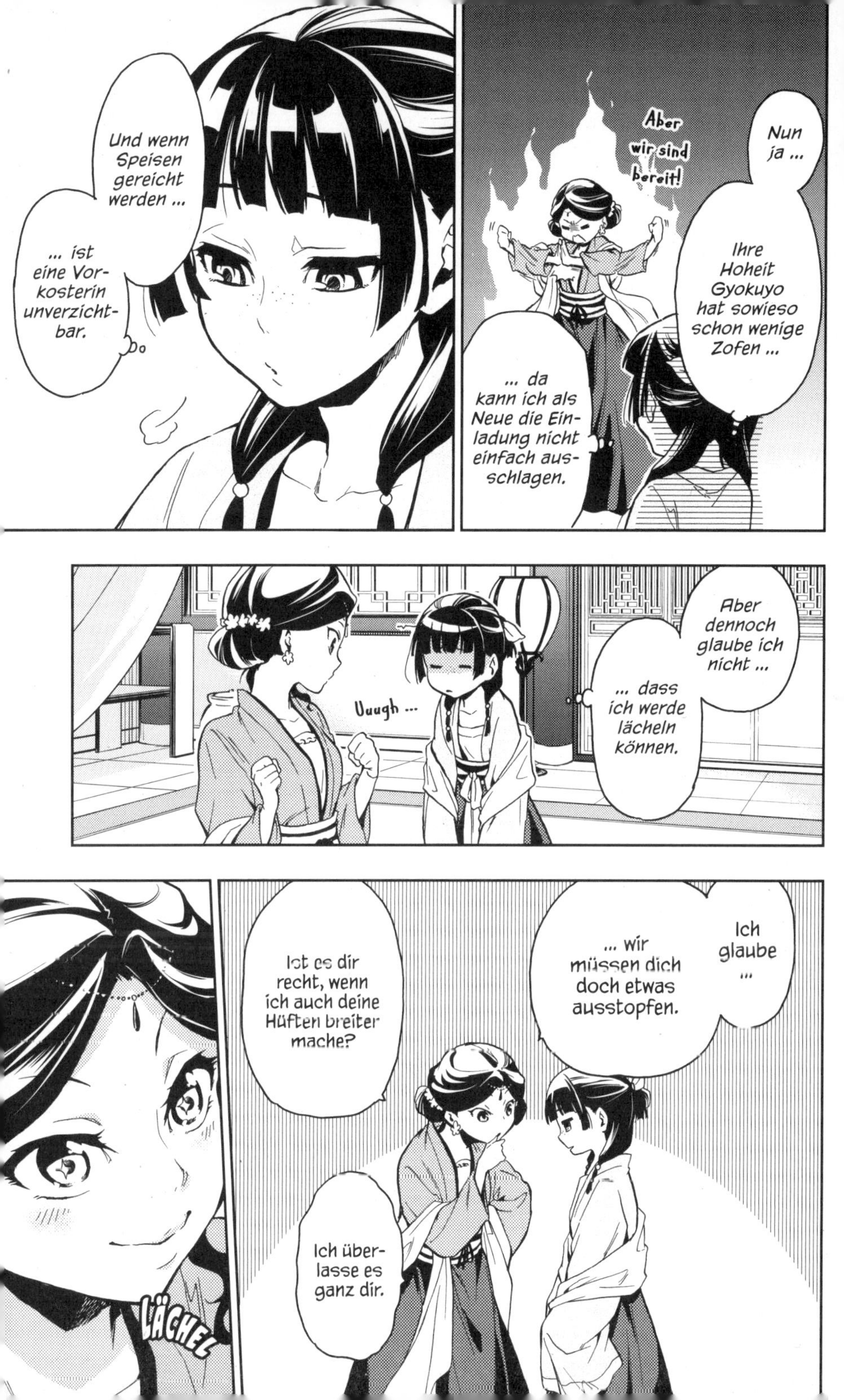
Nun ja ...
Ihre Hoheit Gyokuyo hat sowieso schon wenige Zofen ...
Aber wir sind bereit!
... da kann ich als Neue die Einladung nicht einfach ausschlagen.
Und wenn Speisen gereicht werden ...
... ist eine Vorkosterin unverzichtbar.
Aber dennoch glaube ich nicht ...
... dass ich werde lächeln können.
Uuugh ...
Ich glaube ...
... wir müssen dich doch etwas ausstopfen.
Ist es dir recht, wenn ich auch deine Hüften breiter mache?
Ich überlasse es ganz dir.
LÄCHEL

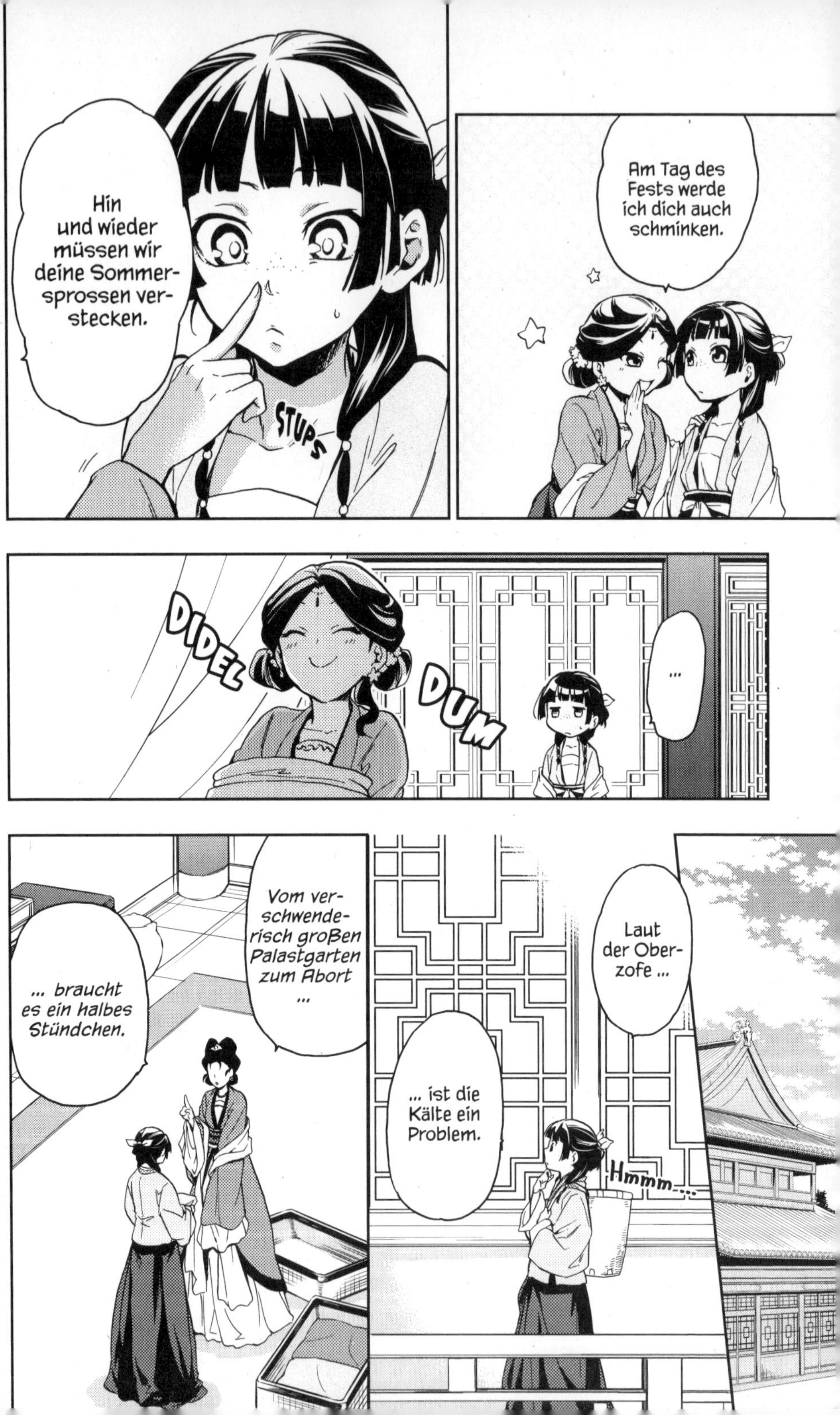
Am Tag des Fests werde ich dich auch schminken.
Hin und wieder müssen wir deine Sommersprossen verstecken.
STUPS
...
DIDEL
DUM
Laut der Oberzofe ...
... ist die Kälte ein Problem.
Hmmm...
Vom verschwenderisch großen Palastgarten zum Abort ...
... braucht es ein halbes Stündchen.

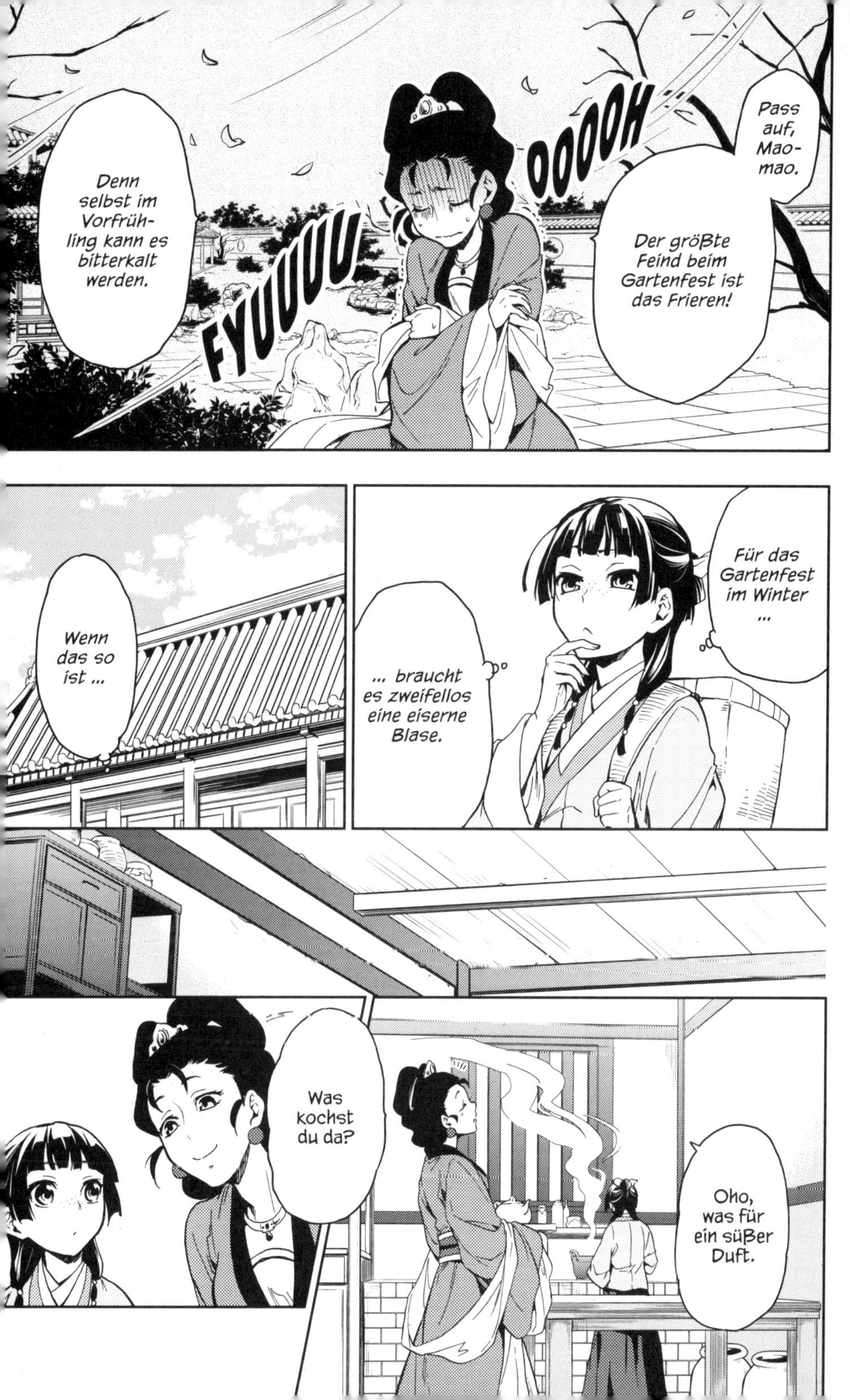
Pass auf, Maomao.
Der größte Feind beim Gartenfest ist das Frieren!
FYUUUUUOOOOOH
Denn selbst im Vorfrühling kann es bitterkalt werden.
Für das Gartenfest im Winter ...
... braucht es zweifellos eine eiserne Blase.
Wenn das so ist ...
Oho, was für ein süßer Duft.
Was kochst du da?

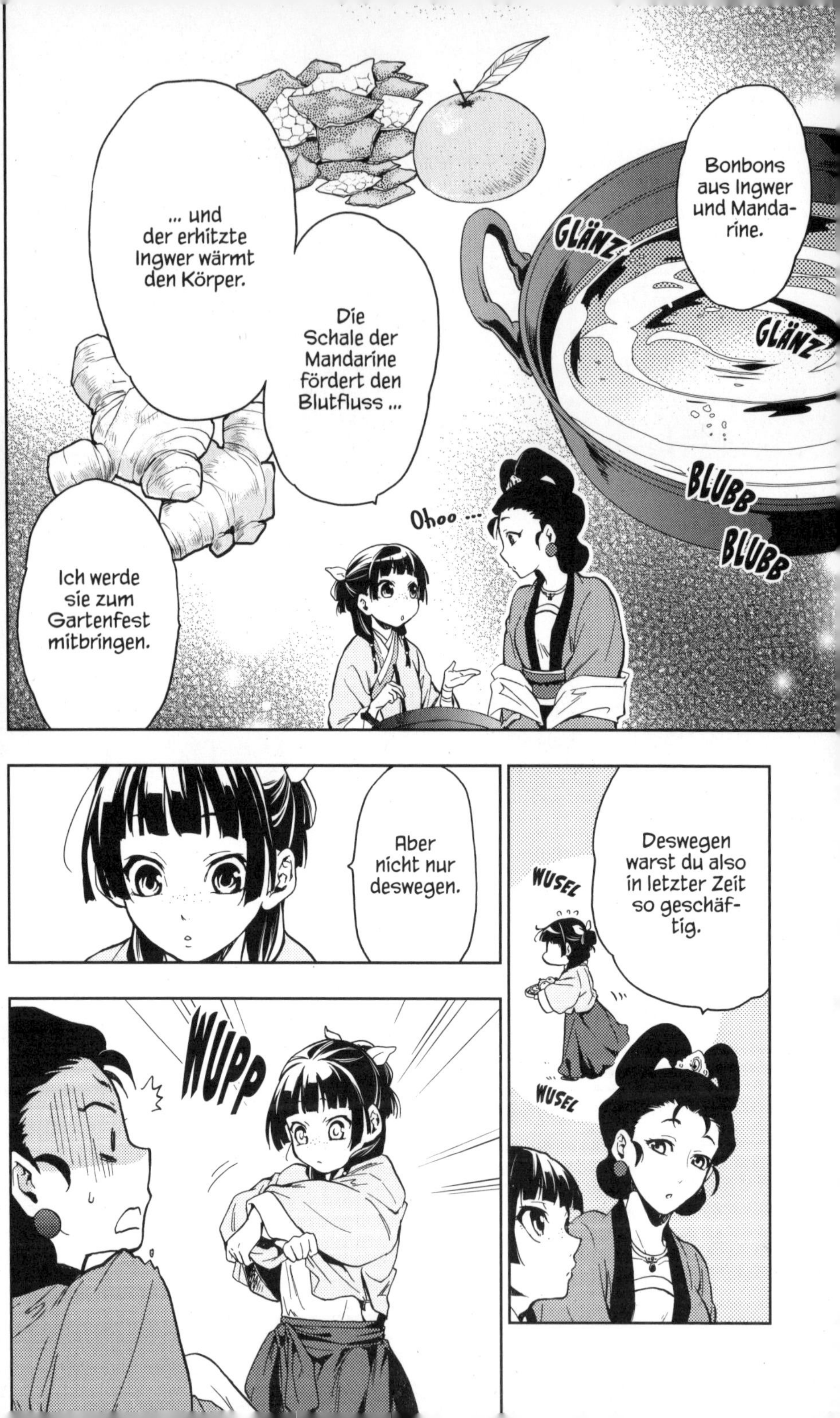
Bonbons aus Ingwer und Mandarine.
GLÄNZ
GLÄNZ
BLUBB
BLUBB
Die Schale der Mandarine fördert den Blutfluss ...
... und der erhitzte Ingwer wärmt den Körper.
Ohoo ...
Ich werde sie zum Gartenfest mitbringen.
Deswegen warst du also in letzter Zeit so geschäftig.
WUSEL
WUSEL
Aber nicht nur deswegen.
WUPP

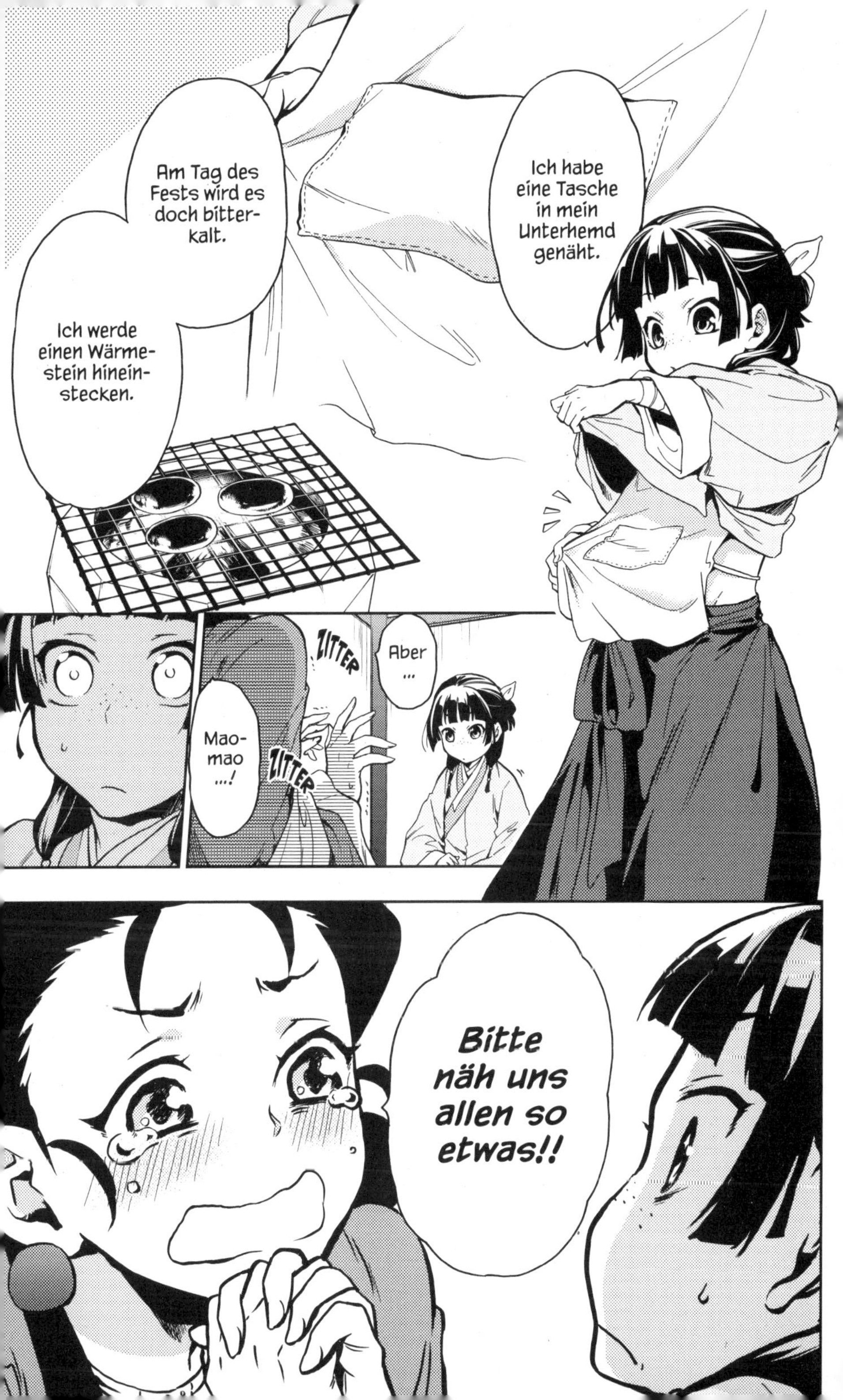
Ich habe eine Tasche in mein Unterhemd genäht.
Am Tag des Fests wird es doch bitterkalt.
Ich werde einen Wärmestein hineinstecken.
Aber ...
ZITTER
Mao-mao ...!
ZITTER
Bitte näh uns allen so etwas!!

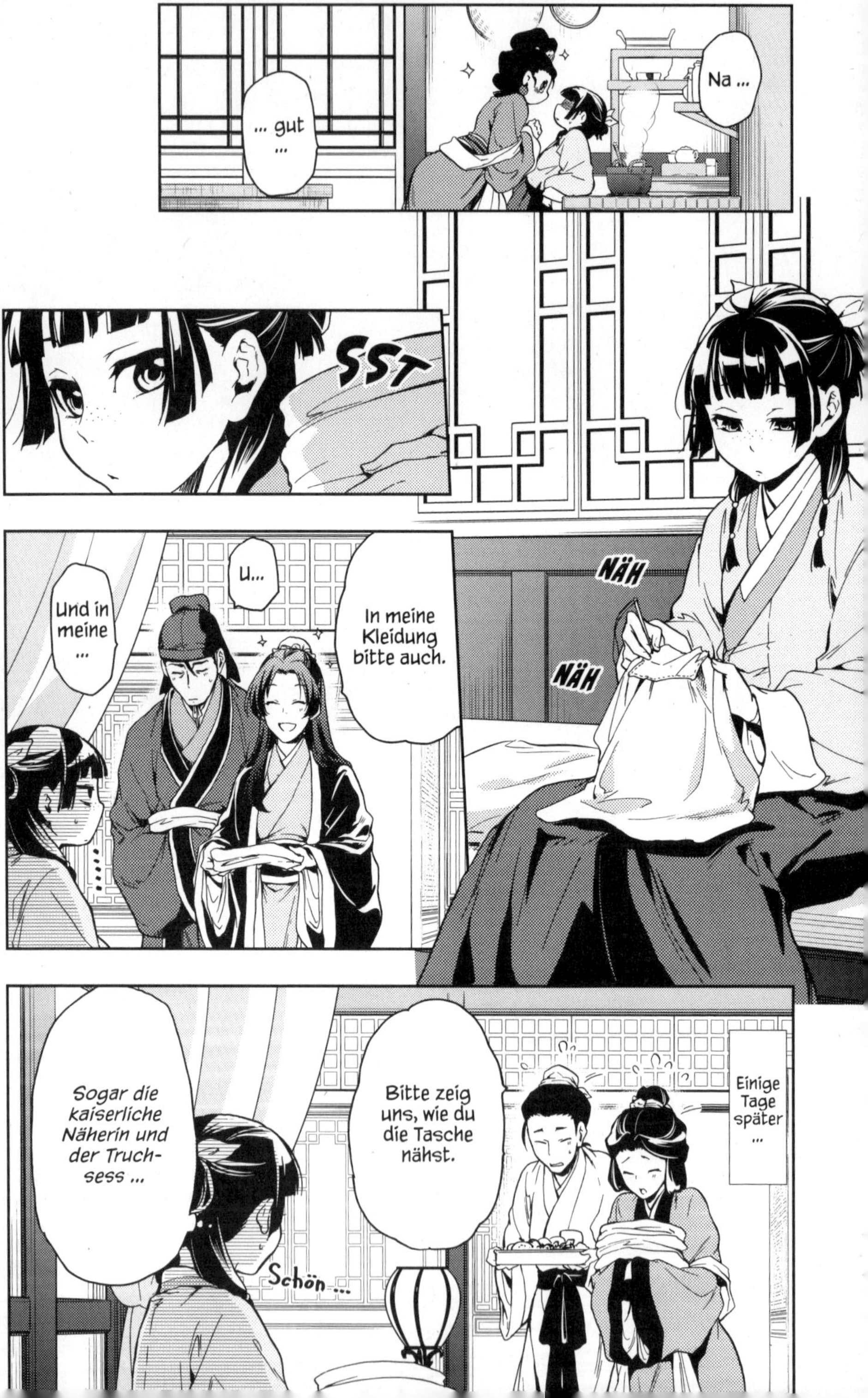

Na ...
... gut ...
SST
NÄH
NÄH
In meine Kleidung bitte auch.
U...
Und in meine ...
...
Einige Tage später ...
Bitte zeig uns, wie du die Tasche nähst.
Sogar die kaiserliche Näherin und der Truchsess ...
Schön ...

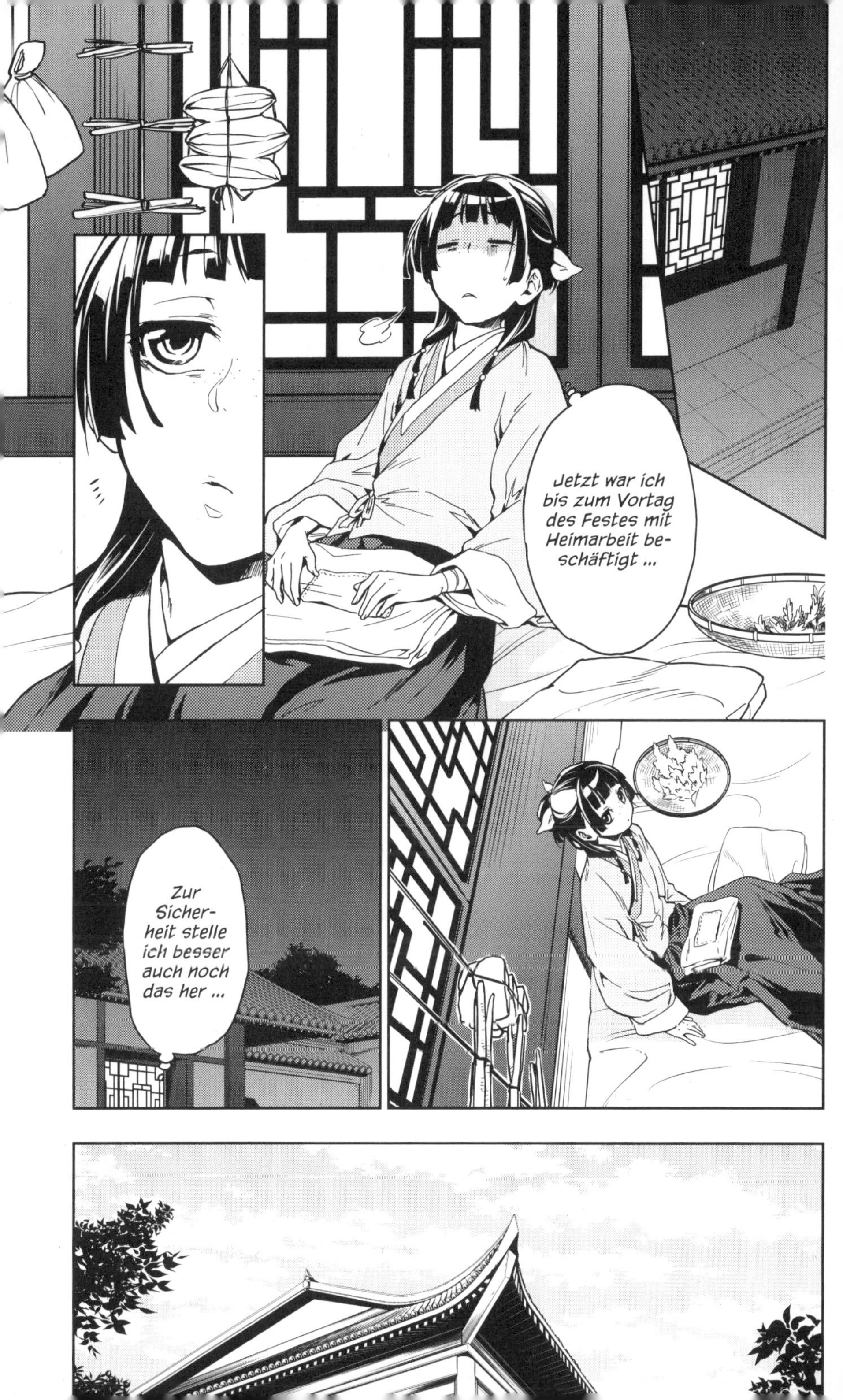
Jetzt war ich bis zum Vortag des Festes mit Heimarbeit beschäftigt ...
Zur Sicherheit stelle ich besser auch noch das her ...

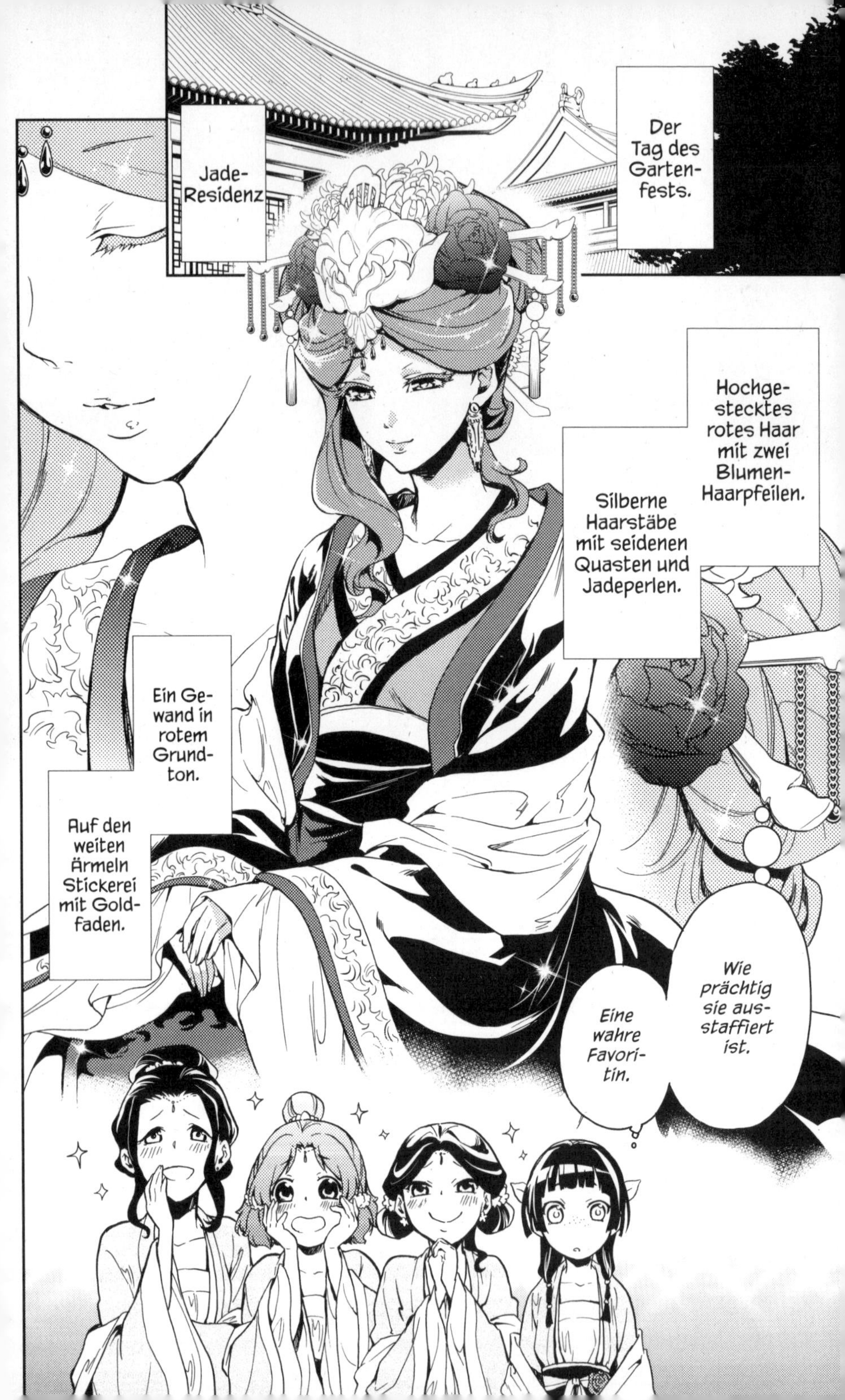
Der Tag des Gartenfests.
Jade-Residenz
Hochgestecktes rotes Haar mit zwei Blumen-Haarpfeilen.
Silberne Haarstäbe mit seidenen Quasten und Jadeperlen.
Ein Gewand in rotem Grundton.
Auf den weiten Ärmeln Stickerei mit Goldfaden.
Wie prächtig sie ausstaffiert ist.
Eine wahre Favoritin.

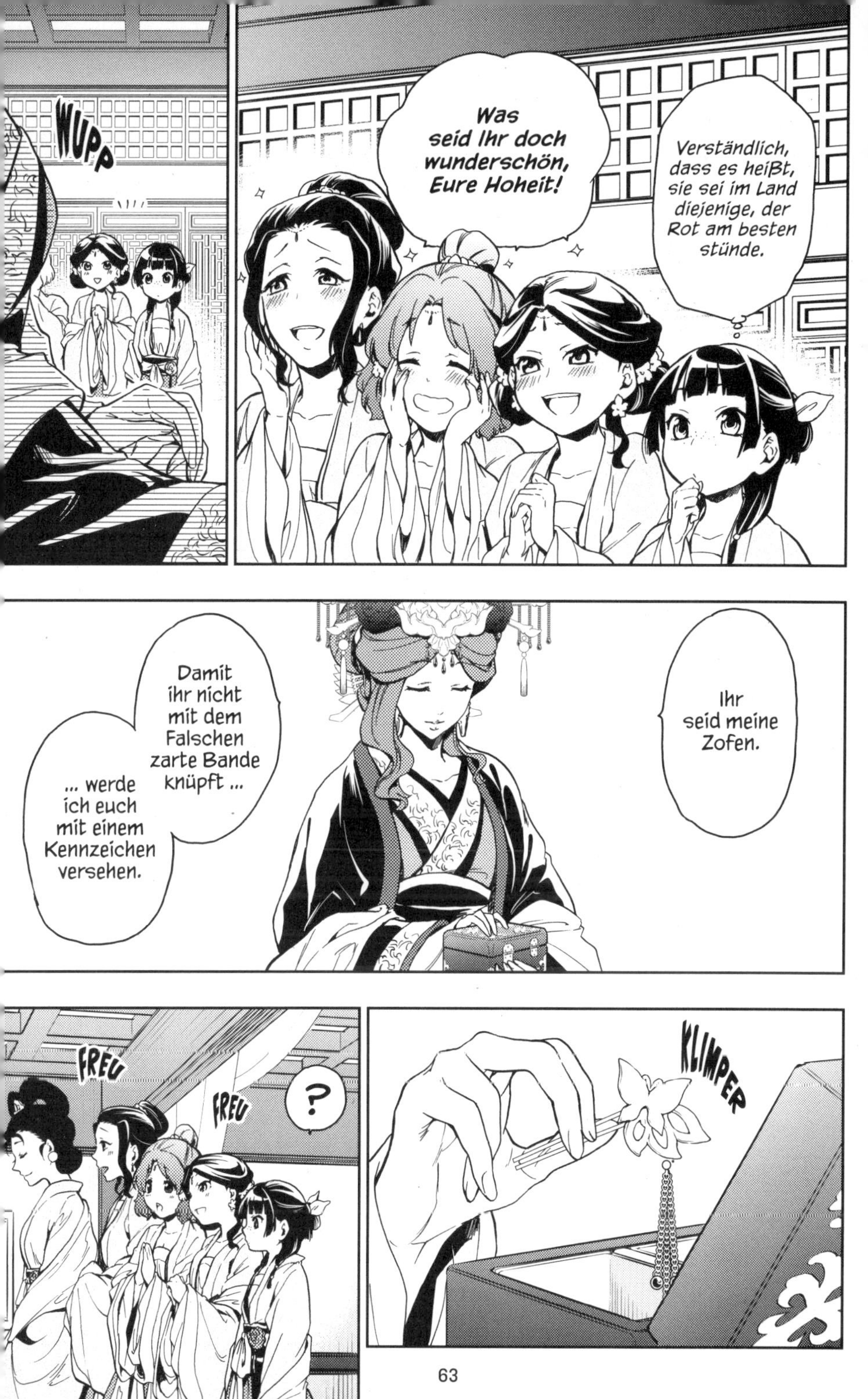

Verständlich, dass es heißt, sie sei im Land diejenige, der Rot am besten stünde.
Was seid Ihr doch wunderschön, Eure Hoheit!
WUPP
Ihr seid meine Zofen.
Damit ihr nicht mit dem Falschen zarte Bande knüpft ...
... werde ich euch mit einem Kennzeichen versehen.
KLIMPER
FREU
FREU
?

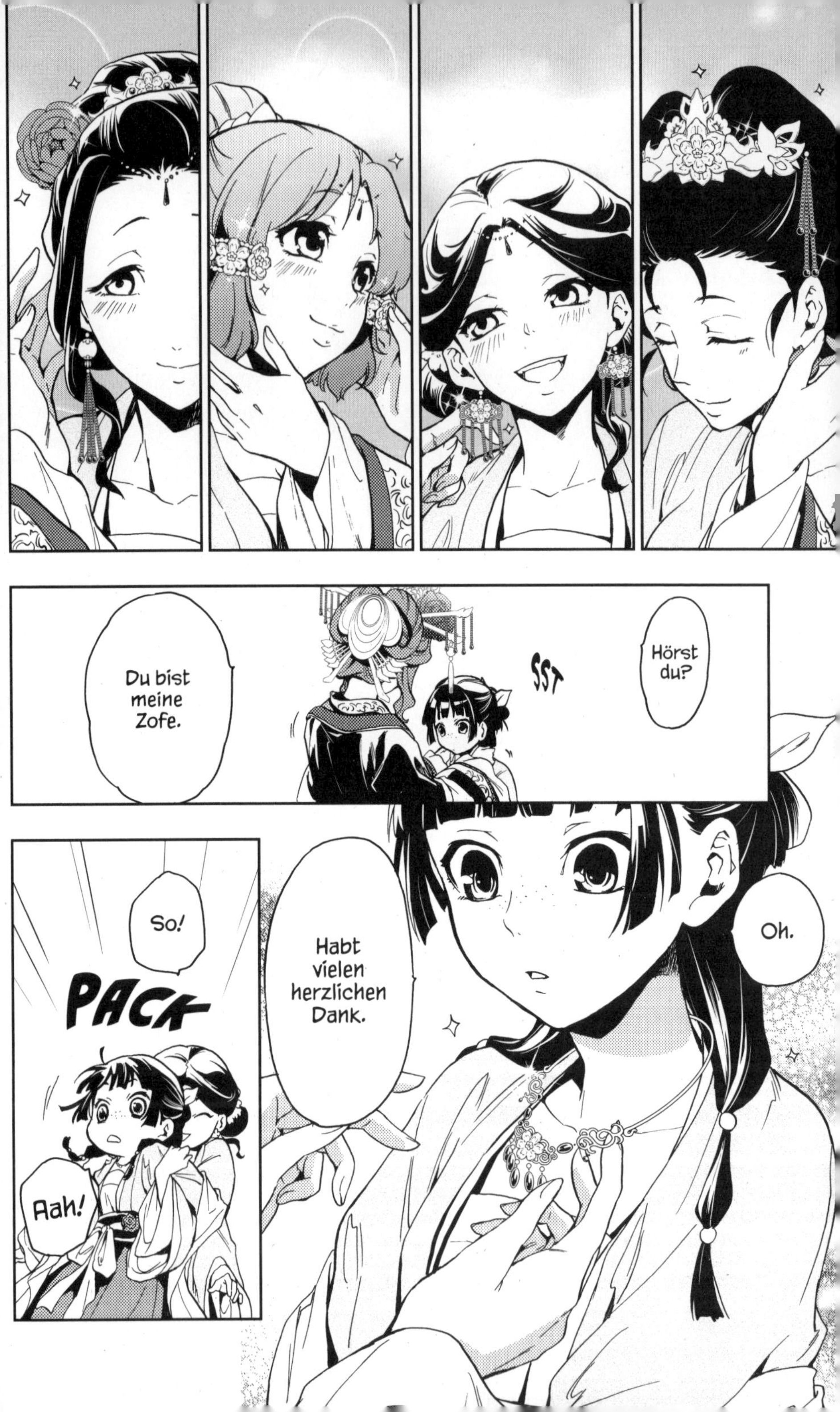
Hörst du?
SST
Du bist meine Zofe.
Oh.
Habt vielen herzlichen Dank.
So!
PACK
Aah!

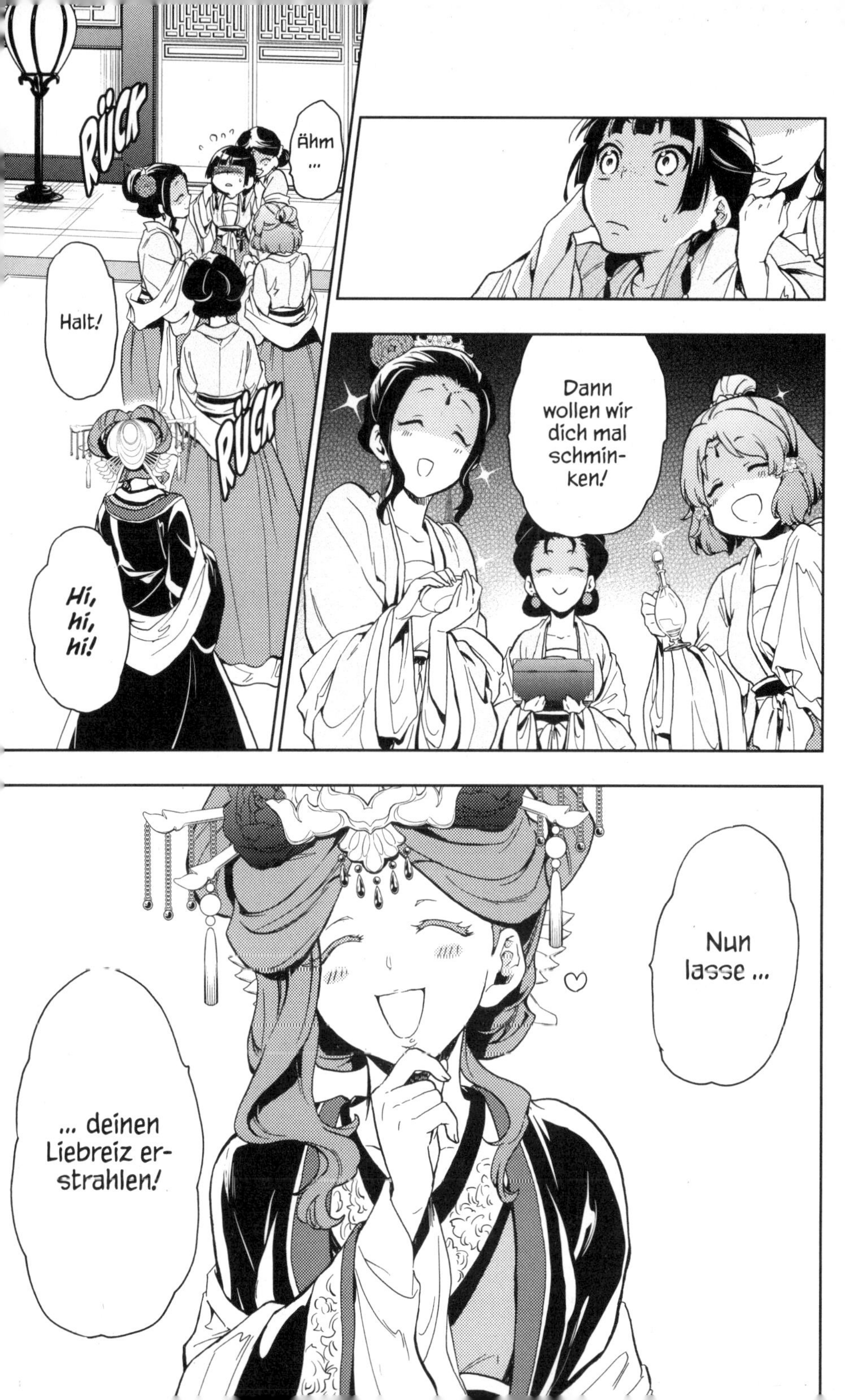
Dann wollen wir dich mal schmin-ken!
Ähm ...
RÜCK
Halt!
RÜCK
Hi, hi, hi!
Nun lasse ...
... deinen Liebreiz er-strahlen!

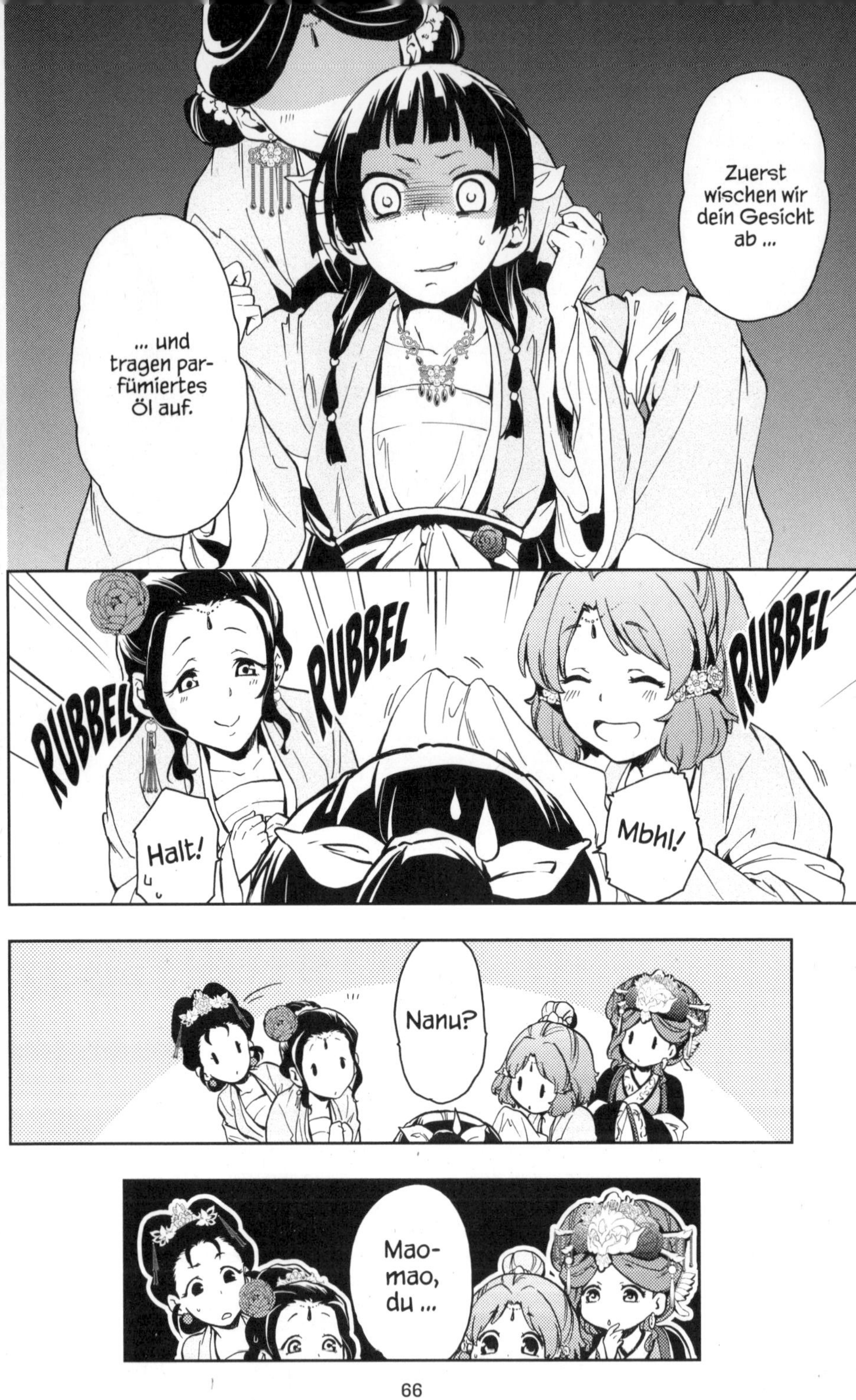
Zuerst wischen wir dein Gesicht ab ...
... und tragen parfümiertes Öl auf.
RUBBEL
RUBBEL
RUBBEL
Mbhl!
Halt!
Nanu?
Mao-mao, du ...

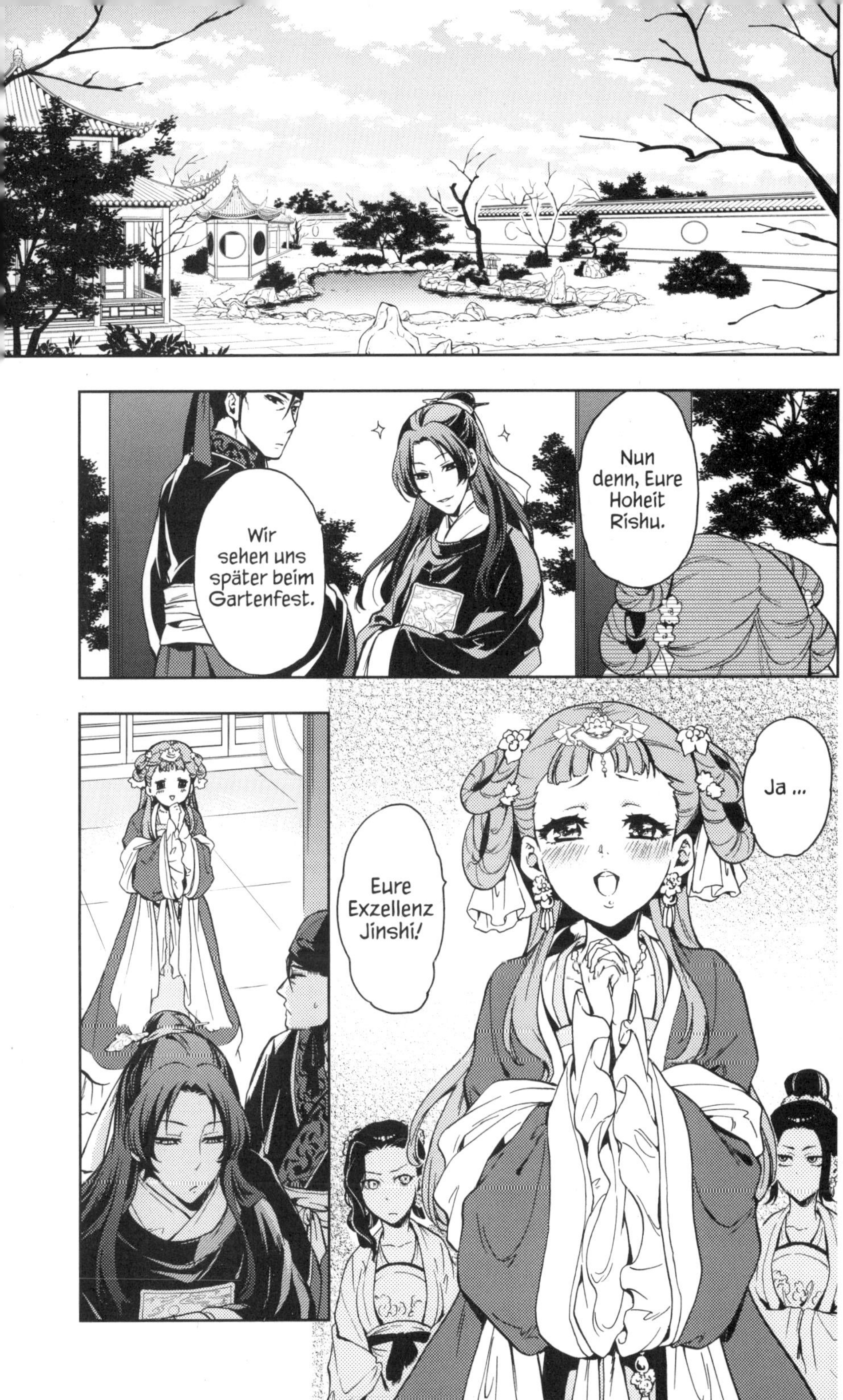
Nun denn, Eure Hoheit Rishu.
Wir sehen uns später beim Gartenfest.
Ja ...
Eure Exzellenz Jinshi!

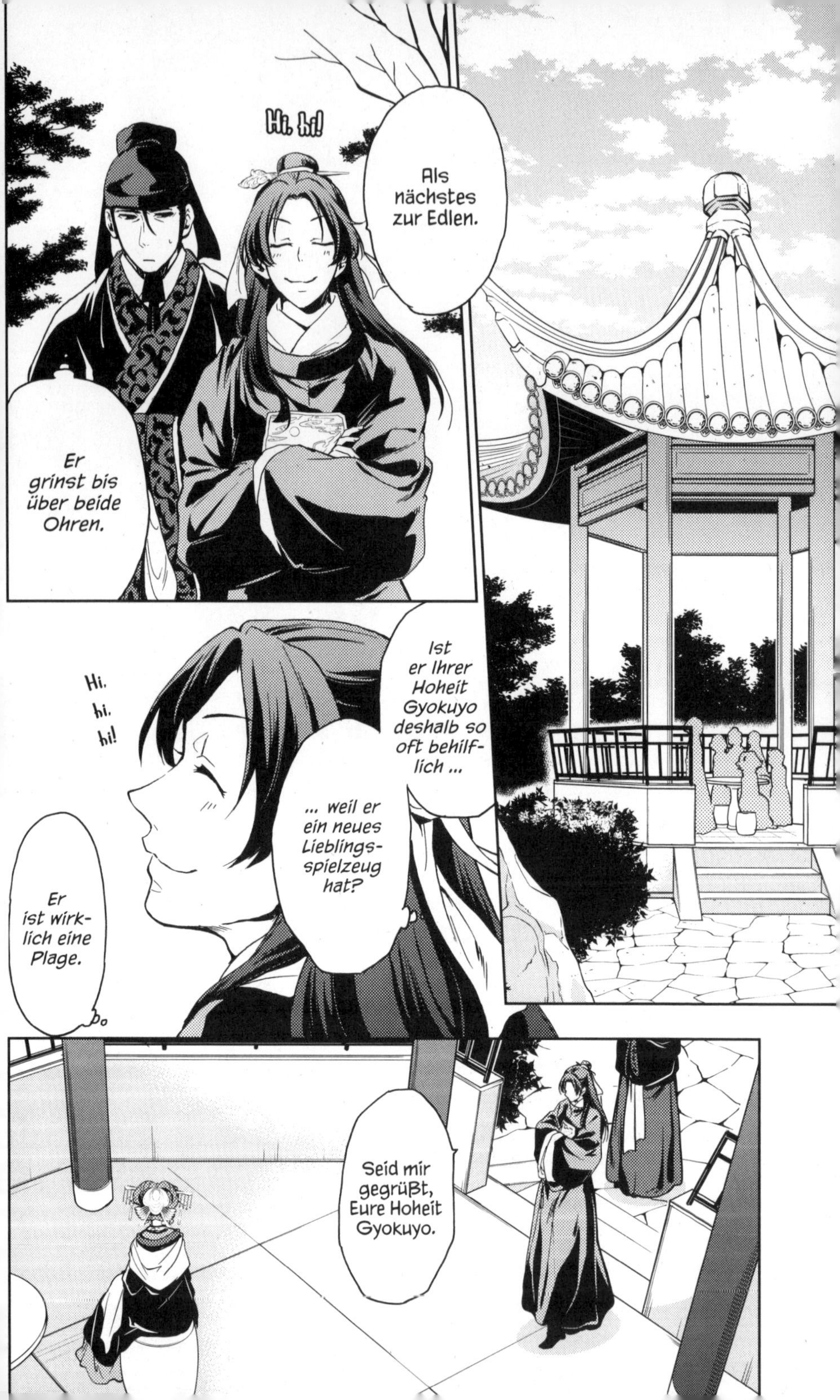
Als nächstes zur Edlen.
Hi, hi!
Er grinst bis über beide Ohren.
Ist er Ihrer Hoheit Gyokuyo deshalb so oft behilflich ...
... weil er ein neues Lieblings-spielzeug hat?
Hi. hi. hi!
Er ist wirk-lich eine Plage.
Seid mir gegrüßt, Eure Hoheit Gyokuyo.

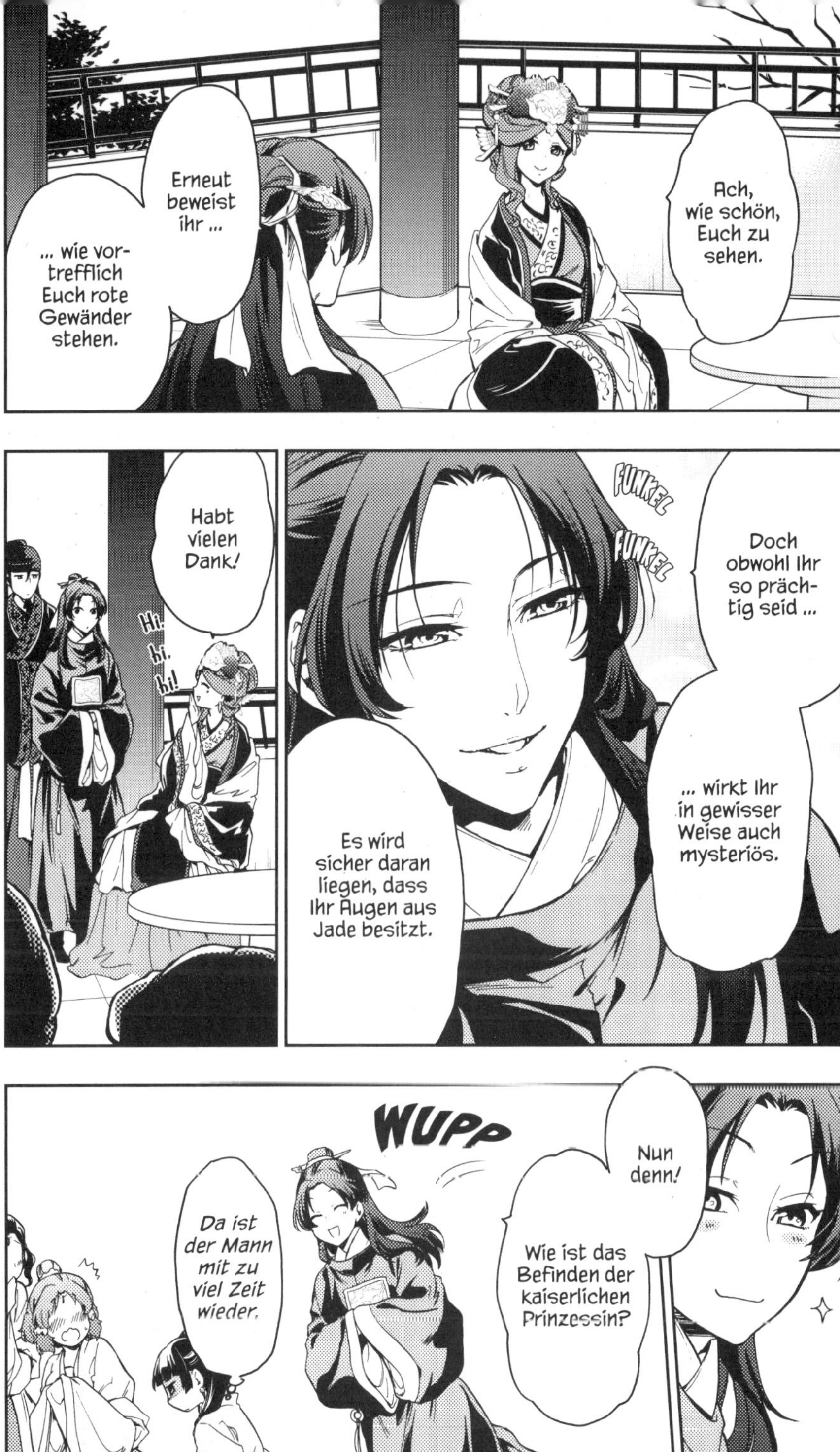
Ach, wie schön, Euch zu sehen.
Erneut beweist ihr ...
... wie vortrefflich Euch rote Gewänder stehen.
FUNKEL
FUNKEL
Doch obwohl Ihr so prächtig seid ...
... wirkt Ihr in gewisser Weise auch mysteriös.
Es wird sicher daran liegen, dass Ihr Augen aus Jade besitzt.
Habt vielen Dank!
Hi. hi. hi!
WUPP
Nun denn!
Wie ist das Befinden der kaiserlichen Prinzessin?
Da ist der Mann mit zu viel Zeit wieder.

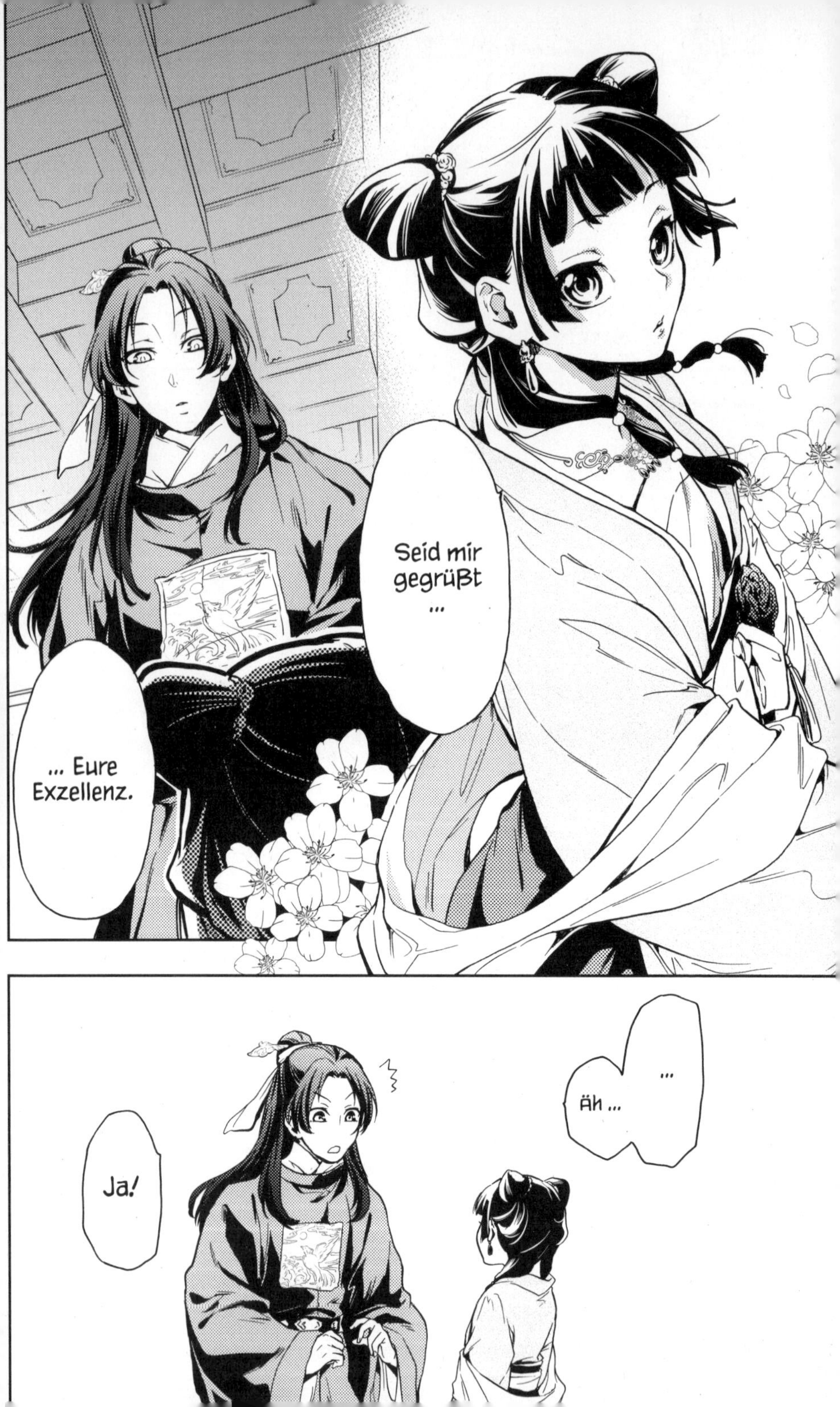
Seid mir gegrüßt ...
... Eure Exzellenz.
... Äh ...
Ja!

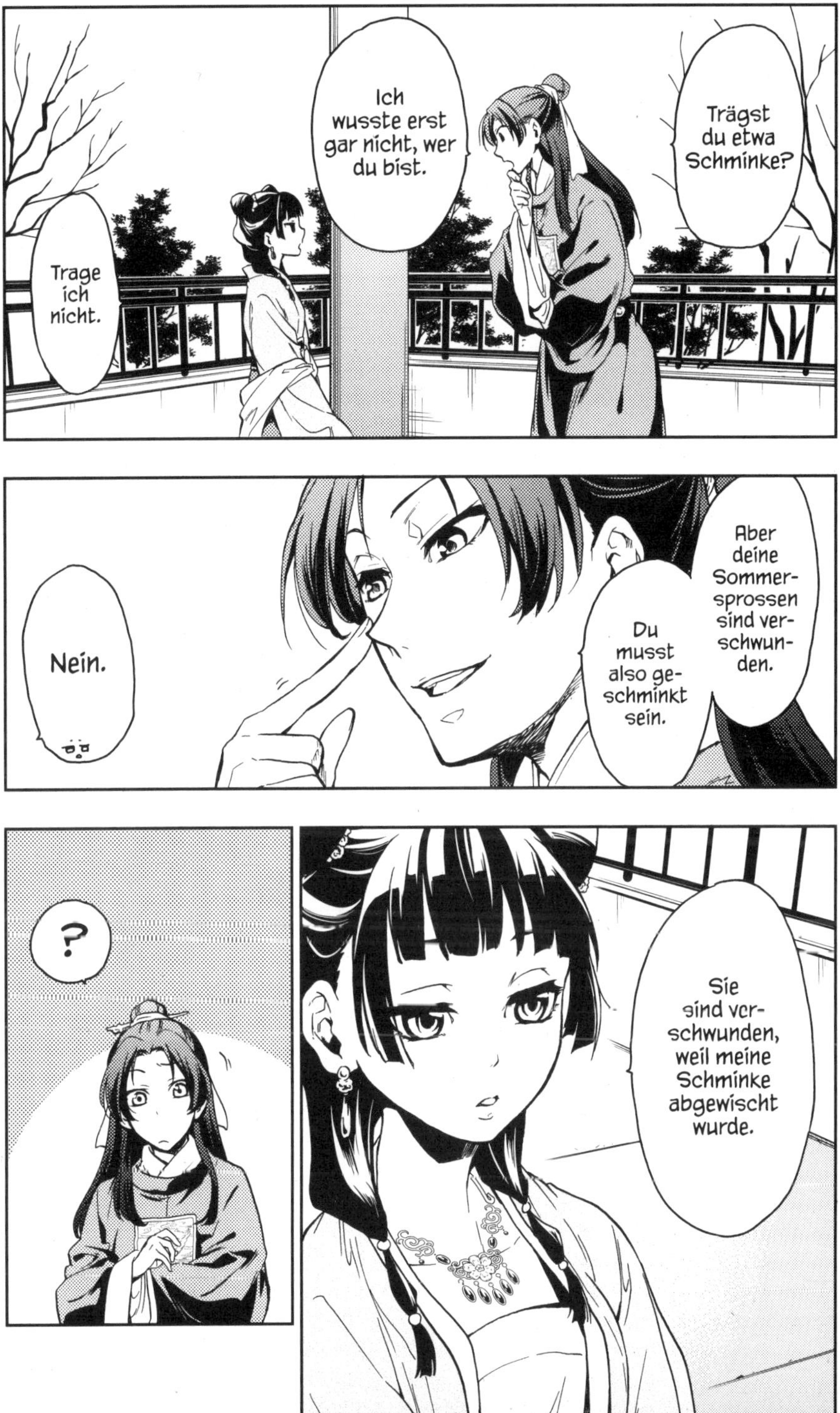

Trägst du etwa Schminke?
Ich wusste erst gar nicht, wer du bist.
Trage ich nicht.
Aber deine Sommersprossen sind verschwunden.
Du musst also geschminkt sein.
Nein.
Sie sind verschwunden, weil meine Schminke abgewischt wurde.
?

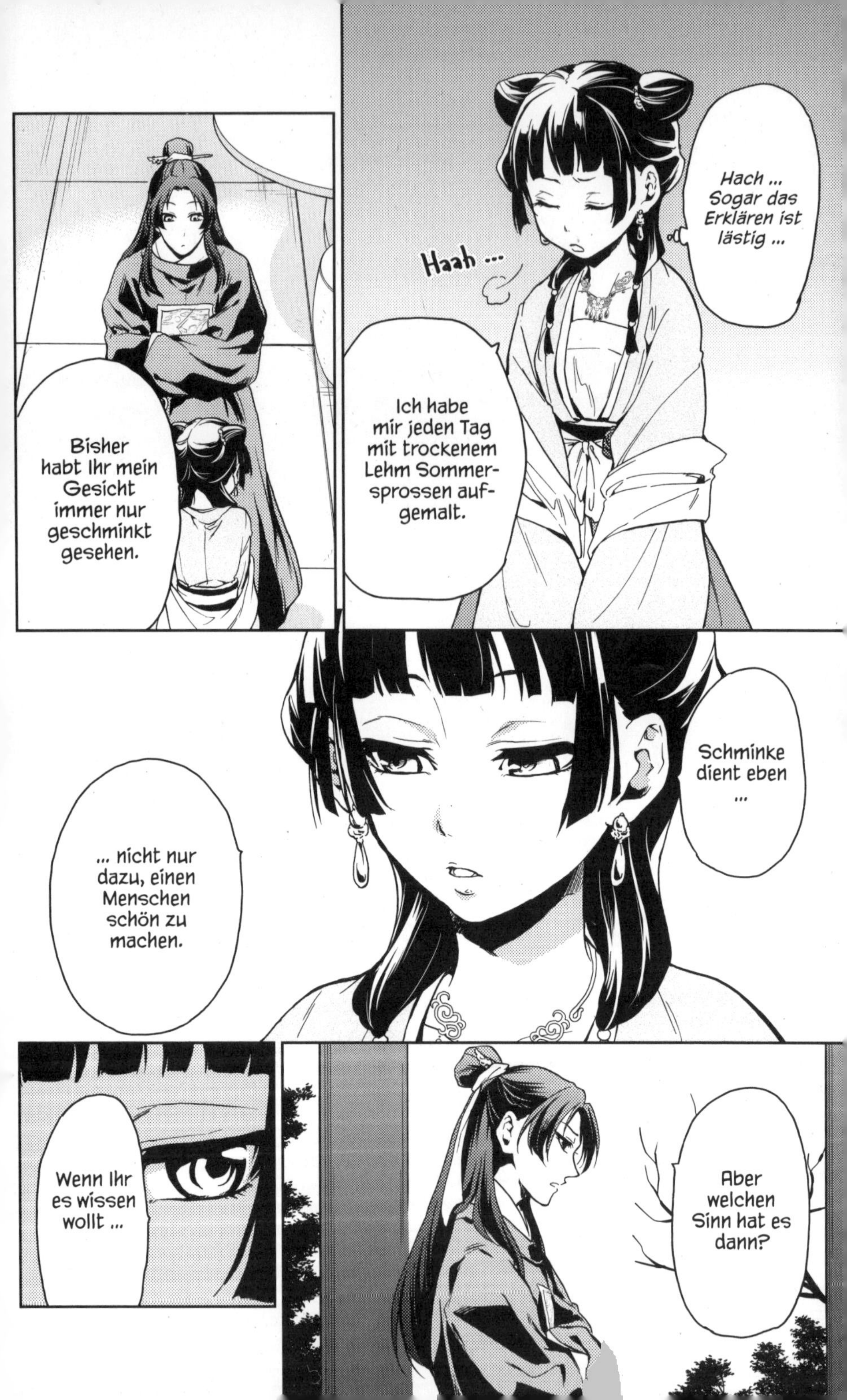
Hach ... Sogar das Erklären ist lästig ...
Haah ...
Ich habe mir jeden Tag mit trockenem Lehm Sommer-sprossen auf-gemalt.
Bisher habt Ihr mein Gesicht immer nur geschminkt gesehen.
Schminke dient eben ...
... nicht nur dazu, einen Menschen schön zu machen.
Aber welchen Sinn hat es dann?
Wenn Ihr es wissen wollt ...

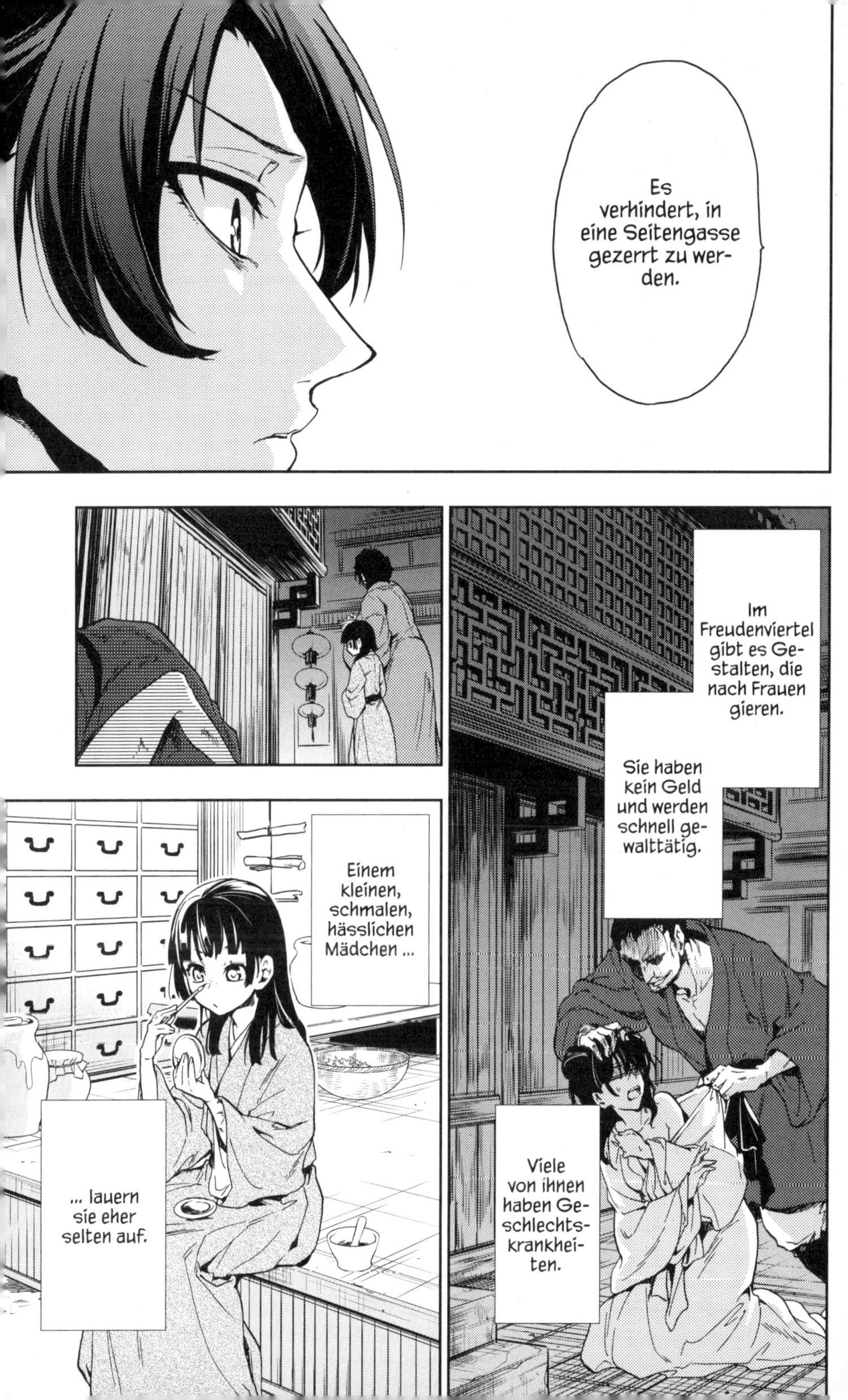
Es verhindert, in eine Seitengasse gezerrt zu werden.
Im Freudenviertel gibt es Gestalten, die nach Frauen gieren.
Sie haben kein Geld und werden schnell gewalttätig.
Viele von ihnen haben Geschlechtskrankheiten.
Einem kleinen, schmalen, hässlichen Mädchen ...
... lauern sie eher selten auf.

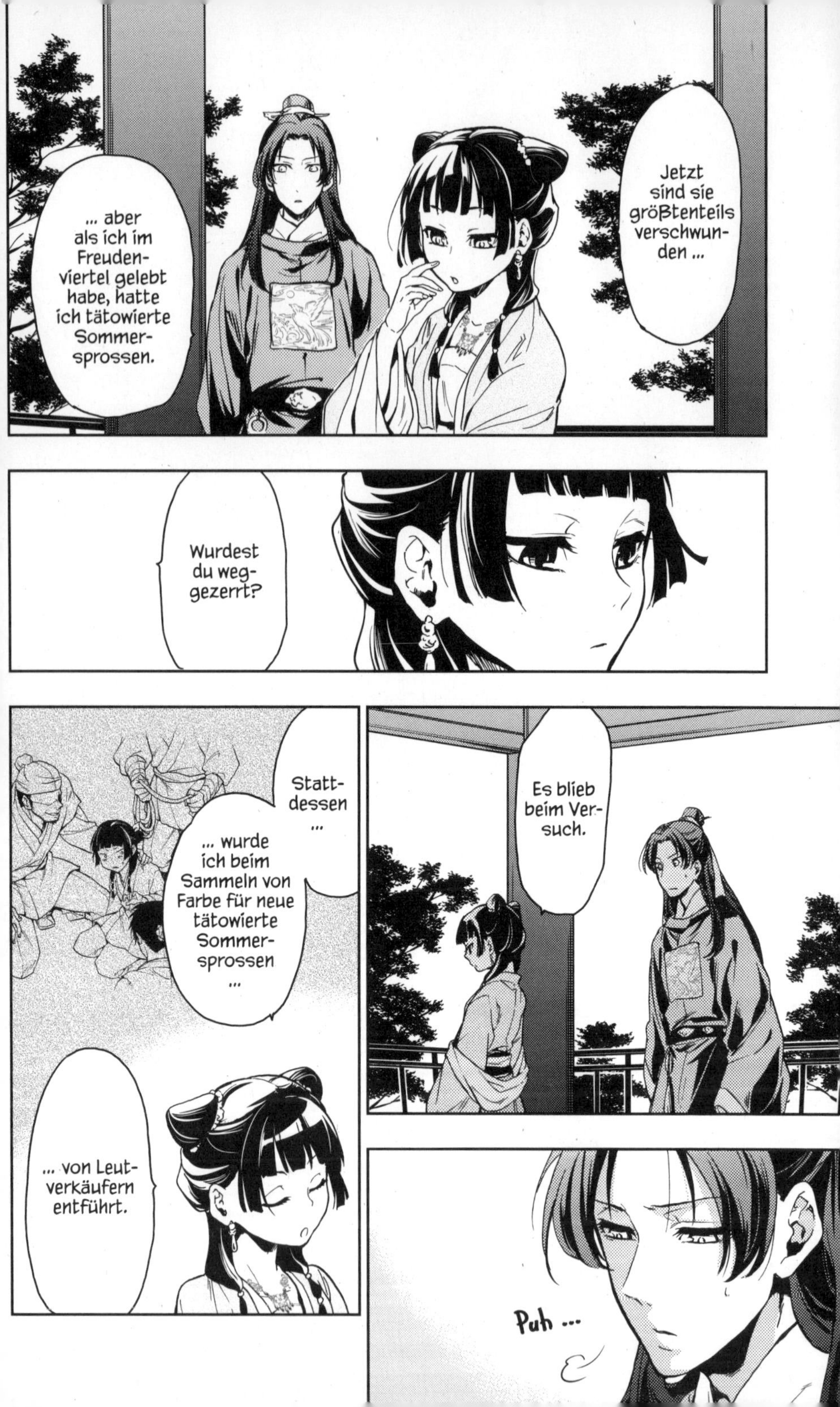
Jetzt sind sie größtenteils verschwunden ...
... aber als ich im Freudenviertel gelebt habe, hatte ich tätowierte Sommersprossen.
Wurdest du weggezerrt?
Es blieb beim Versuch.
Stattdessen ...
... wurde ich beim Sammeln von Farbe für neue tätowierte Sommersprossen ...
... von Leutverkäufern entführt.
Puh ...

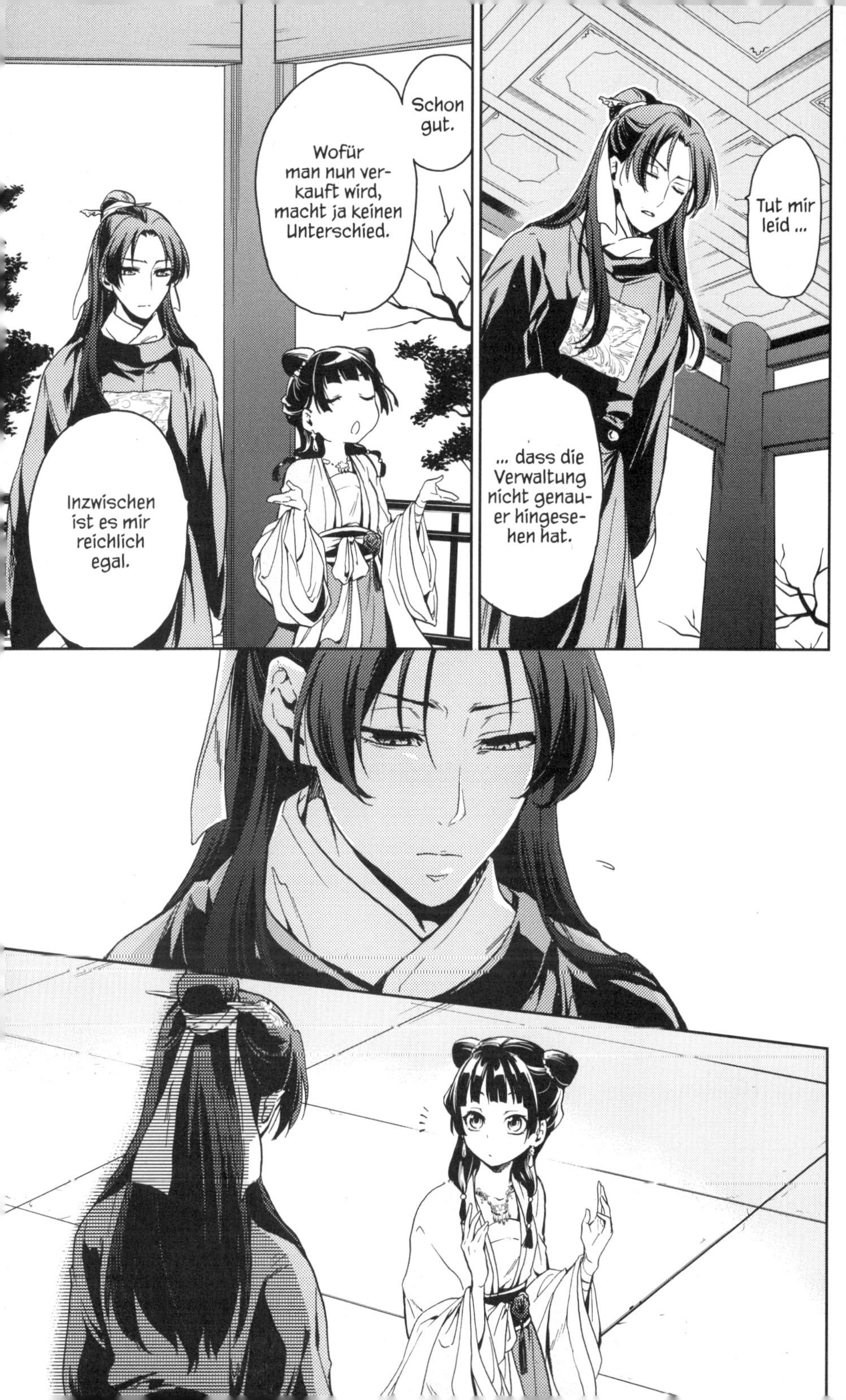
Tut mir leid ...
... dass die Verwaltung nicht genauer hingesehen hat.
Schon gut.
Wofür man nun verkauft wird, macht ja keinen Unterschied.
Inzwischen ist es mir reichlich egal.

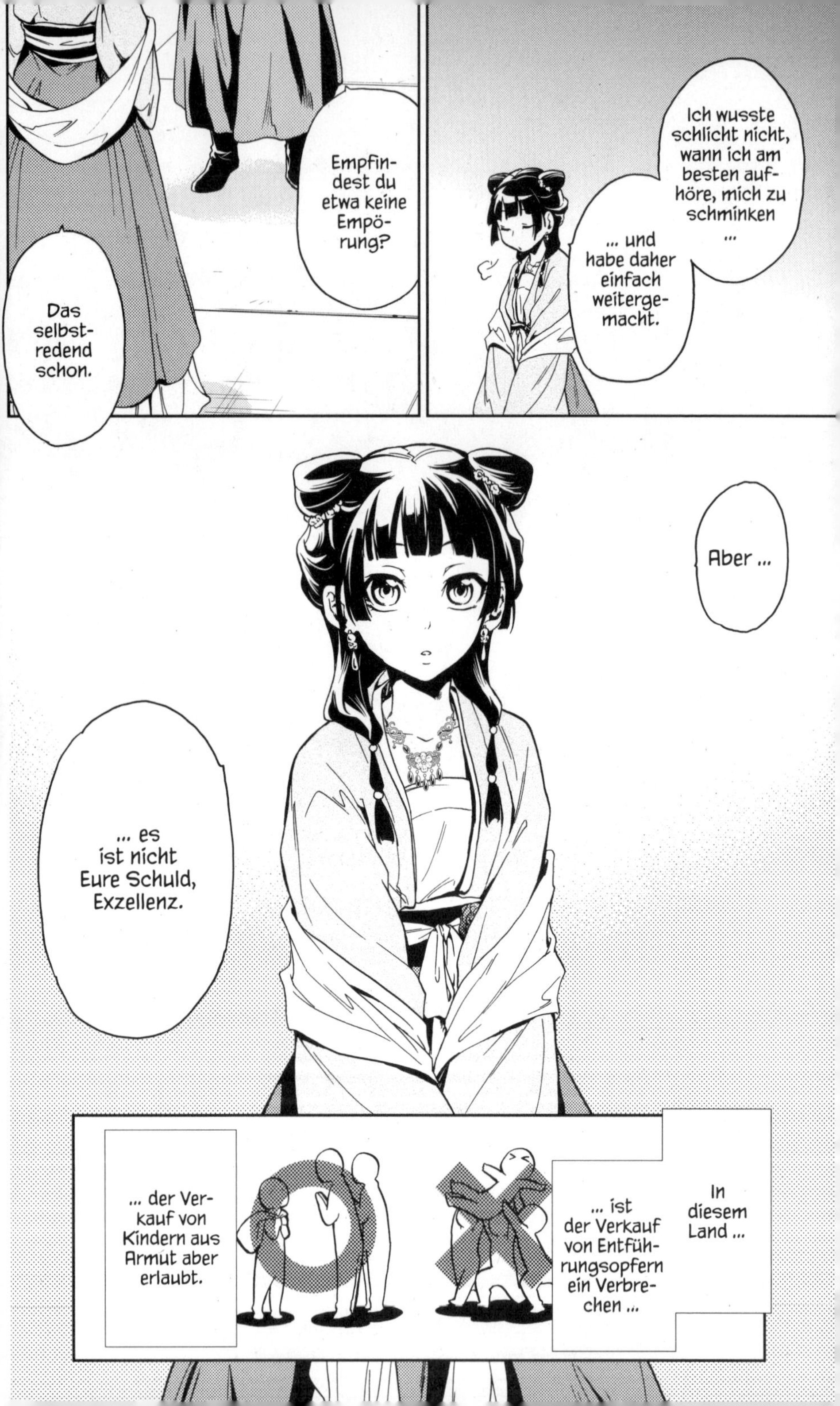
Ich wusste schlicht nicht, wann ich am besten aufhöre, mich zu schminken ...
... und habe daher einfach weitergemacht.
Empfindest du etwa keine Empörung?
Das selbstredend schon.
Aber ...
... es ist nicht Eure Schuld, Exzellenz.
In diesem Land ...
... ist der Verkauf von Entführungsopfern ein Verbrechen ...
... der Verkauf von Kindern aus Armut aber erlaubt.

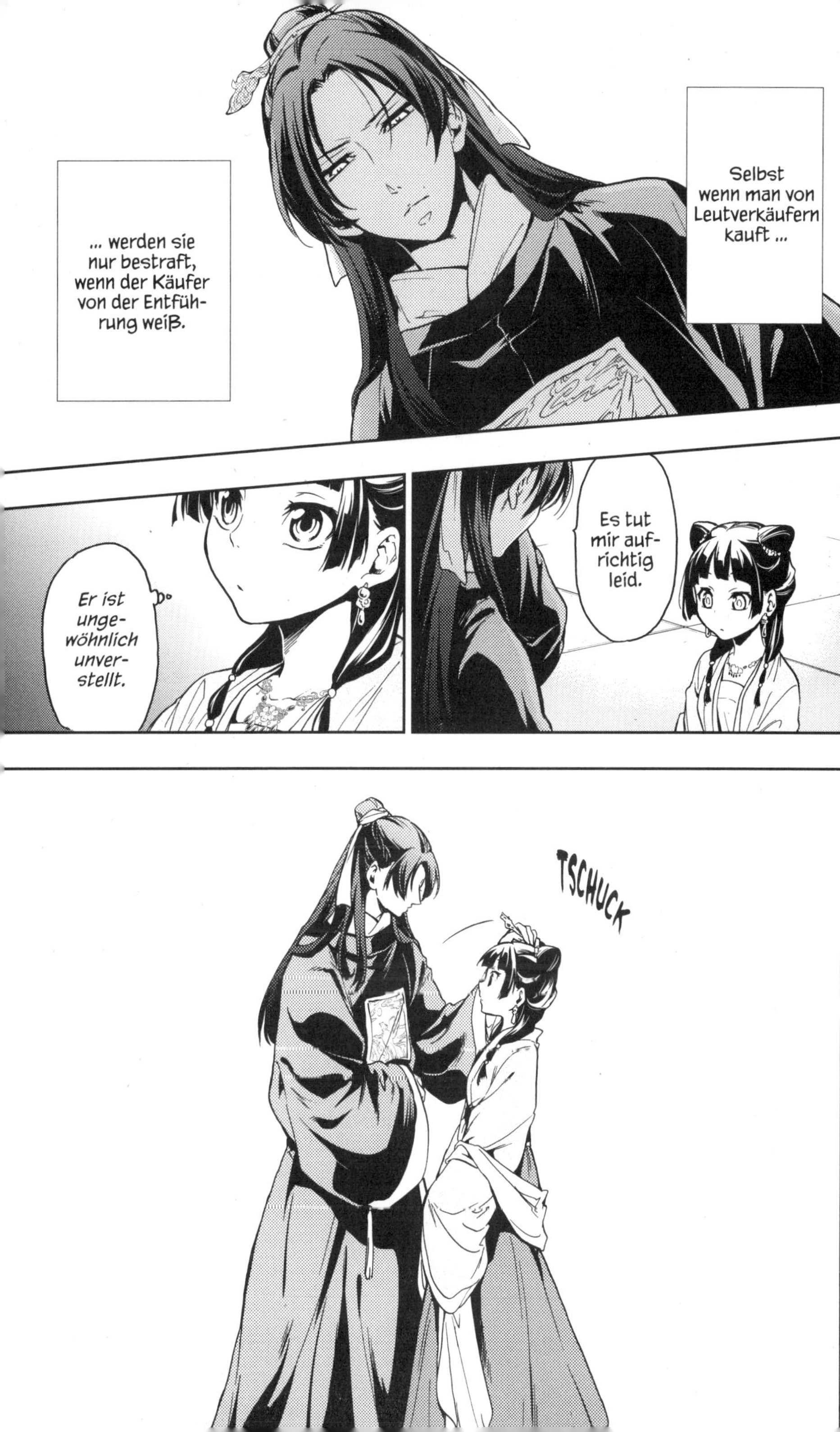
Selbst wenn man von Leutverkäufern kauft ...
... werden sie nur bestraft, wenn der Käufer von der Entführung weiß.
Es tut mir aufrichtig leid.
Er ist ungewöhnlich unverstellt.
TSCHUCK

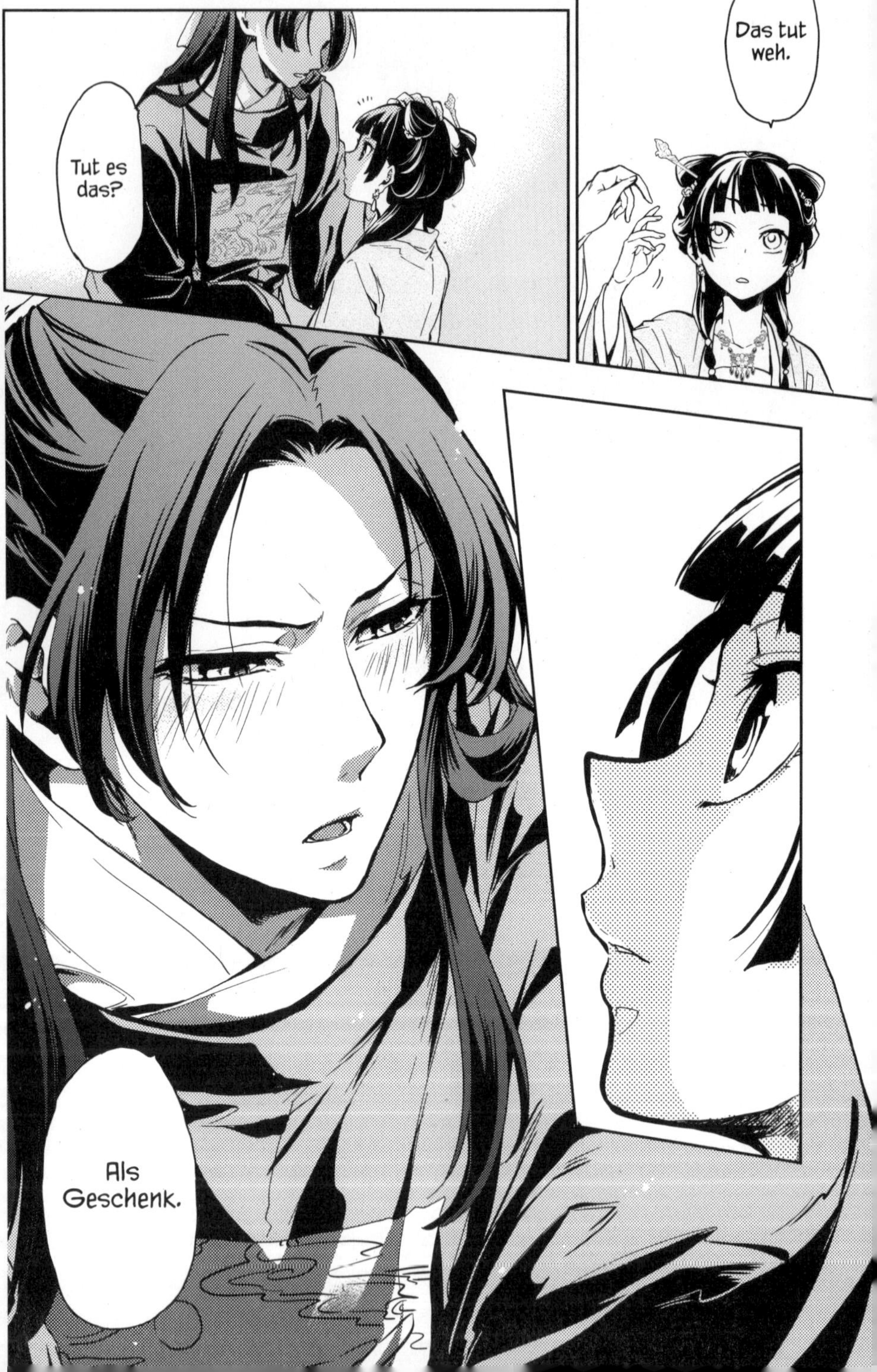
Das tut weh.
Tut es das?
Als Geschenk.

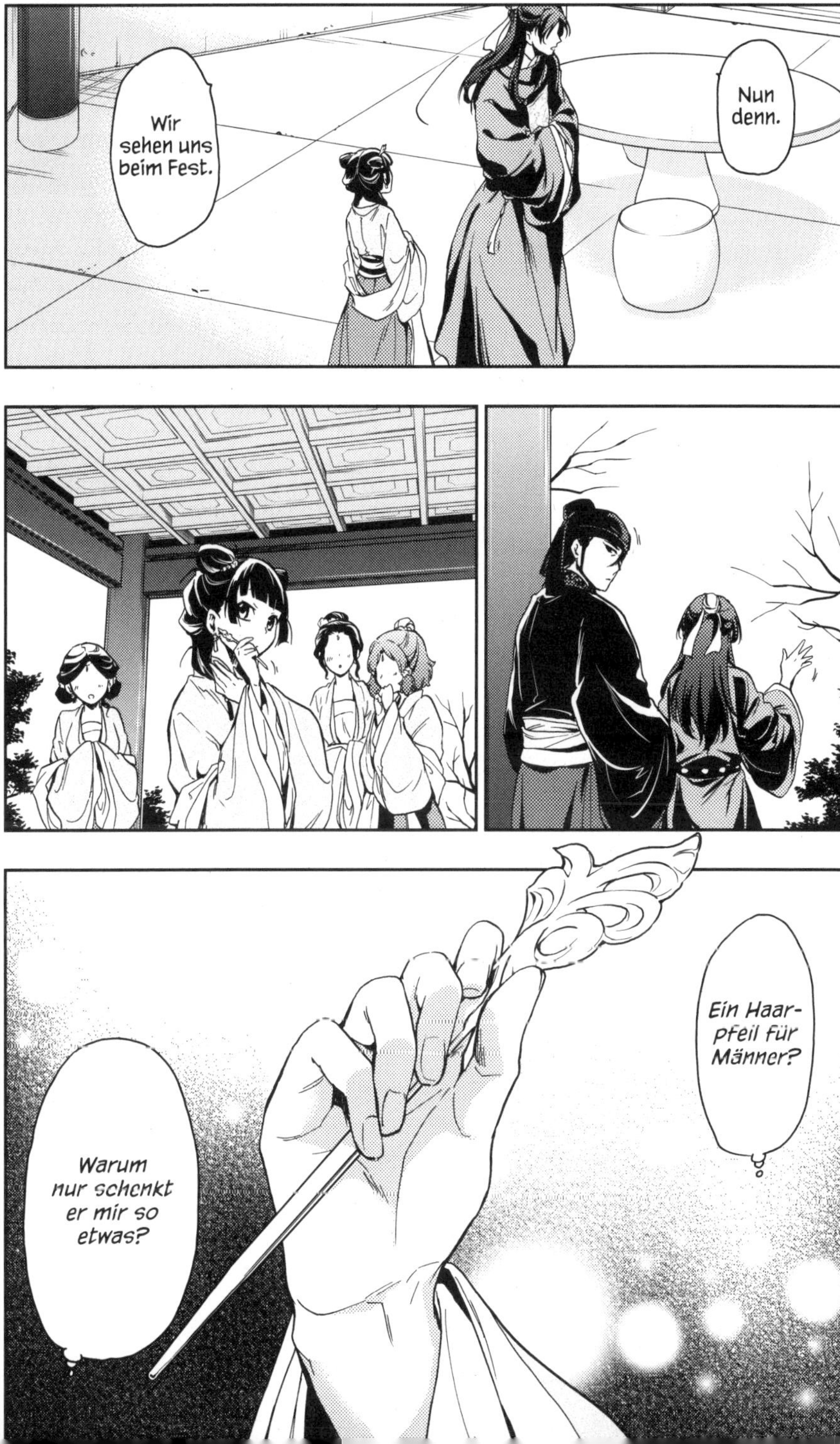
Nun denn.
Wir sehen uns beim Fest.
Ein Haarpfeil für Männer?
Warum nur schenkt er mir so etwas?

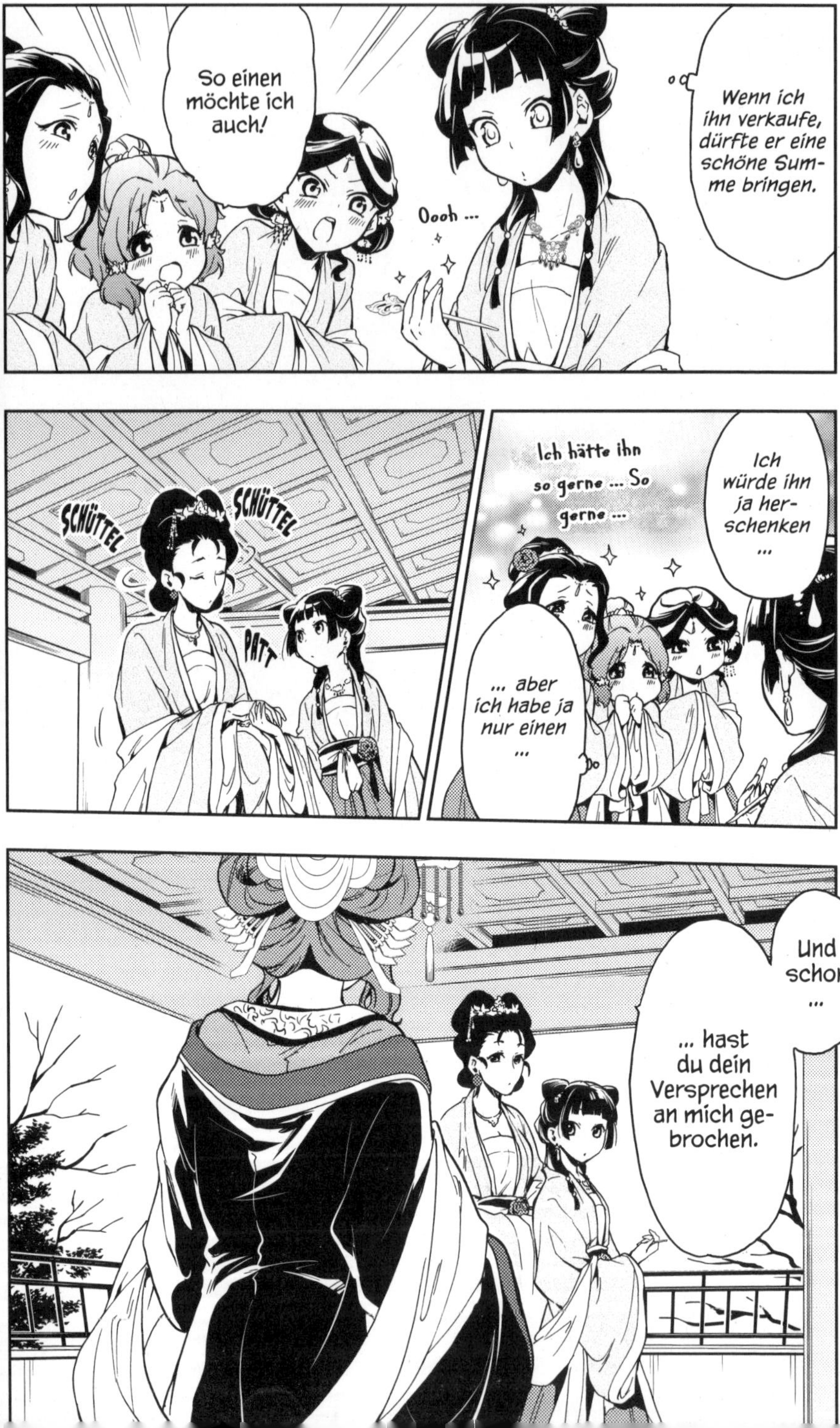
Wenn ich ihn verkaufe, dürfte er eine schöne Summe bringen.
Oooh ...
So einen möchte ich auch!
Ich würde ihn ja herschenken ...
Ich hätte ihn so gerne ... So gerne ...
... aber ich habe ja nur einen ...
SCHÜTTEL SCHÜTTEL
PATT
Und schon ...
... hast du dein Versprechen an mich gebrochen.

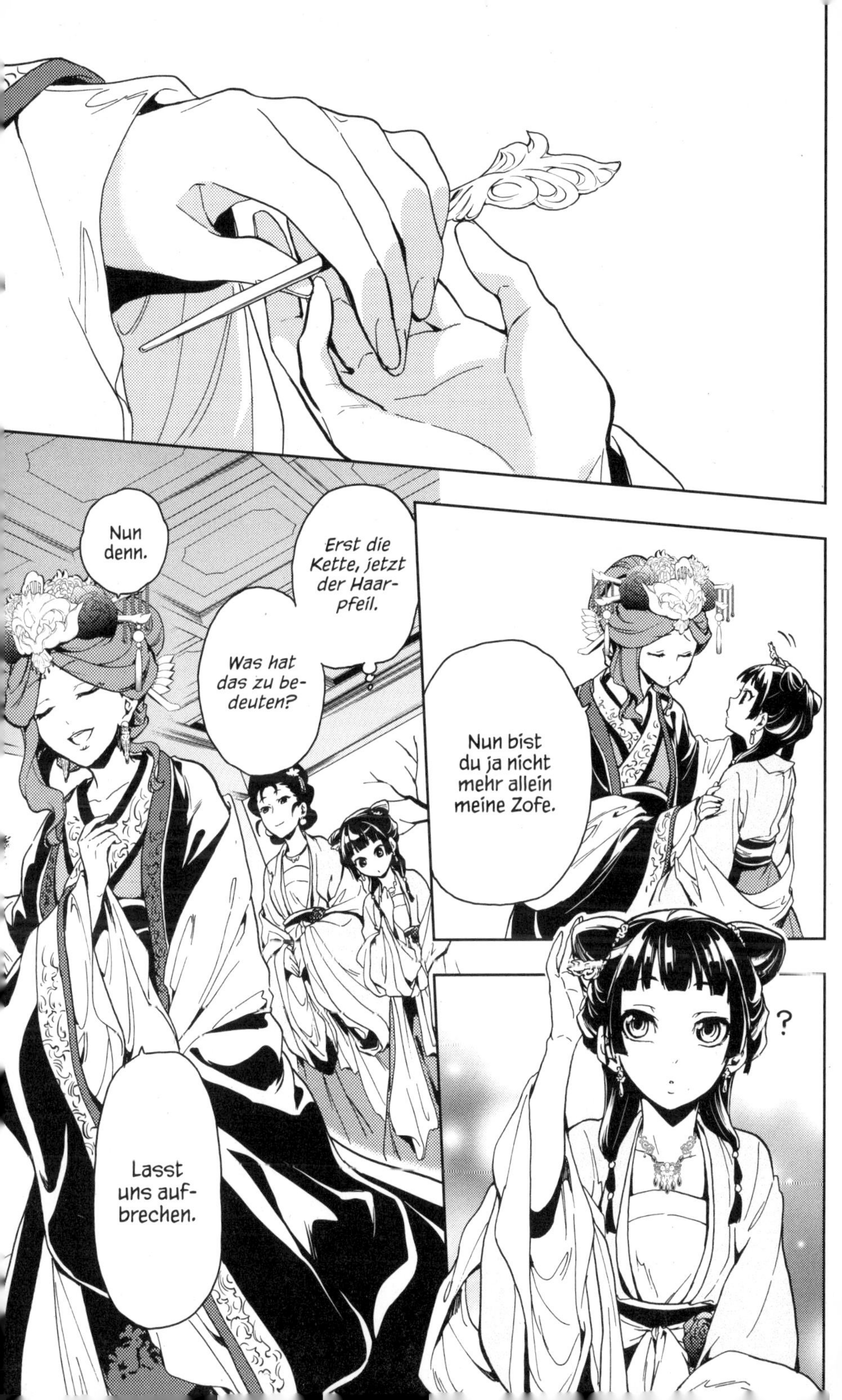
Erst die Kette, jetzt der Haarpfeil.
Was hat das zu bedeuten?
Nun bist du ja nicht mehr allein meine Zofe.
?
Nun denn.
Lasst uns aufbrechen.

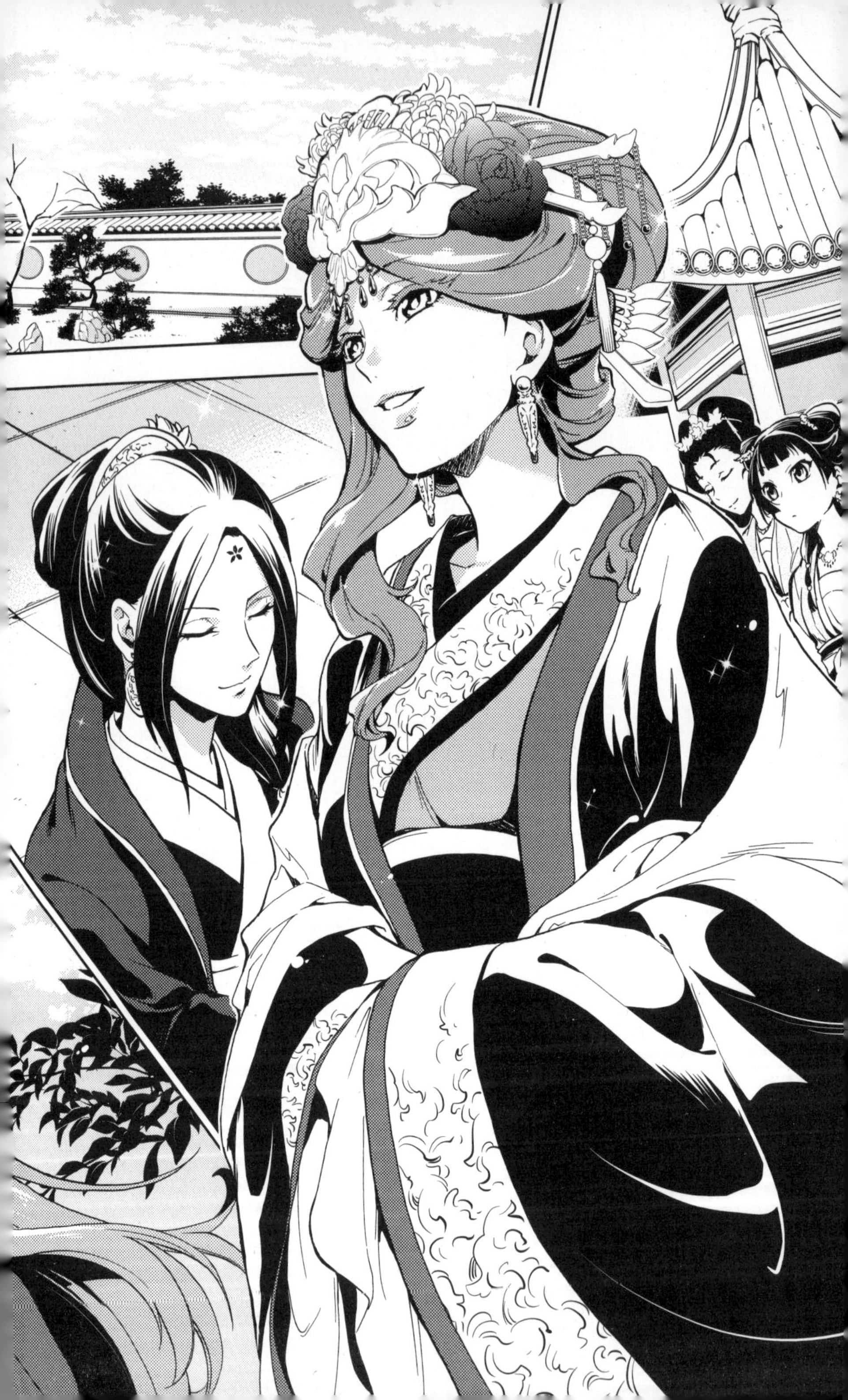

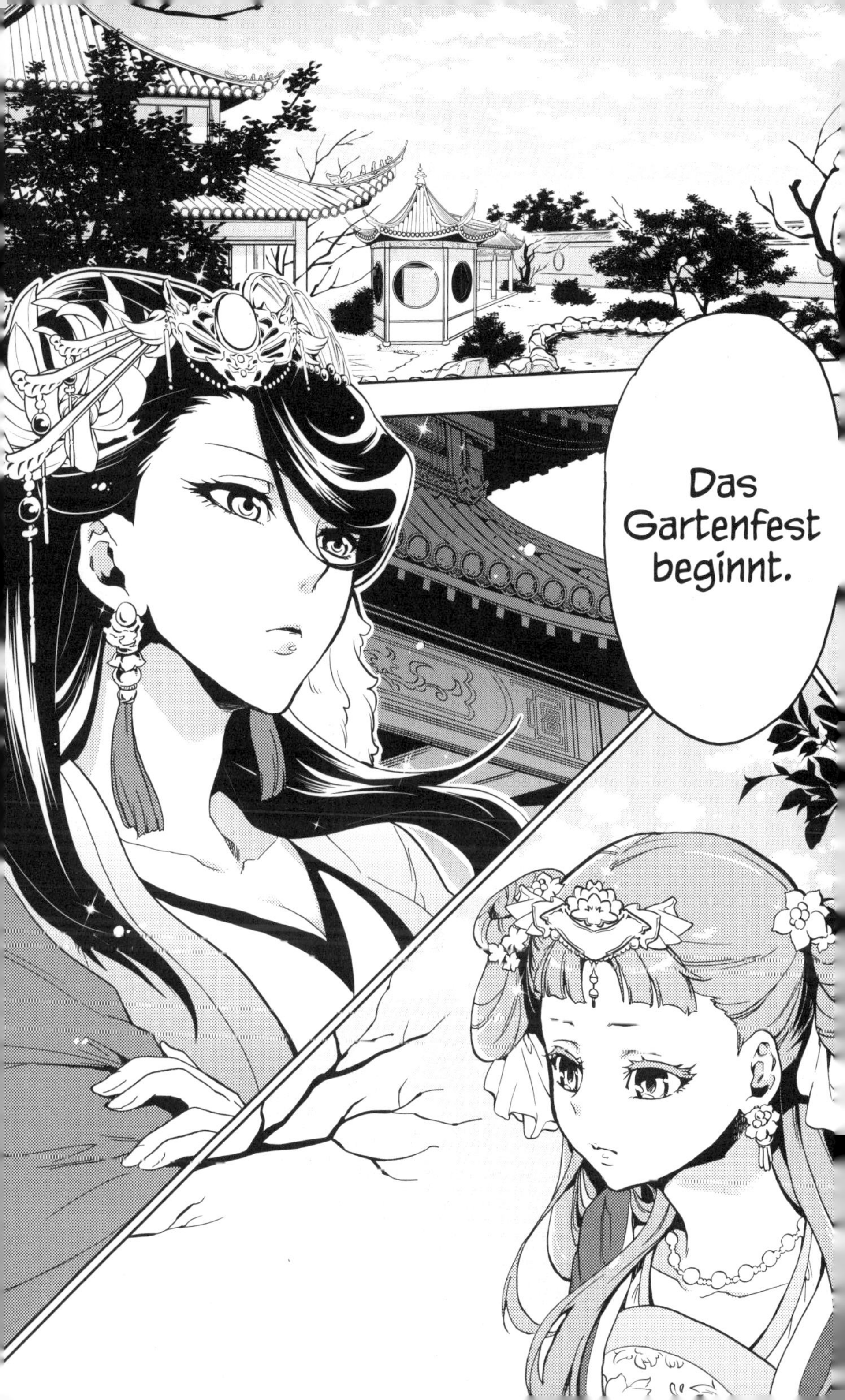
Das Gartenfest beginnt.

Die Tagebücher der Apothekerin

Geheimnisse am Kaiserhof

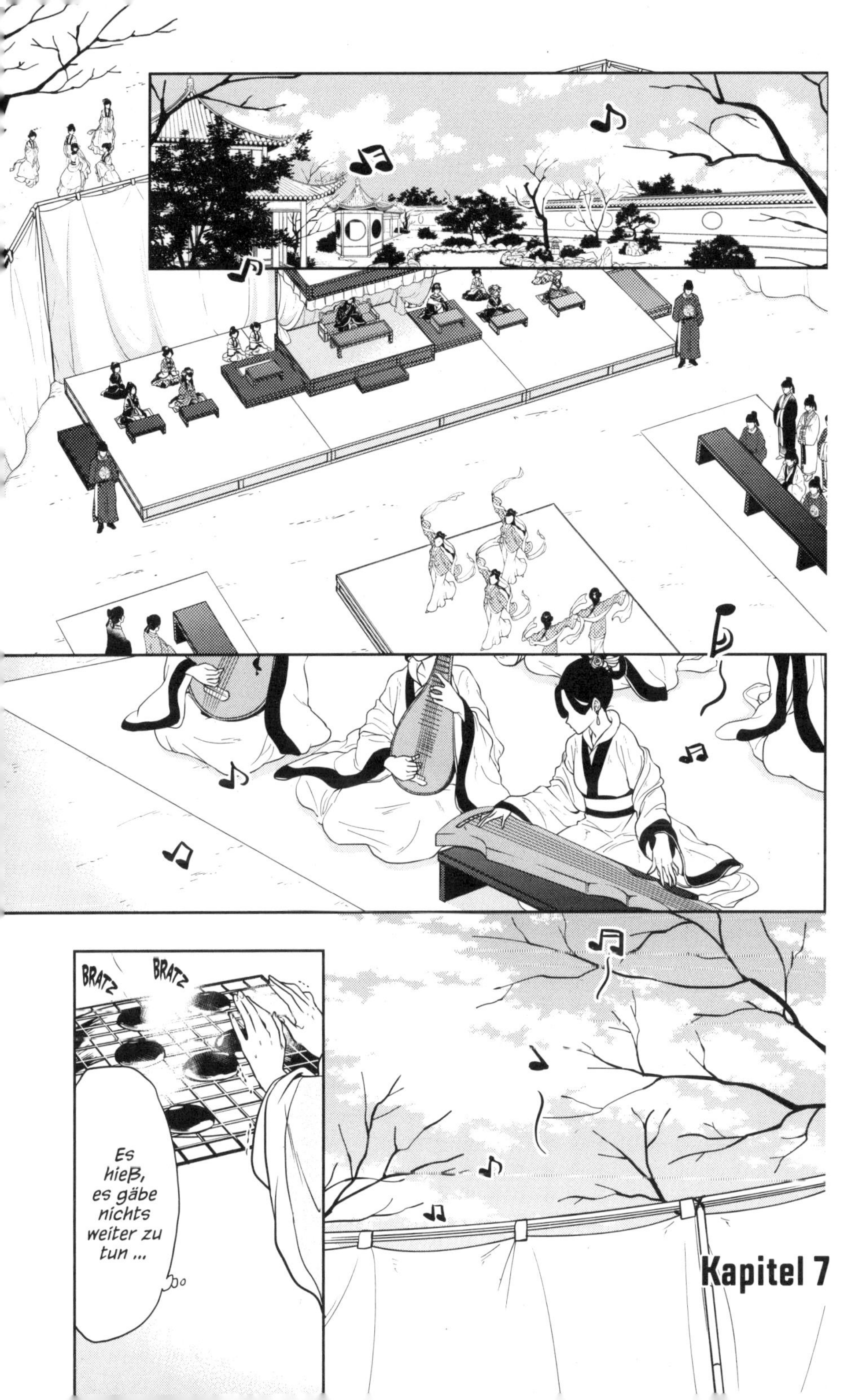
BRATZ
BRATZ
Es hieß, es gäbe nichts weiter zu tun ...
Kapitel 7

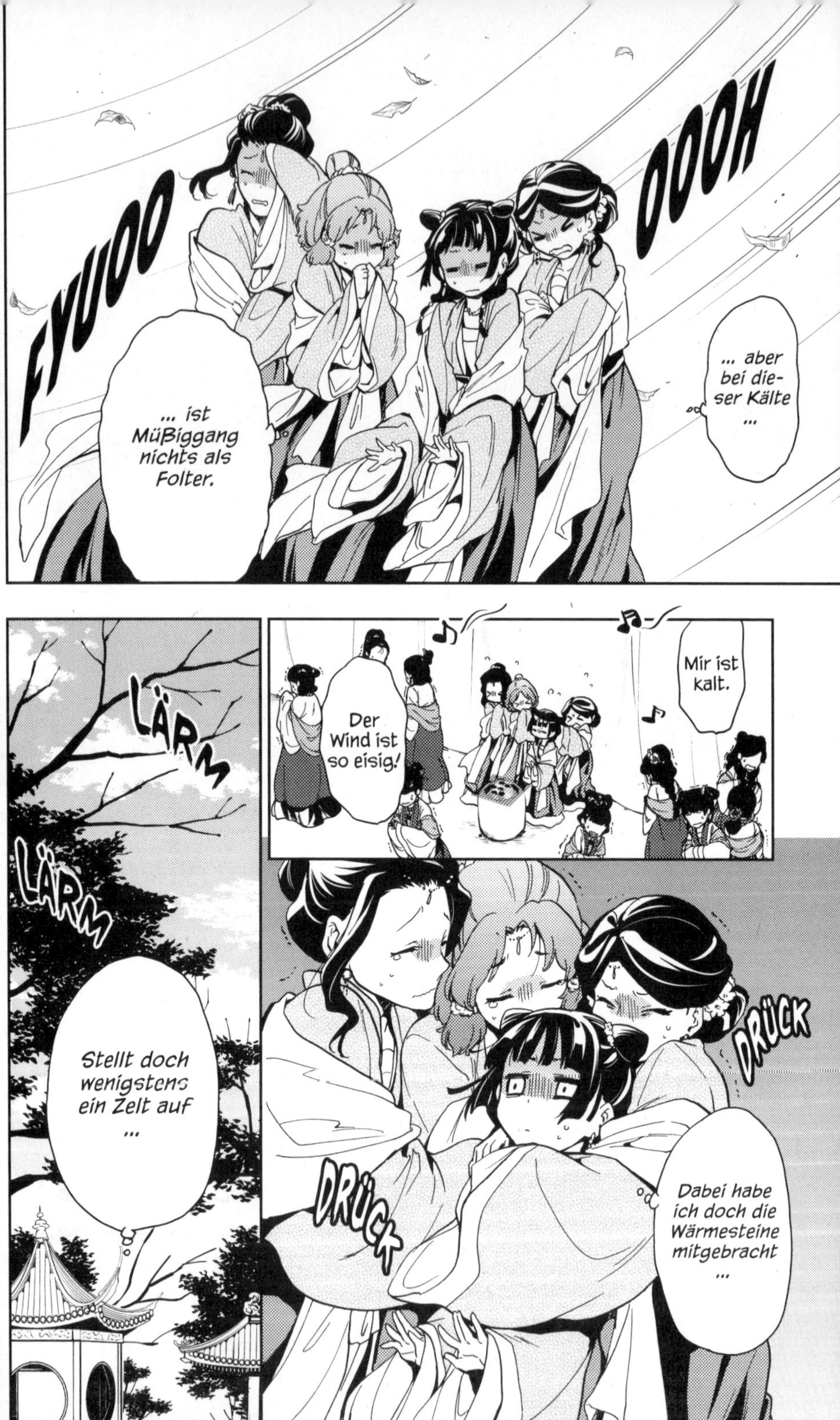
FYUOO OOOH
... aber bei dieser Kälte ...
... ist Müßiggang nichts als Folter.
Mir ist kalt.
Der Wind ist so eisig!
DRÜCK
Dabei habe ich doch die Wärmesteine mitgebracht ...
DRÜCK
LÄRM
LÄRM
Stellt doch wenigstens ein Zelt auf ...

Kapitel 7: Das Gartenfest (Teil 2)

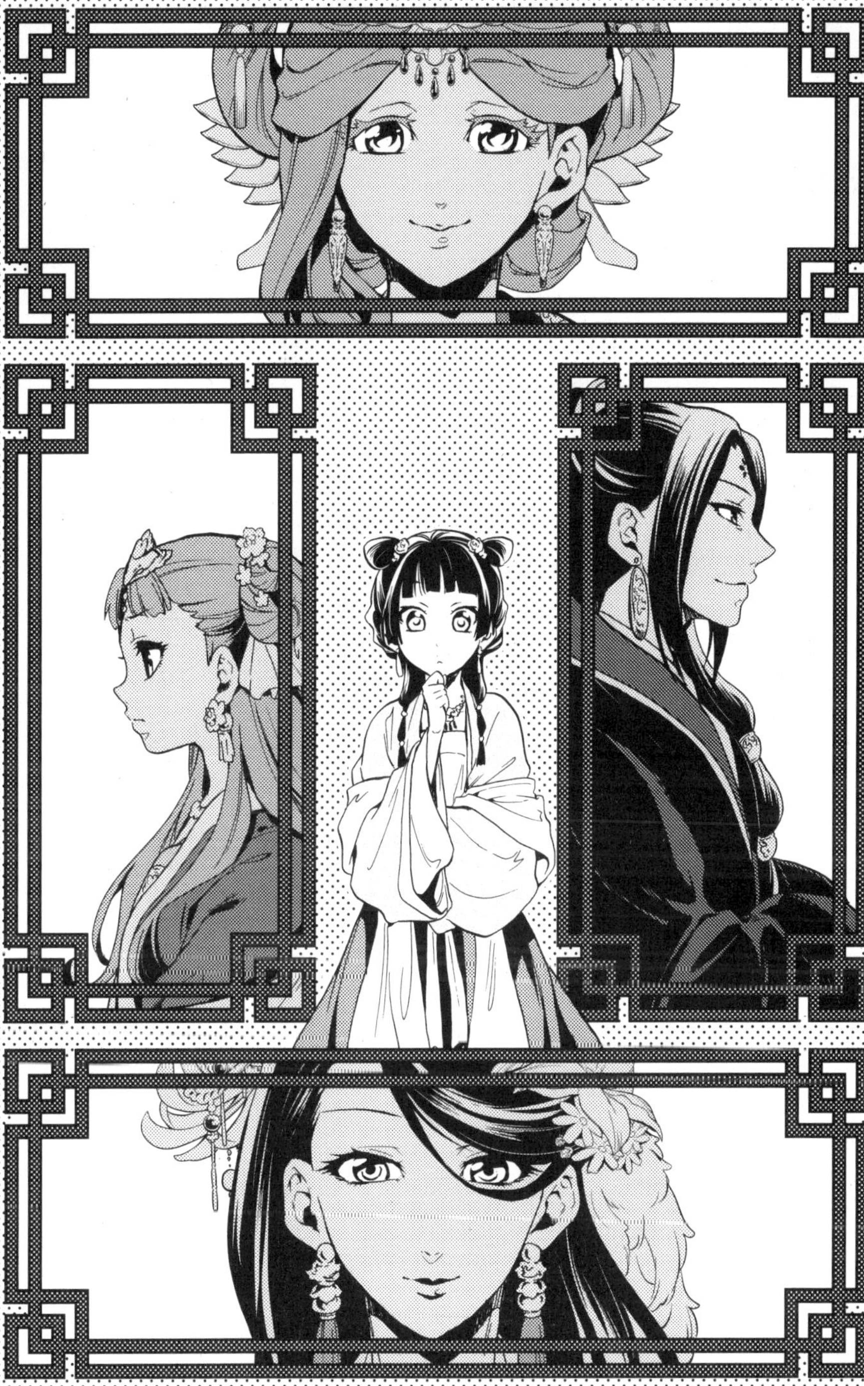

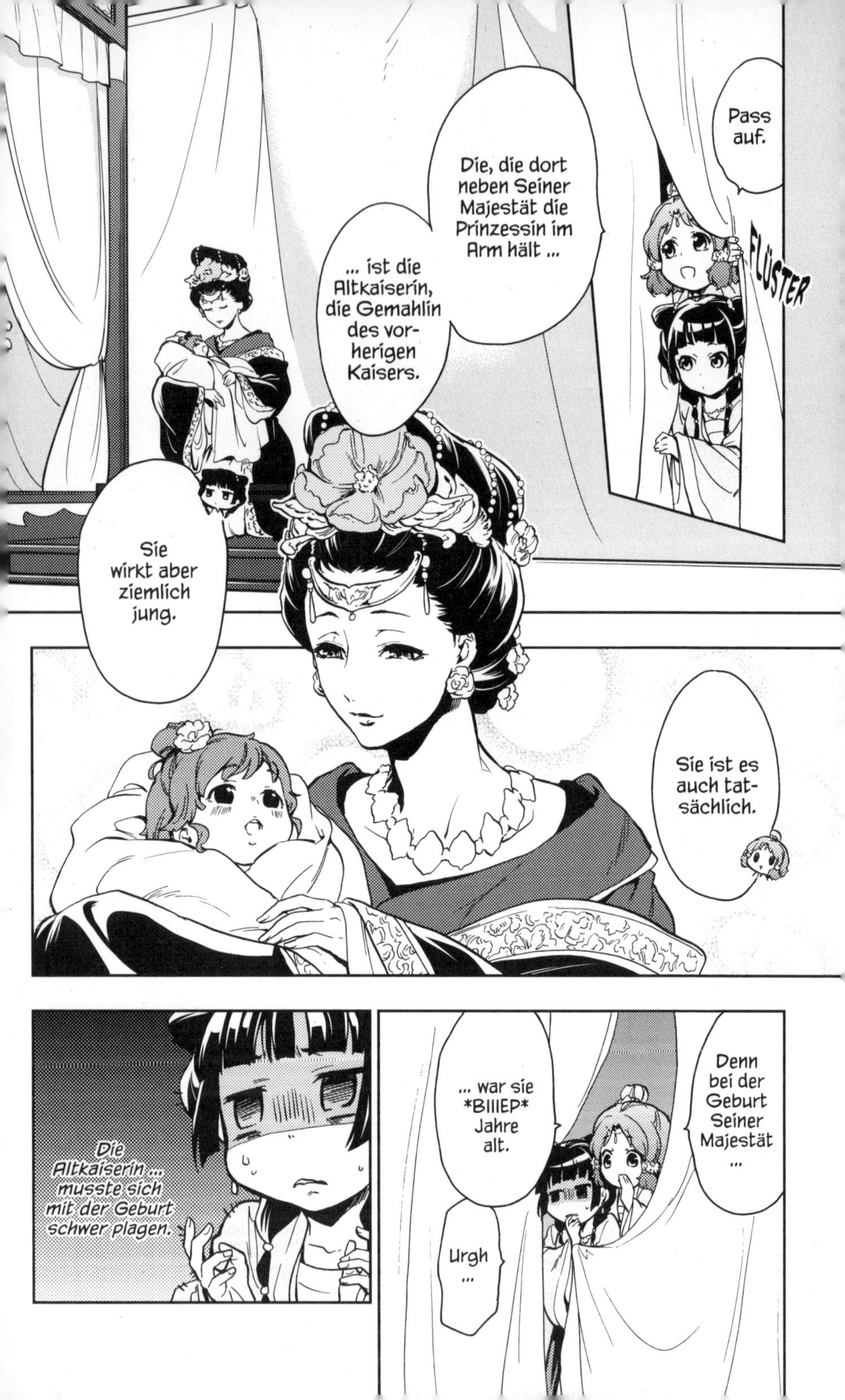
Pass auf.
FLÜSTER
Die, die dort neben Seiner Majestät die Prinzessin im Arm hält ...
... ist die Altkaiserin, die Gemahlin des vorherigen Kaisers.
Sie wirkt aber ziemlich jung.
Sie ist es auch tatsächlich.
Denn bei der Geburt Seiner Majestät ...
... war sie *BIIEP* Jahre alt.
Urgh ...
Die Altkaiserin ... musste sich mit der Geburt schwer plagen.

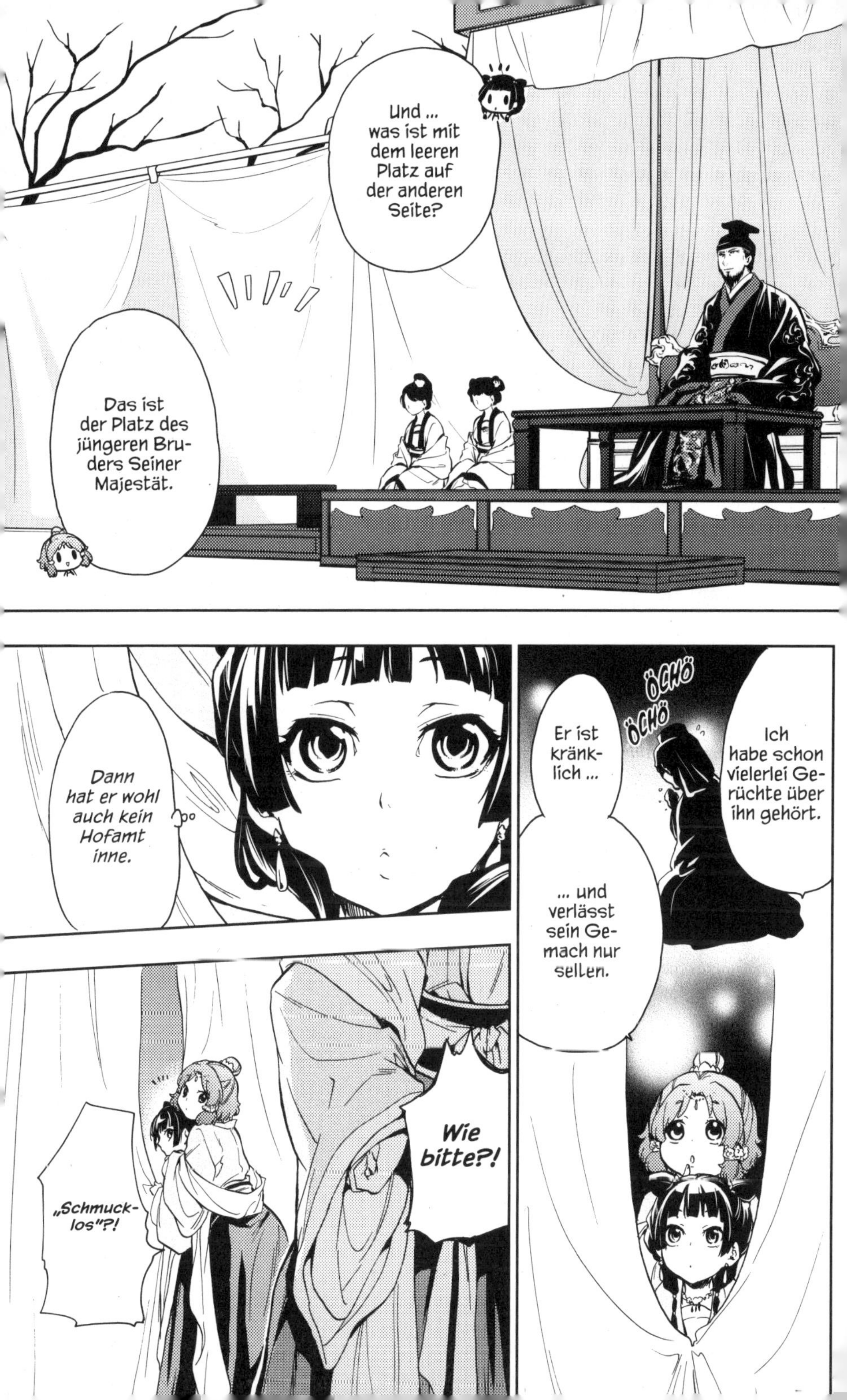
Und ... was ist mit dem leeren Platz auf der anderen Seite?
Das ist der Platz des jüngeren Bruders Seiner Majestät.
Ich habe schon vielerlei Gerüchte über ihn gehört.
ÖCHÖ ÖCHÖ
Er ist kränklich ...
... und verlässt sein Gemach nur selten.
Dann hat er wohl auch kein Hofamt inne.
Wie bitte?!
„Schmucklos"?!

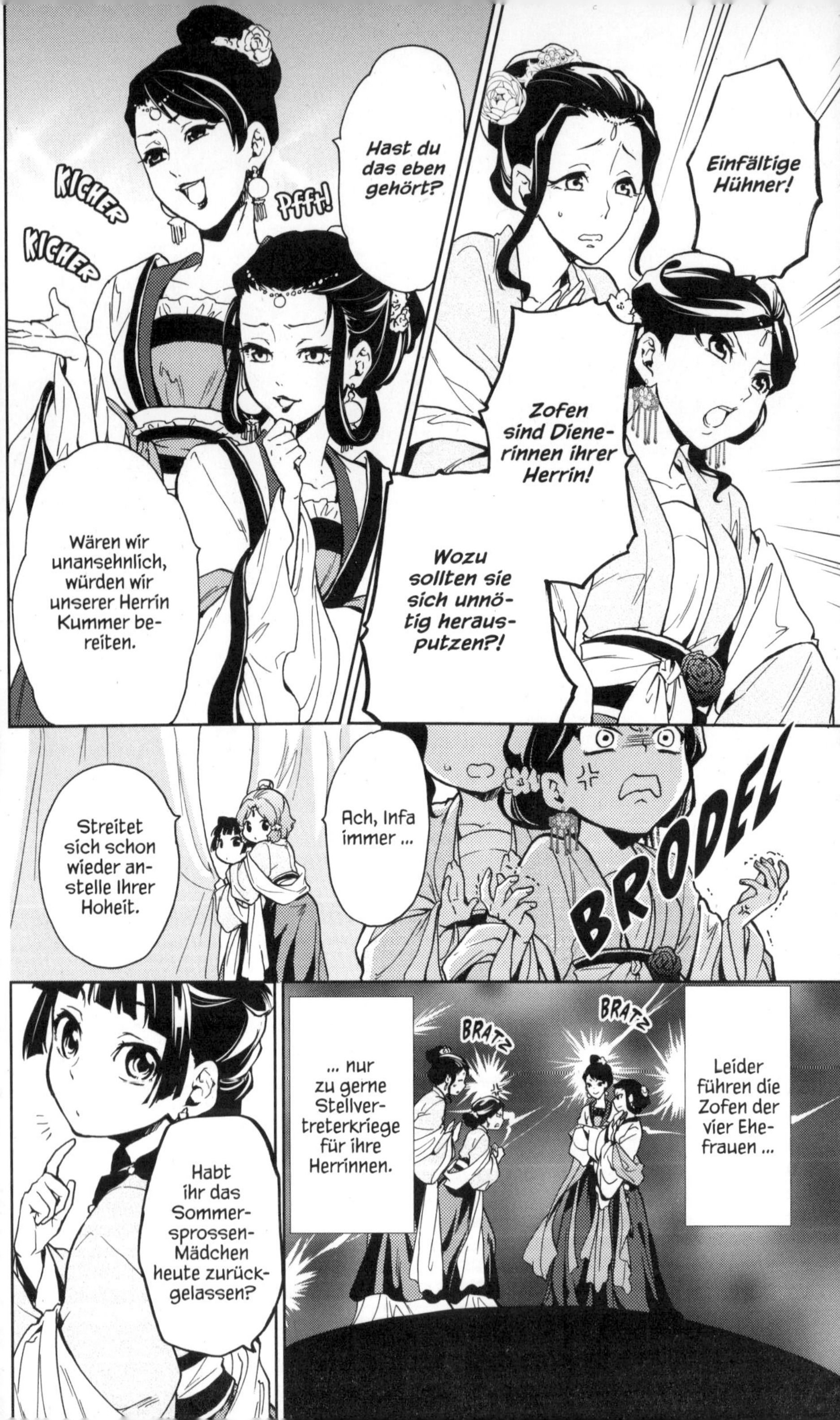
Einfältige Hühner!
Zofen sind Dienerinnen ihrer Herrin!
Wozu sollten sie sich unnötig herausputzen?!
Hast du das eben gehört?
Pfft!
KICHER
KICHER
Wären wir unansehnlich, würden wir unserer Herrin Kummer bereiten.
BRODEL
Ach, Infa immer ...
Streitet sich schon wieder anstelle Ihrer Hoheit.
Leider führen die Zofen der vier Ehefrauen ...
BRATZ
BRATZ
... nur zu gerne Stellvertreterkriege für ihre Herrinnen.
Habt ihr das Sommersprossen-Mädchen heute zurückgelassen?

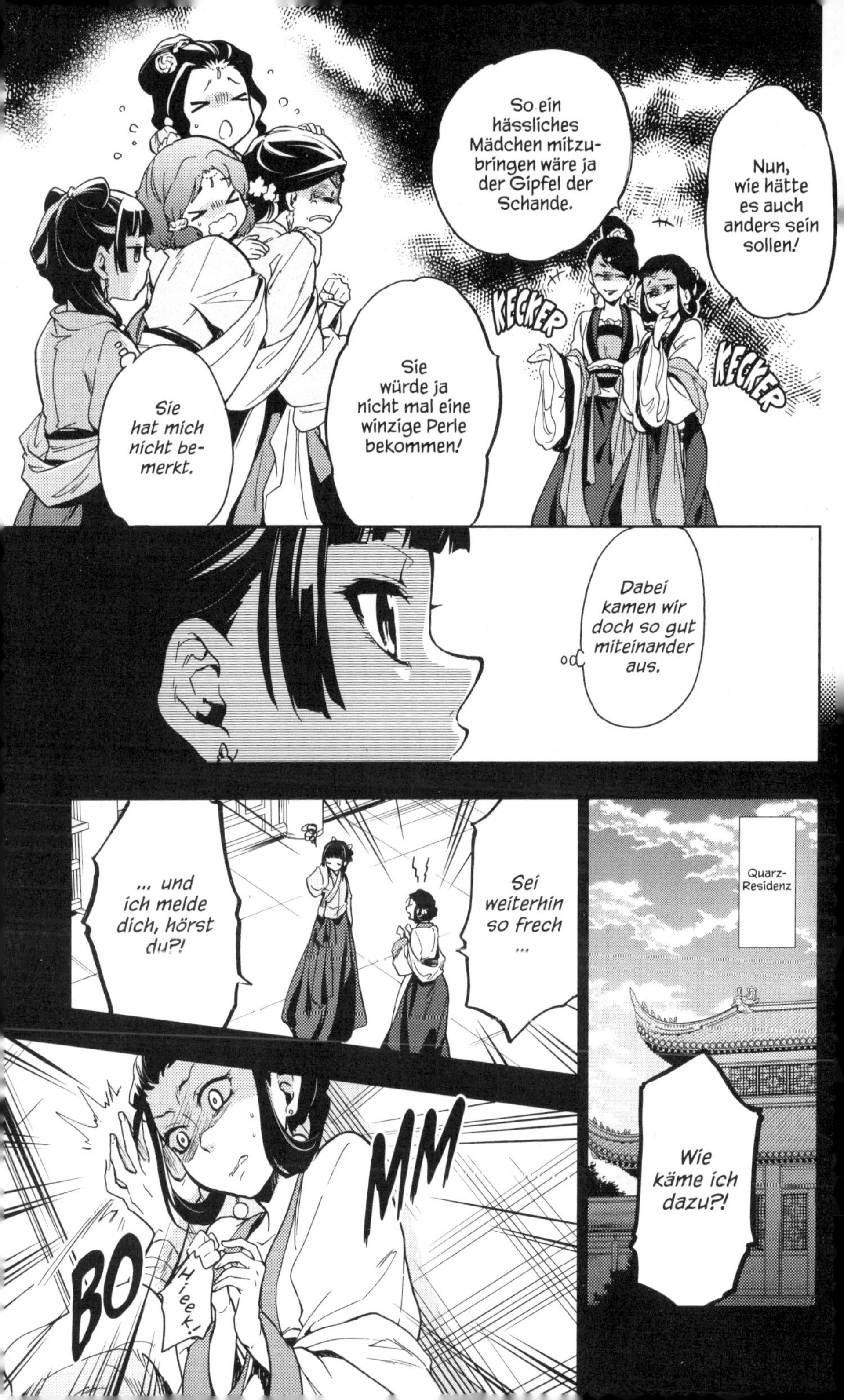
Nun, wie hätte es auch anders sein sollen!
So ein hässliches Mädchen mitzubringen wäre ja der Gipfel der Schande.
KECKER
KECKER
Sie würde ja nicht mal eine winzige Perle bekommen!
Sie hat mich nicht bemerkt.
Dabei kamen wir doch so gut miteinander aus.
Quarz-Residenz
Wie käme ich dazu?!
Sei weiterhin so frech ...
... und ich melde dich, hörst du?!
MM
BO
Hieek!

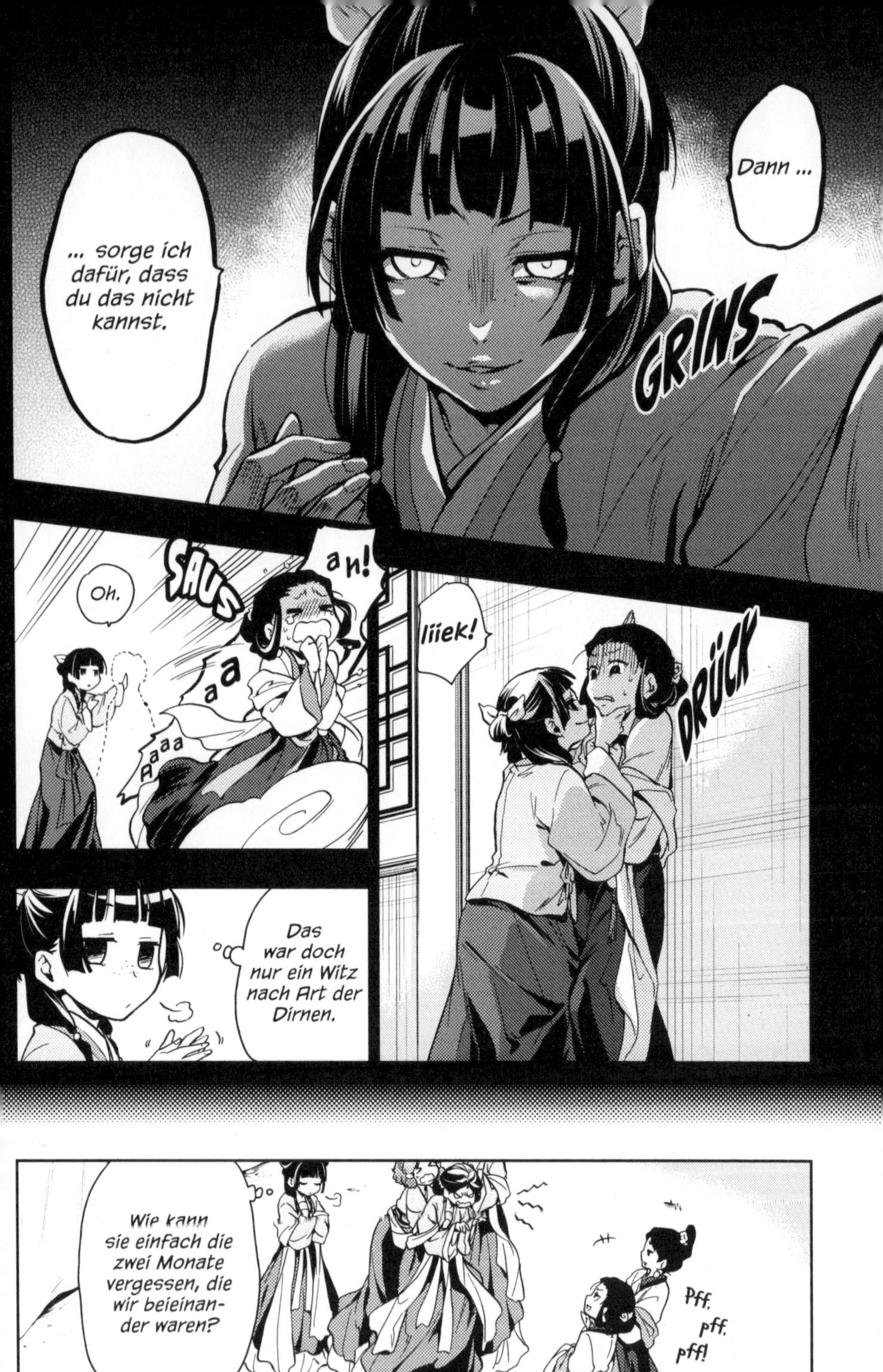
Dann ...
... sorge ich dafür, dass du das nicht kannst.
GRINS
Iiiek!
DRÜCK
Oh.
SAUS
ah!
aa
Aaaa
Das war doch nur ein Witz nach Art der Dirnen.
Pff, pff, pff!
Wie kann sie einfach die zwei Monate vergessen, die wir beieinander waren?

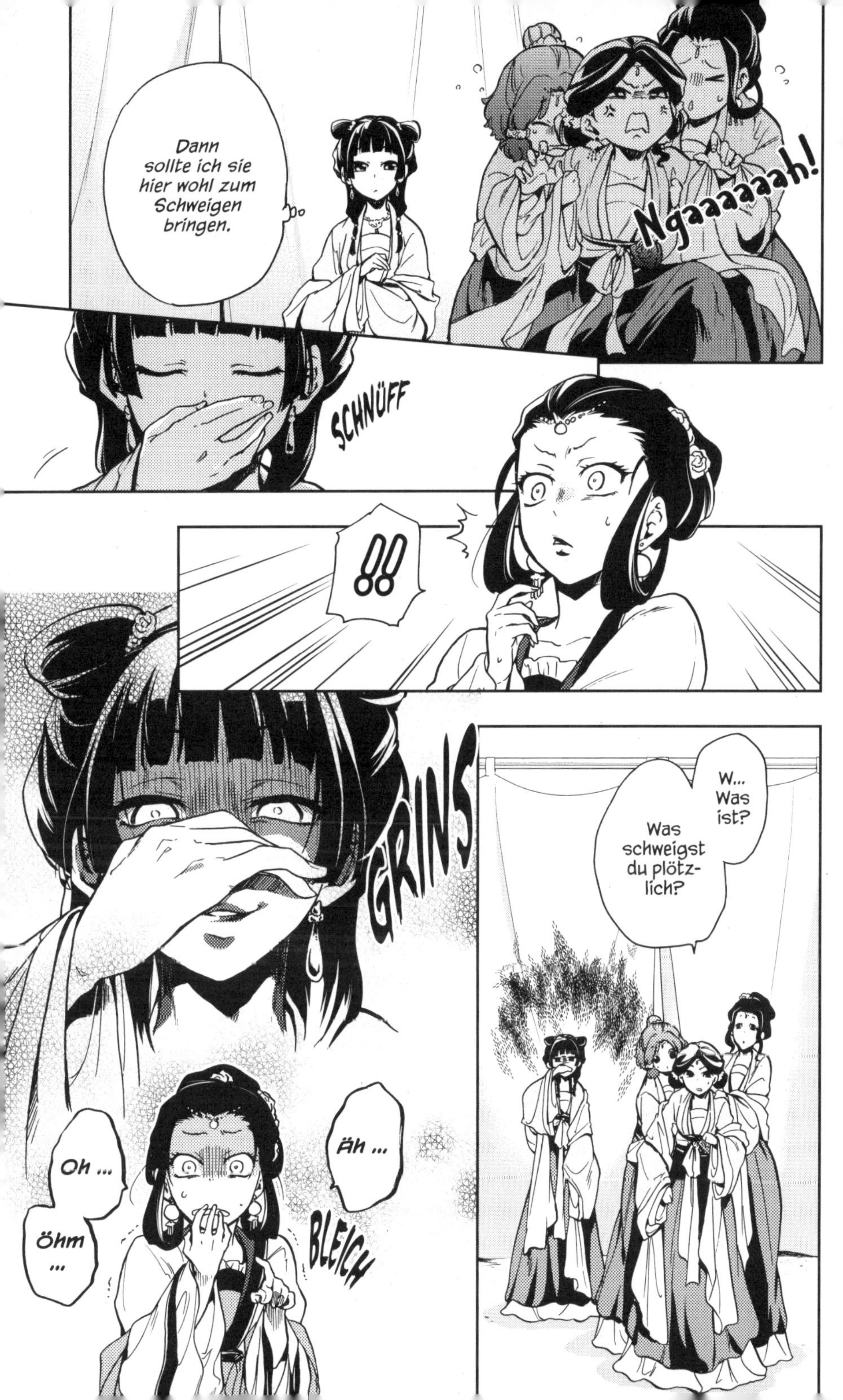
Ngaaaaaah!
Dann sollte ich sie hier wohl zum Schweigen bringen.
SCHNÜFF
!!
W... Was ist?
Was schweigst du plötzlich?
GRINS
Äh ...
Oh ...
Öhm ...
BLEICH

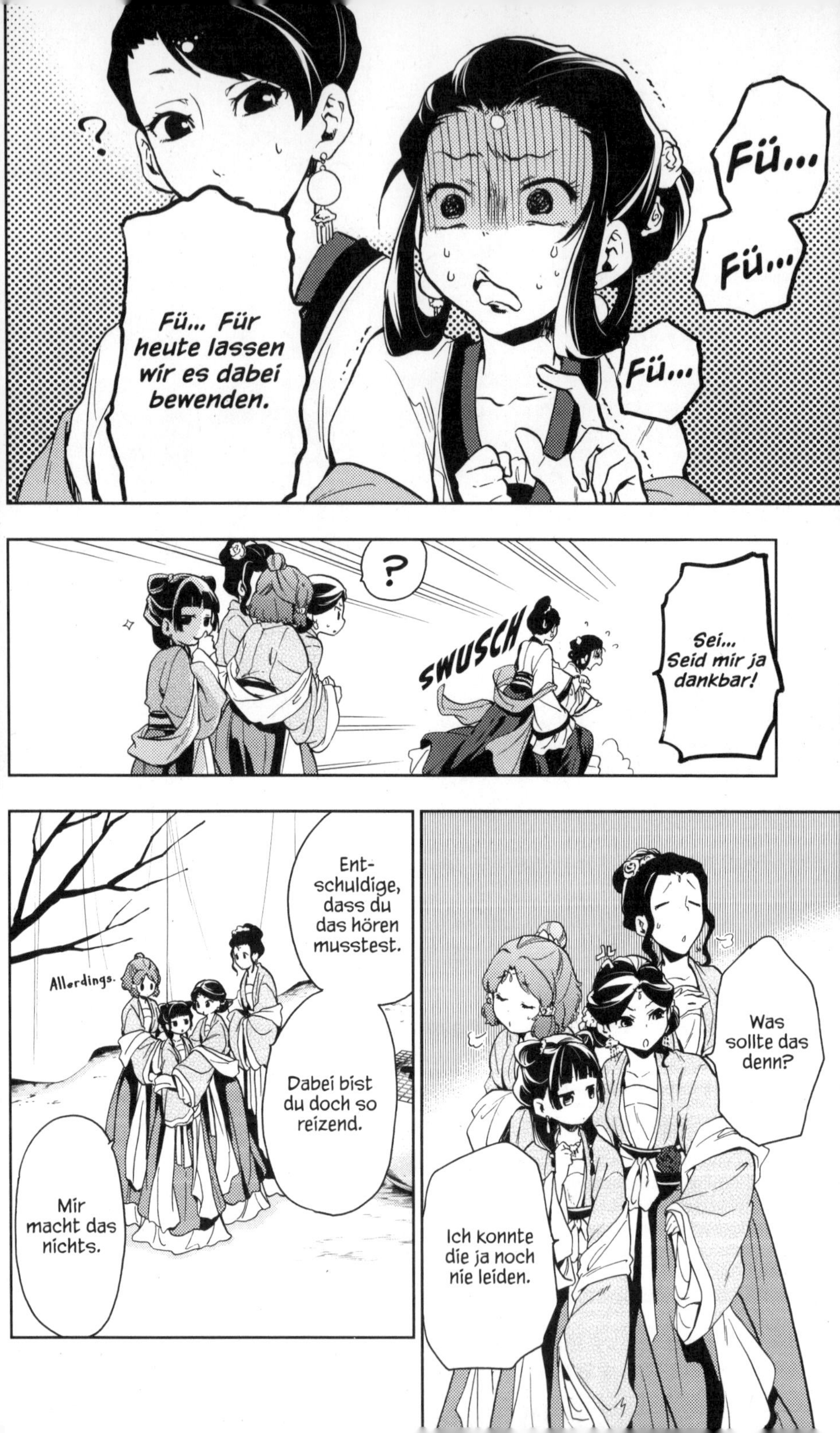
Fü...
Fü...
Fü...
?
Fü... Für heute lassen wir es dabei bewenden.
Sei... Seid mir ja dankbar!
SWUSCH
?
Was sollte das denn?
Ich konnte die ja noch nie leiden.
Ent-schuldige, dass du das hören musstest.
Dabei bist du doch so reizend.
Allerdings.
Mir macht das nichts.

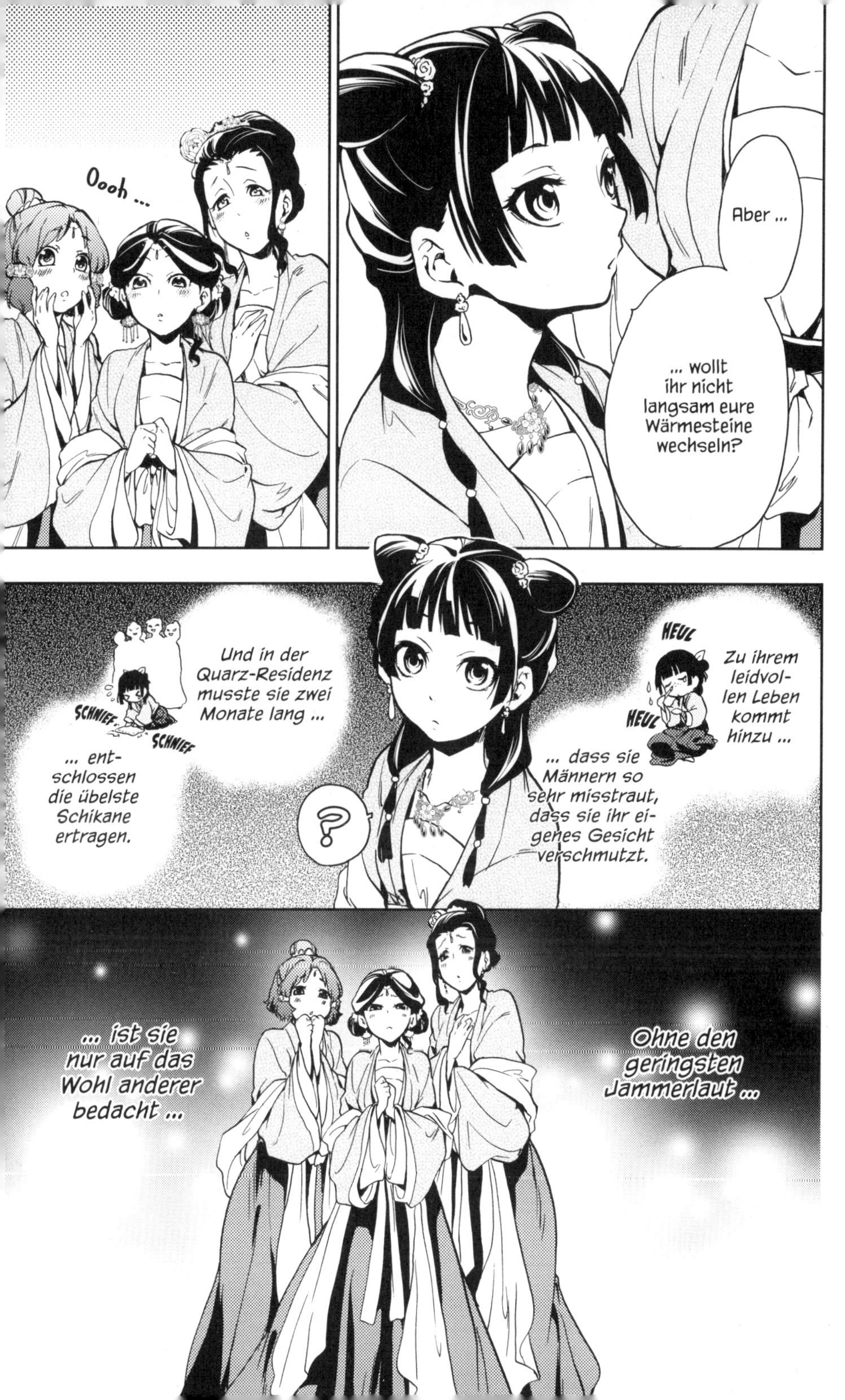
Aber ...
... wollt ihr nicht langsam eure Wärmesteine wechseln?
Oooh ...
Zu ihrem leidvol-len Leben kommt hinzu ...
HEUL
HEUL
... dass sie Männern so sehr misstraut, dass sie ihr ei-genes Gesicht verschmutzt.
?
Und in der Quarz-Residenz musste sie zwei Monate lang ...
SCHNIEF
SCHNIEF
... ent-schlossen die übelste Schikane ertragen.
Ohne den geringsten Jammerlaut ...
... ist sie nur auf das Wohl anderer bedacht ...

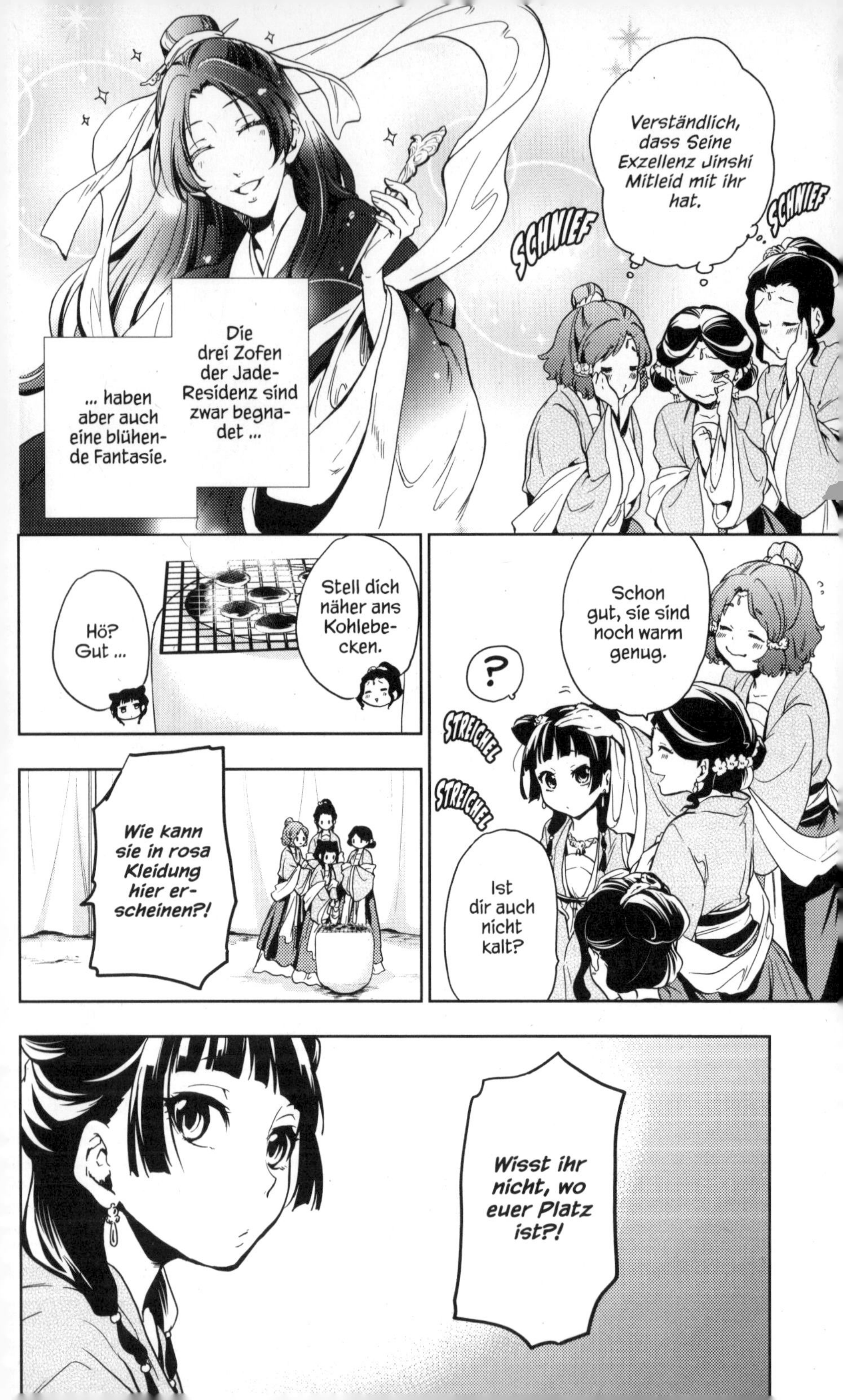
Verständlich, dass Seine Exzellenz Jinshi Mitleid mit ihr hat.
SCHNIEF
SCHNIEF
Die drei Zofen der Jade-Residenz sind zwar begnadet ...
... haben aber auch eine blühende Fantasie.
Schon gut, sie sind noch warm genug.
?
STREICHEL
STREICHEL
Ist dir auch nicht kalt?
Stell dich näher ans Kohlebecken.
Hö? Gut ...
Wie kann sie in rosa Kleidung hier erscheinen?!
Wisst ihr nicht, wo euer Platz ist?!

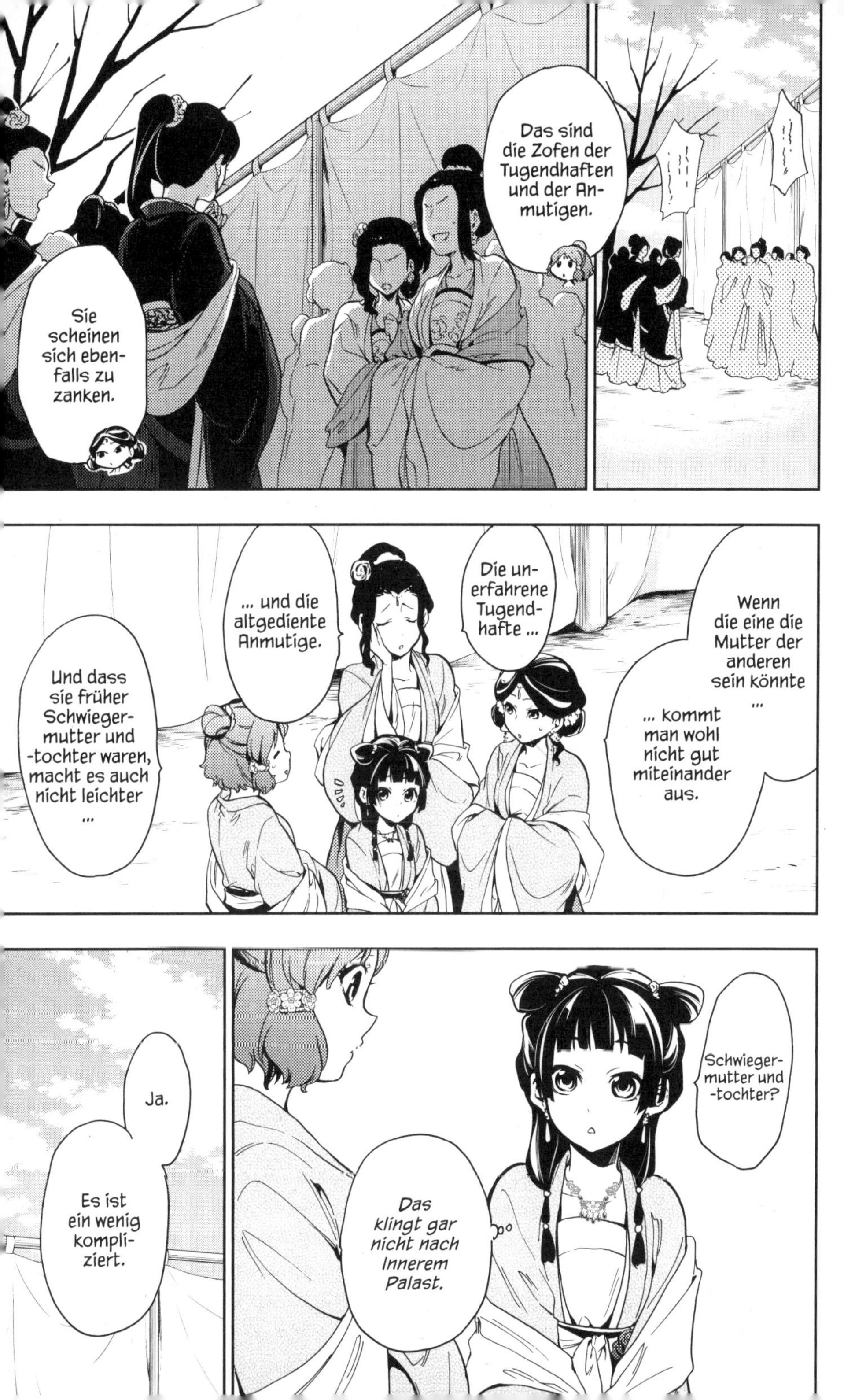
Das sind die Zofen der Tugendhaften und der Anmutigen.
Sie scheinen sich ebenfalls zu zanken.
Wenn die eine die Mutter der anderen sein könnte ...
... kommt man wohl nicht gut miteinander aus.
Die unerfahrene Tugendhafte ...
... und die altgediente Anmutige.
Und dass sie früher Schwiegermutter und -tochter waren, macht es auch nicht leichter ...
Schwiegermutter und -tochter?
Das klingt gar nicht nach Innerem Palast.
Ja.
Es ist ein wenig kompliziert.

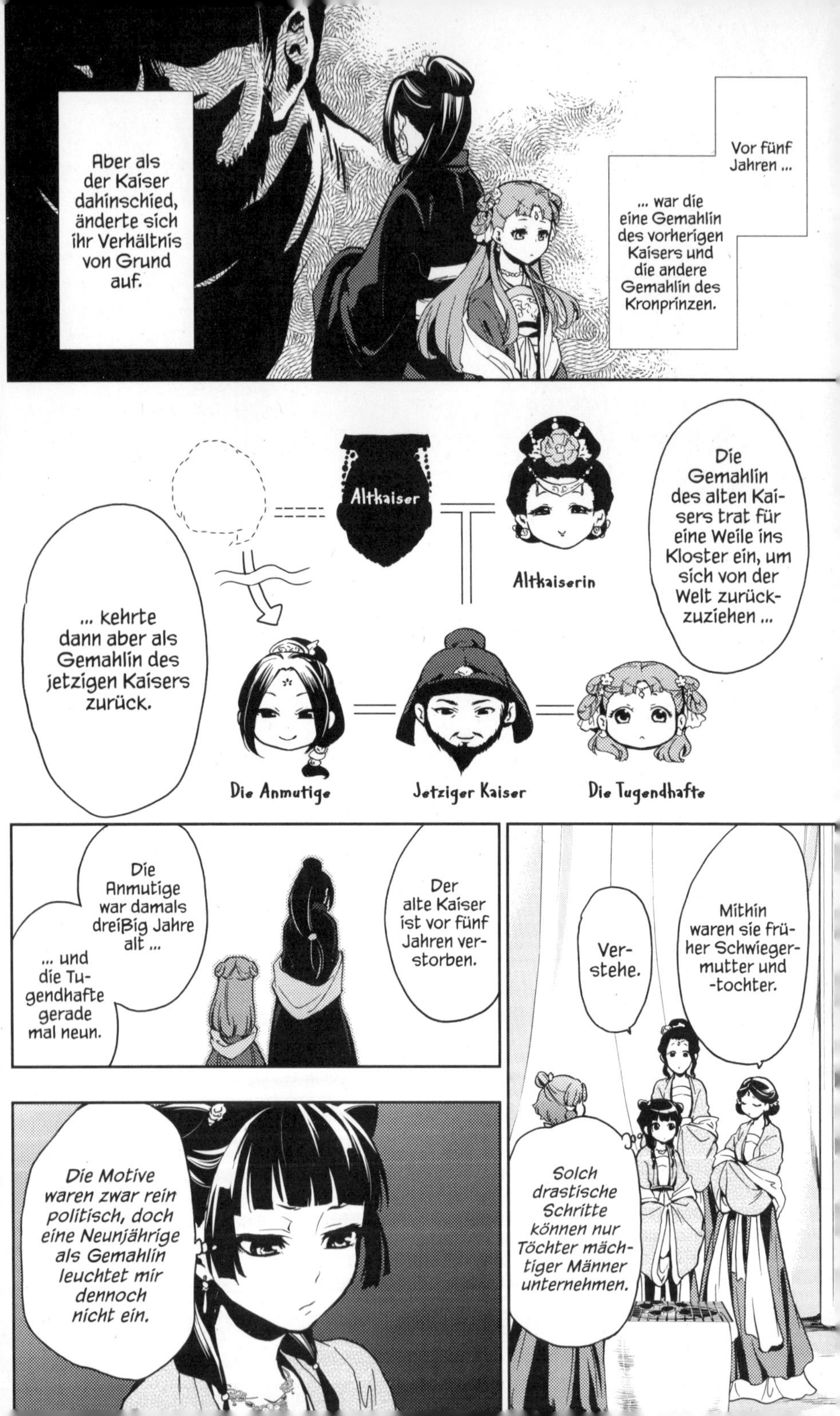
Vor fünf Jahren ...
... war die eine Gemahlin des vorherigen Kaisers und die andere Gemahlin des Kronprinzen.
Aber als der Kaiser dahinschied, änderte sich ihr Verhältnis von Grund auf.
Die Gemahlin des alten Kaisers trat für eine Weile ins Kloster ein, um sich von der Welt zurückzuziehen ...
Altkaiser
Altkaiserin
... kehrte dann aber als Gemahlin des jetzigen Kaisers zurück.
Die Anmutige
Jetziger Kaiser
Die Tugendhafte
Der alte Kaiser ist vor fünf Jahren verstorben.
Die Anmutige war damals dreißig Jahre alt ...
... und die Tugendhafte gerade mal neun.
Mithin waren sie früher Schwiegermutter und -tochter.
Verstehe.
Solch drastische Schritte können nur Töchter mächtiger Männer unternehmen.
Die Motive waren zwar rein politisch, doch eine Neunjährige als Gemahlin leuchtet mir dennoch nicht ein.

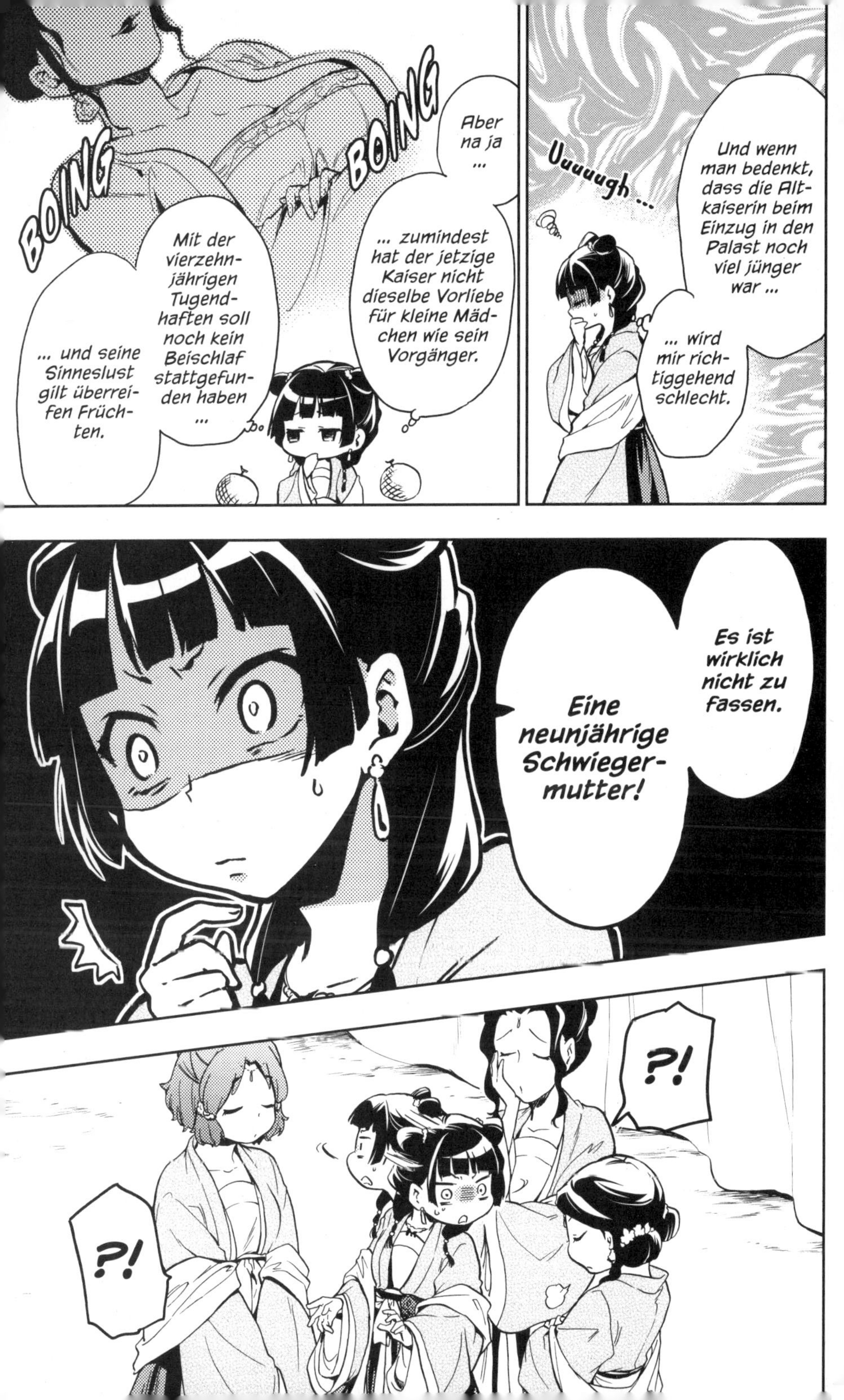
Uuuuugh ...
Und wenn man bedenkt, dass die Altkaiserin beim Einzug in den Palast noch viel jünger war ...
... wird mir richtiggehend schlecht.
Aber na ja ...
... zumindest hat der jetzige Kaiser nicht dieselbe Vorliebe für kleine Mädchen wie sein Vorgänger.
BOING
Mit der vierzehnjährigen Tugendhaften soll noch kein Beischlaf stattgefunden haben ...
BOING
... und seine Sinneslust gilt überreifen Früchten.
Es ist wirklich nicht zu fassen.
Eine neunjährige Schwiegermutter!
?!
?!

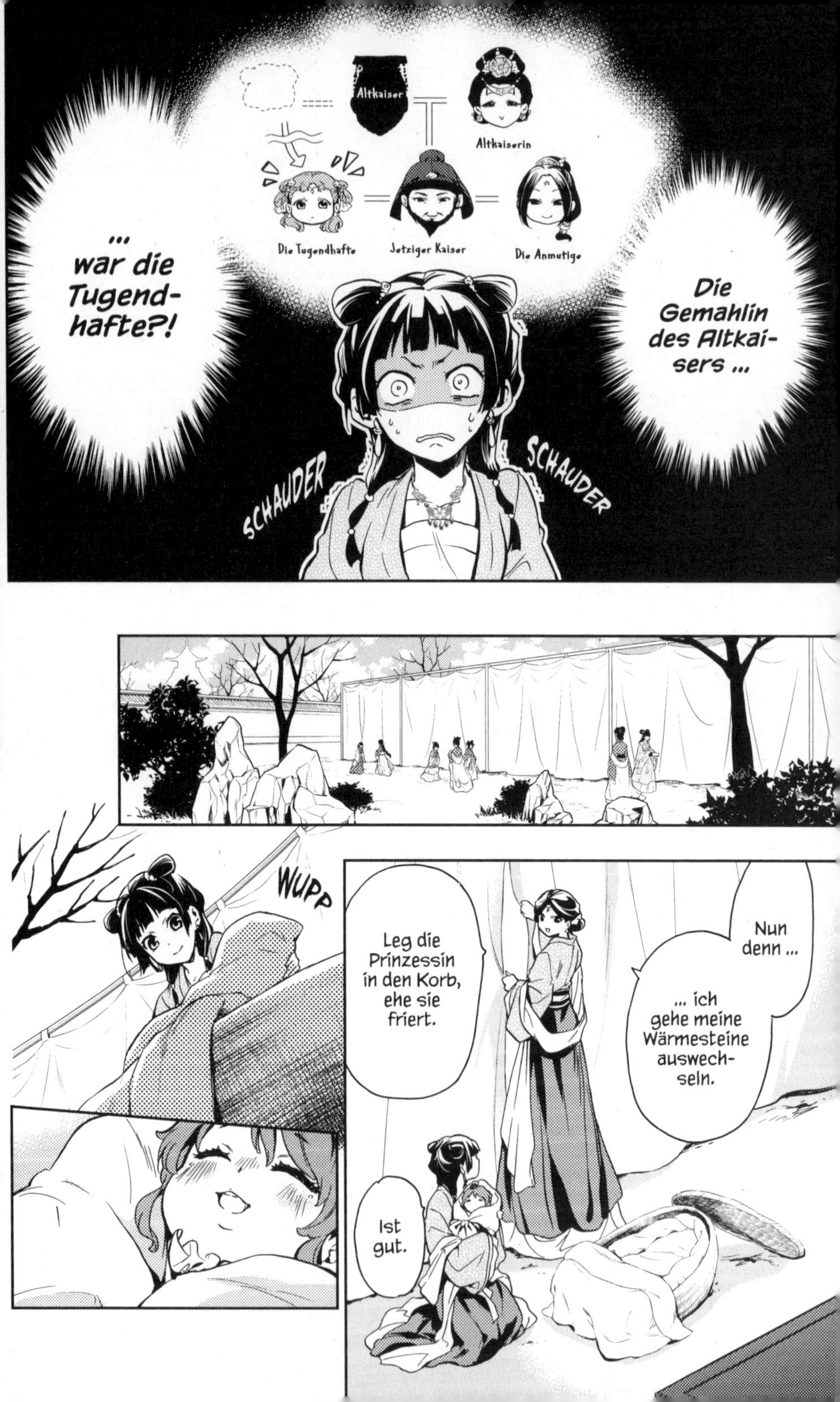
Die Gemahlin des Altkaisers ...
... war die Tugendhafte?!
Altkaiser
Altkaiserin
Jetziger Kaiser
Die Tugendhafte
Die Anmutige
SCHAUDER
SCHAUDER
Nun denn ...
... ich gehe meine Wärmesteine auswechseln.
Leg die Prinzessin in den Korb, ehe sie friert.
WUPP
Ist gut.

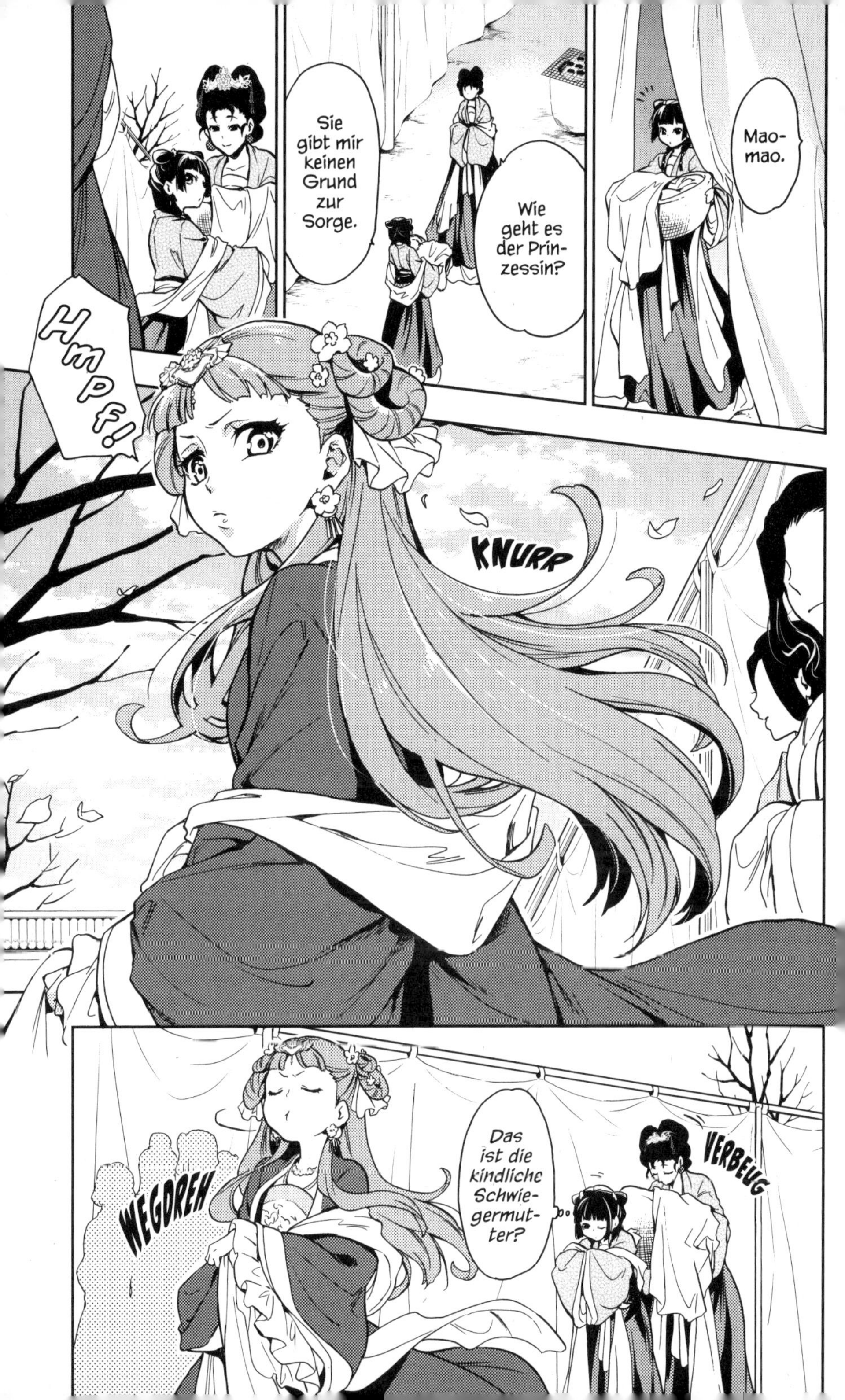

Mao-
mao.
Wie
geht es
der Prin-
zessin?
Sie
gibt mir
keinen
Grund
zur
Sorge.
Hmpf!
KNURR
VERBEUG
Das
ist die
kindliche
Schwie-
germut-
ter?
WEGDREH

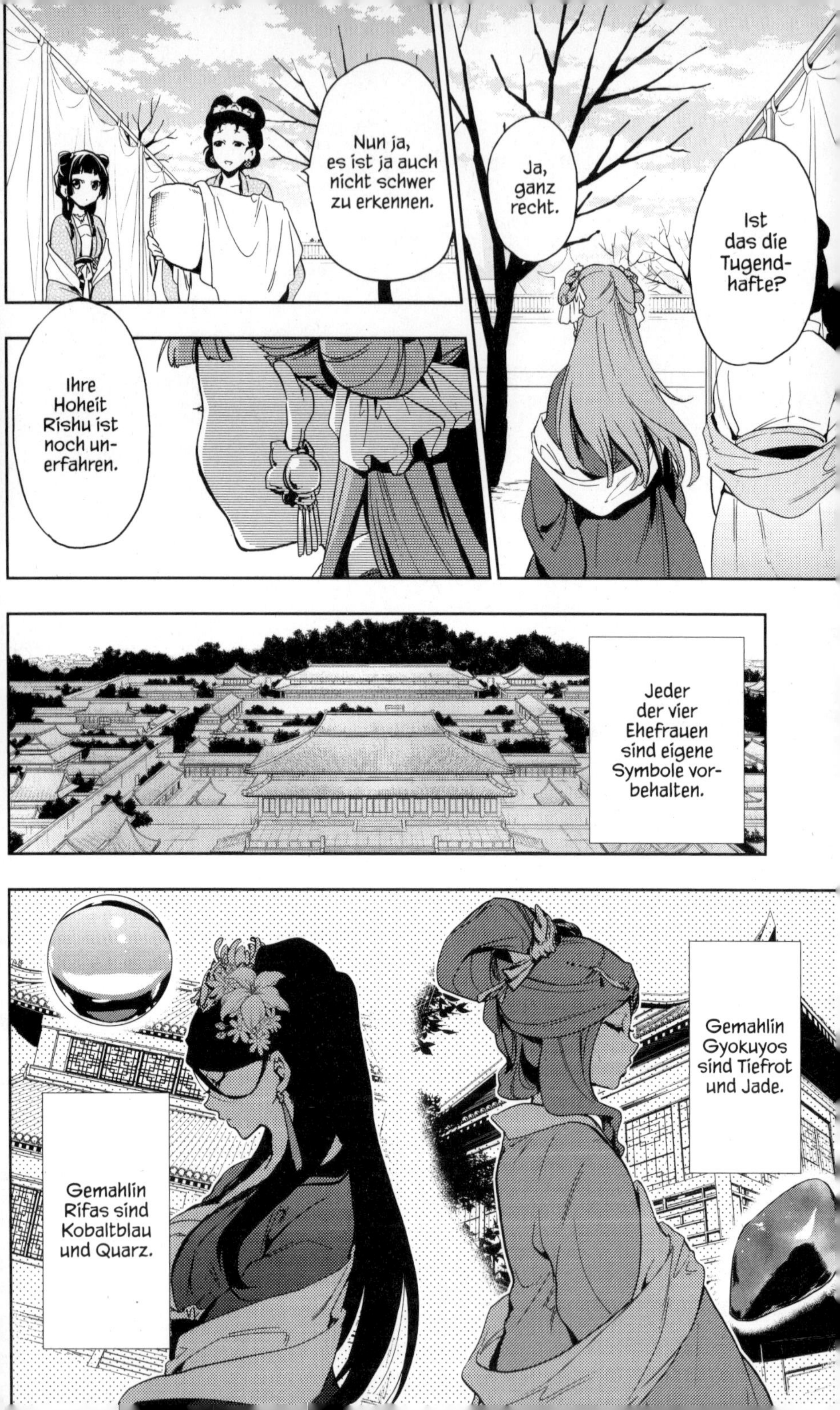
Ist das die Tugend-hafte?
Ja, ganz recht.
Nun ja, es ist ja auch nicht schwer zu erkennen.
Ihre Hoheit Rishu ist noch un-erfahren.
Jeder der vier Ehefrauen sind eigene Symbole vor-behalten.
Gemahlin Gyokuyos sind Tiefrot und Jade.
Gemahlin Rifas sind Kobaltblau und Quarz.

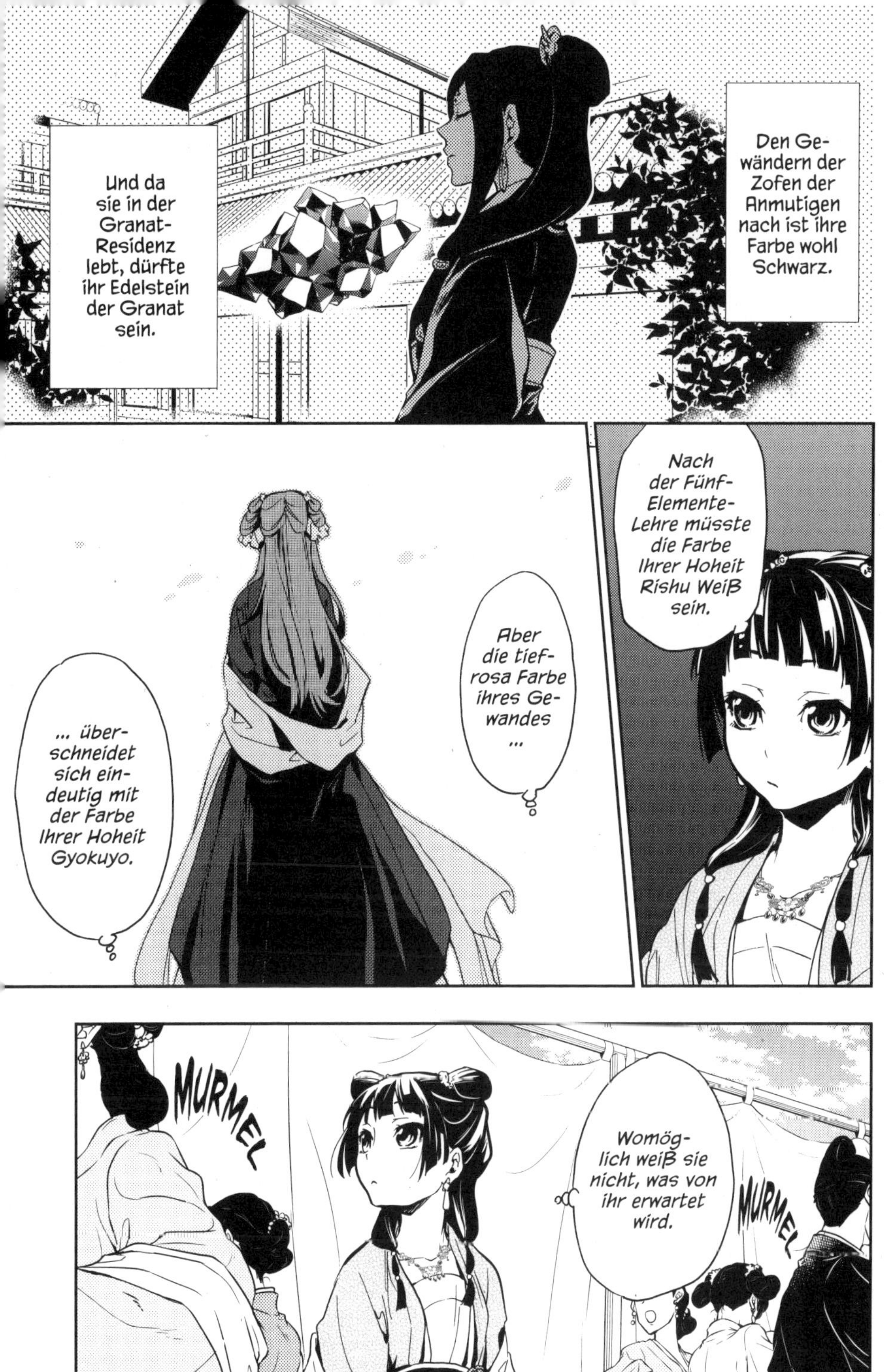
Den Gewändern der Zofen der Anmutigen nach ist ihre Farbe wohl Schwarz.
Und da sie in der Granat-Residenz lebt, dürfte ihr Edelstein der Granat sein.
Nach der Fünf-Elemente-Lehre müsste die Farbe Ihrer Hoheit Rishu Weiß sein.
Aber die tiefrosa Farbe ihres Gewandes ...
... überschneidet sich eindeutig mit der Farbe Ihrer Hoheit Gyokuyo.
MURMEL
Womöglich weiß sie nicht, was von ihr erwartet wird.
MURMEL

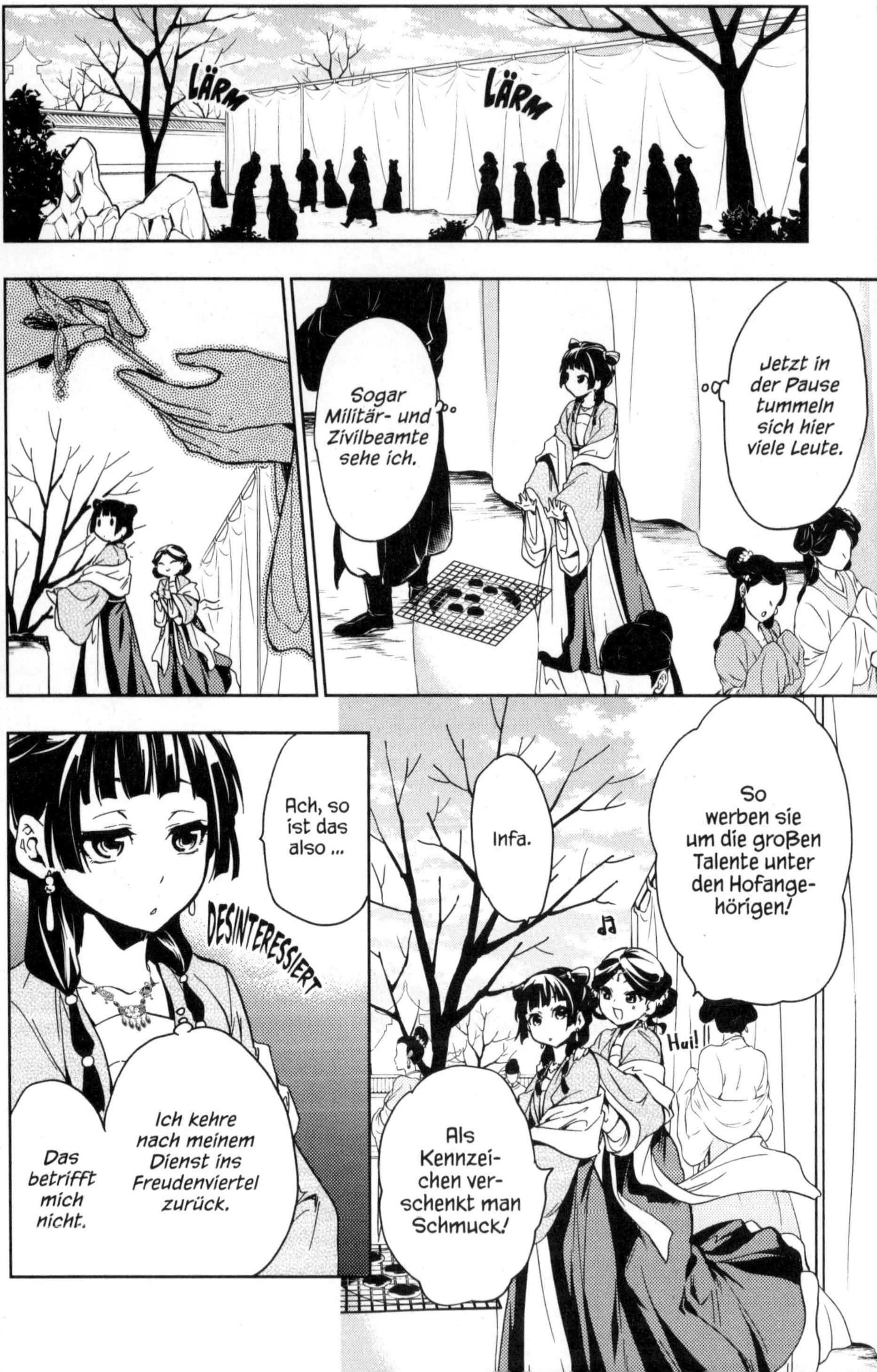
LÄRM
LÄRM
Jetzt in der Pause tummeln sich hier viele Leute.
Sogar Militär- und Zivilbeamte sehe ich.
So werben sie um die großen Talente unter den Hofangehörigen!
Hui!
Infa.
Als Kennzeichen verschenkt man Schmuck!
Ach, so ist das also ...
DESINTERESSIERT
Ich kehre nach meinem Dienst ins Freudenviertel zurück.
Das betrifft mich nicht.

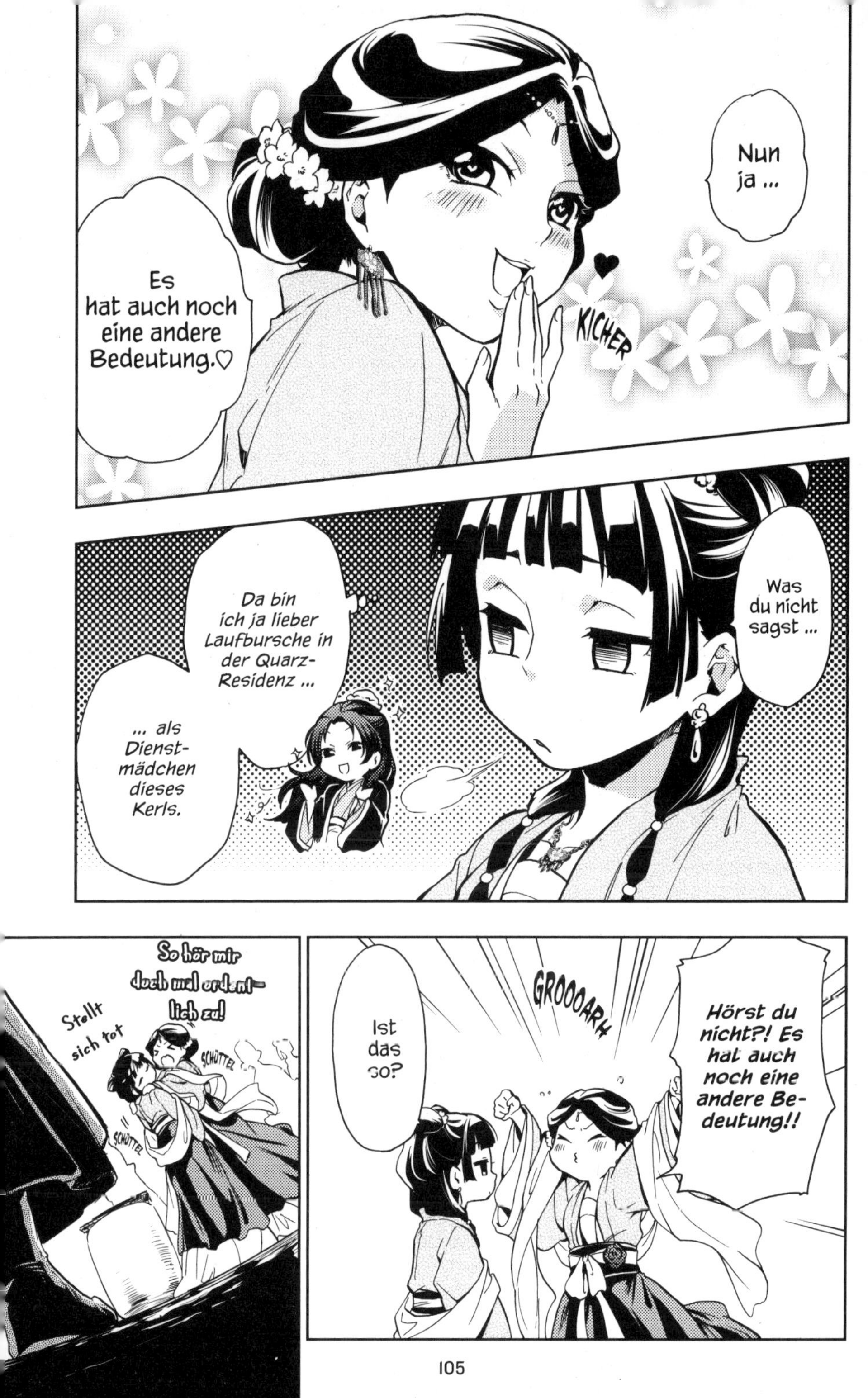
Nun ja ...
Es hat auch noch eine andere Bedeutung.♡
KICHER
Was du nicht sagst ...
Da bin ich ja lieber Laufbursche in der Quarz-Residenz ...
... als Dienstmädchen dieses Kerls.
GROOOARH
Hörst du nicht?! Es hat auch noch eine andere Bedeutung!!
Ist das so?
So hör mir doch mal ordentlich zu!
Stellt sich tot
SCHÜTTEL
SCHÜTTEL

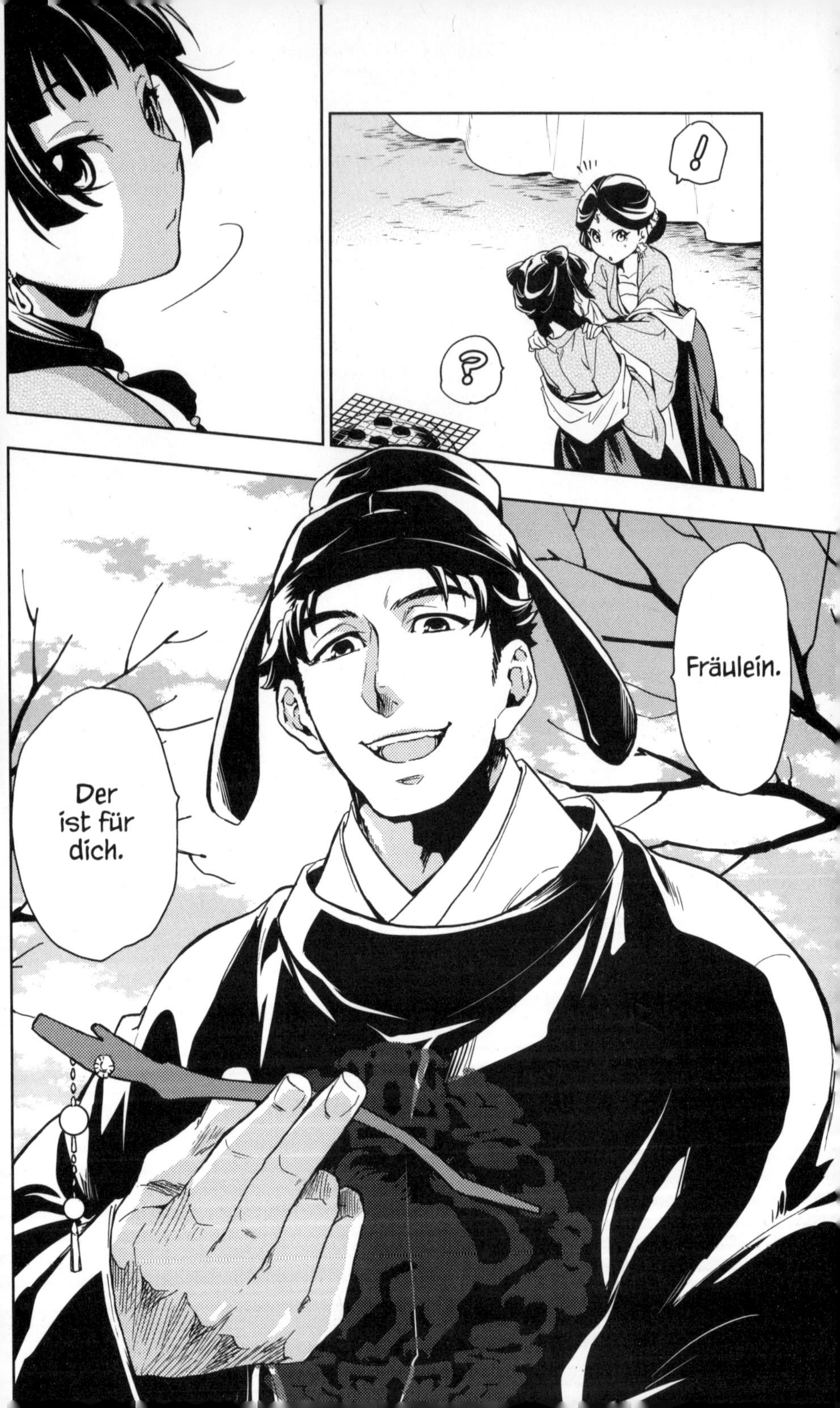
!
?
Fräulein.
Der ist für dich.

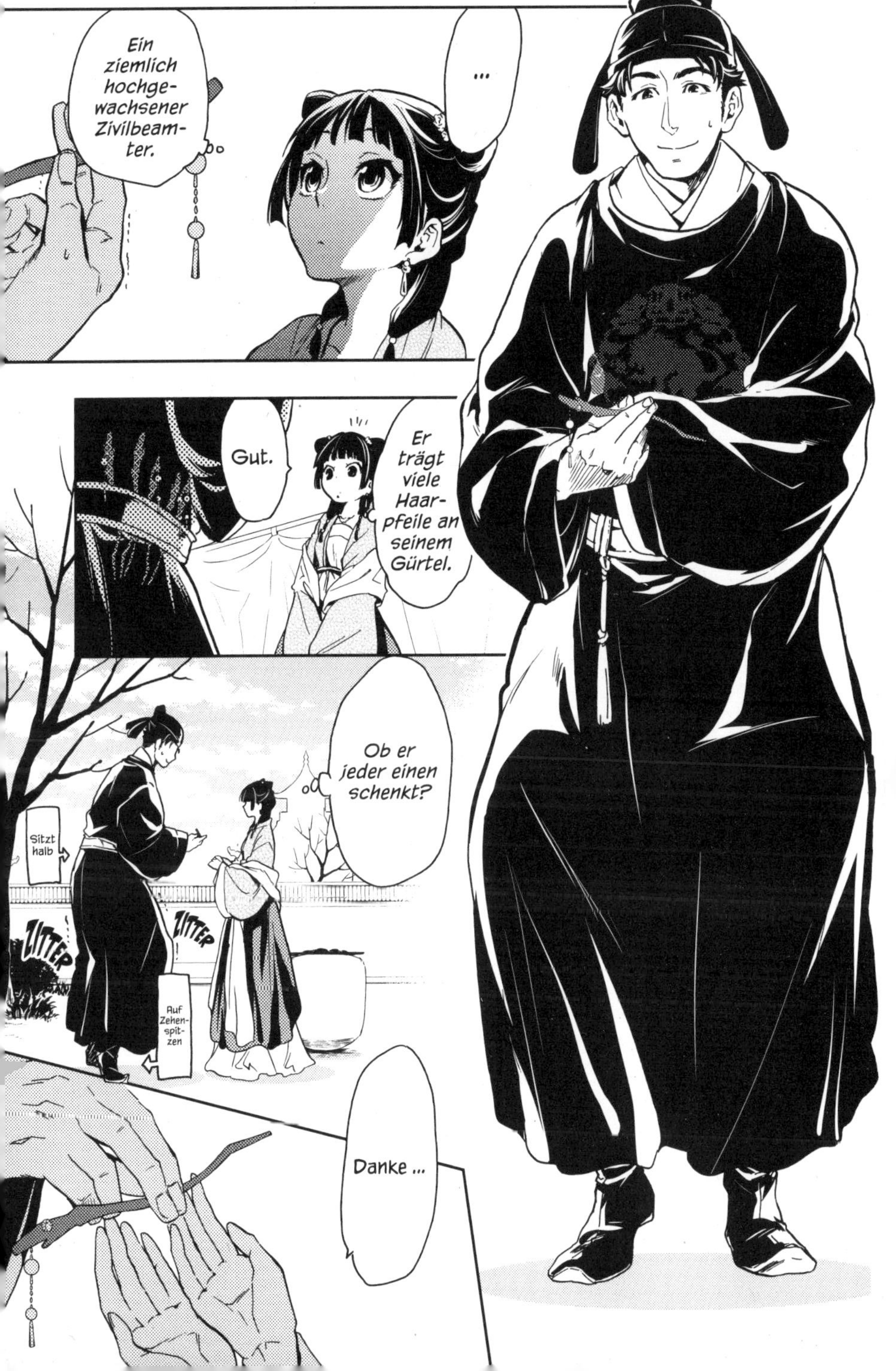
...
Ein ziemlich hochgewachsener Zivilbeamter.
Er trägt viele Haarpfeile an seinem Gürtel.
Gut.
Ob er jeder einen schenkt?
Sitzt halb
ZITTER
ZITTER
Auf Zehenspitzen
Danke ...

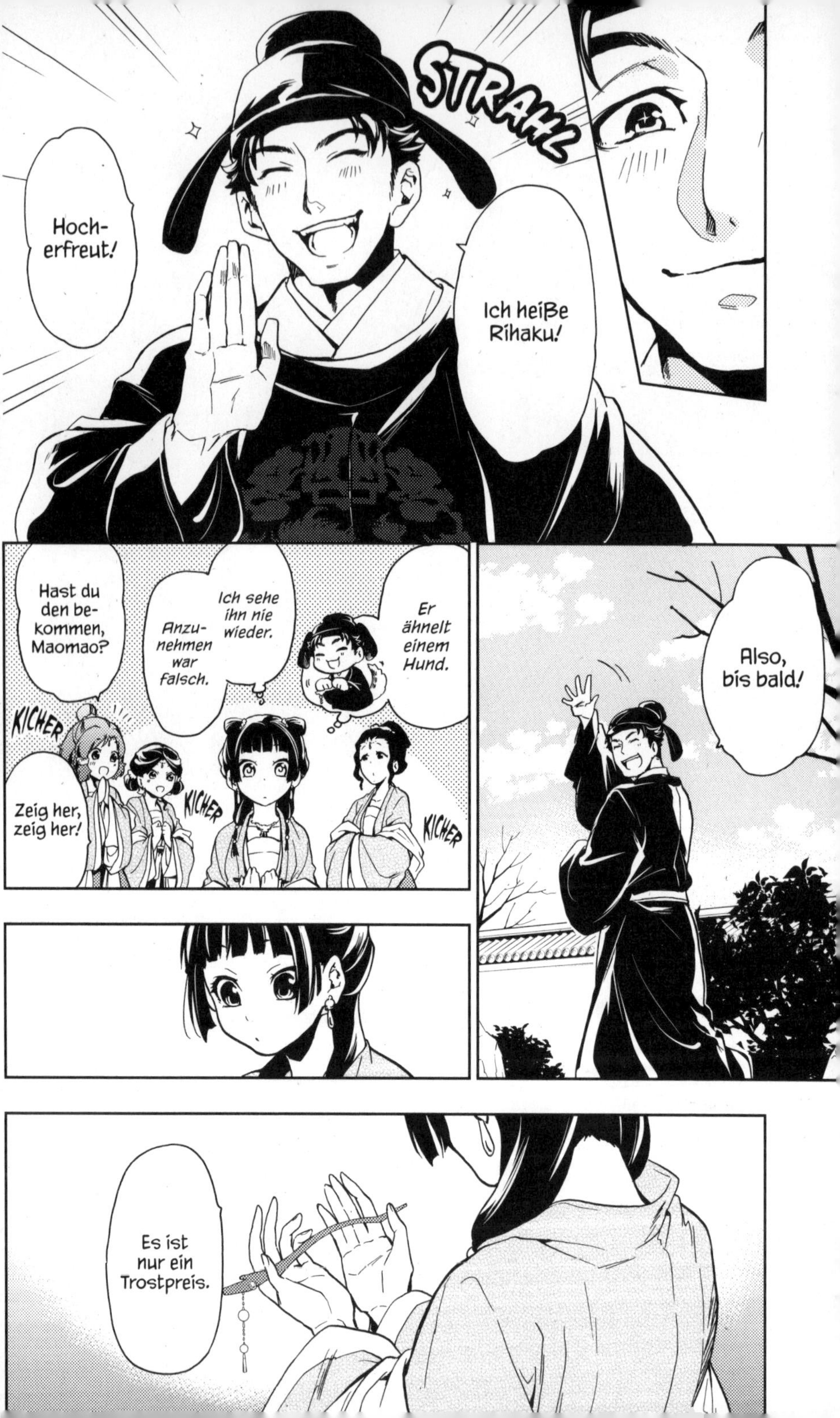
STRAHL
Ich heiße Rihaku!
Hoch-erfreut!
Also, bis bald!
Er ähnelt einem Hund.
Ich sehe ihn nie wieder.
Anzunehmen war falsch.
Hast du den bekommen, Maomao?
KICHER
KICHER
KICHER
Zeig her, zeig her!
Es ist nur ein Trostpreis.

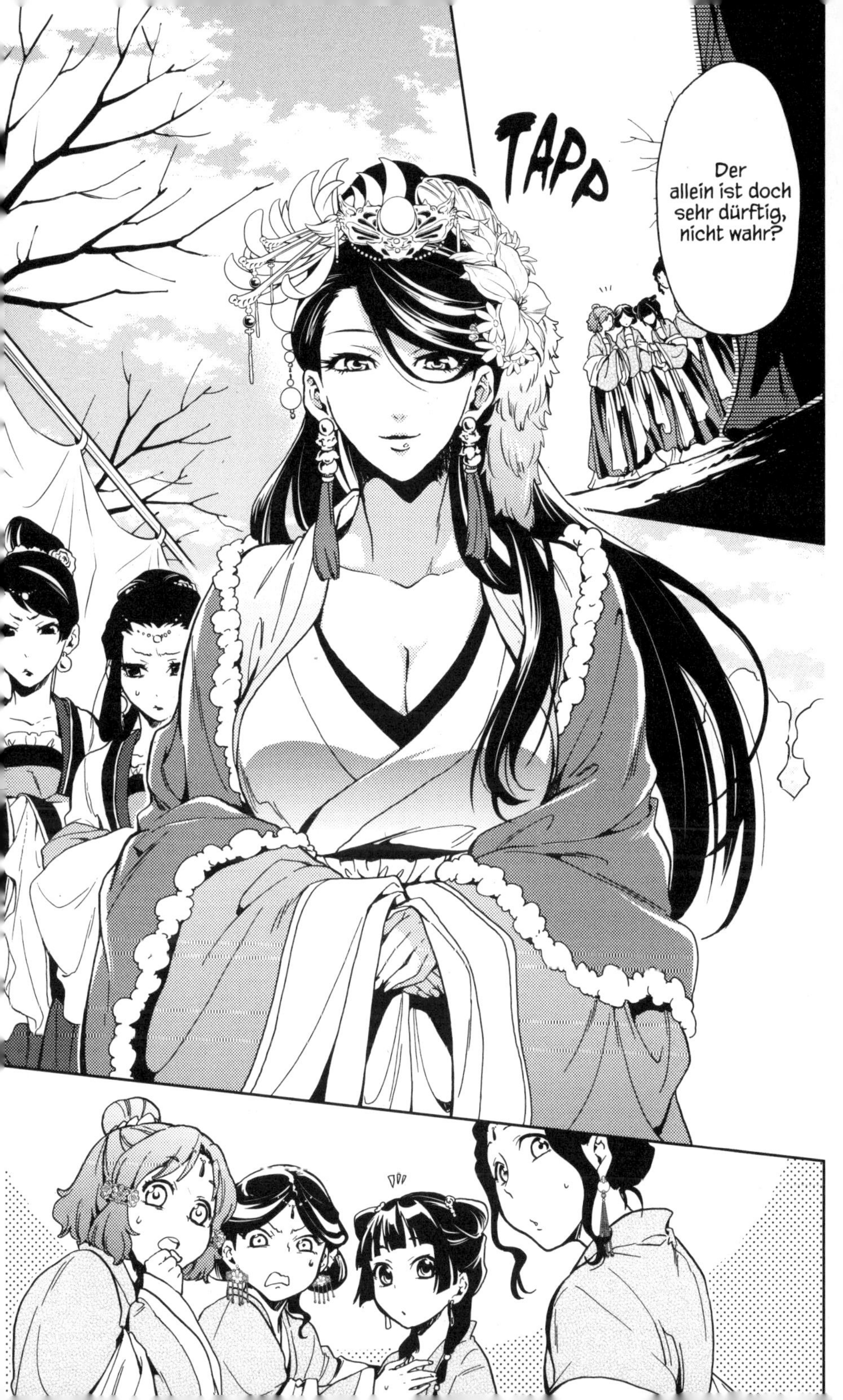
Der allein ist doch sehr dürftig, nicht wahr?
TAPP

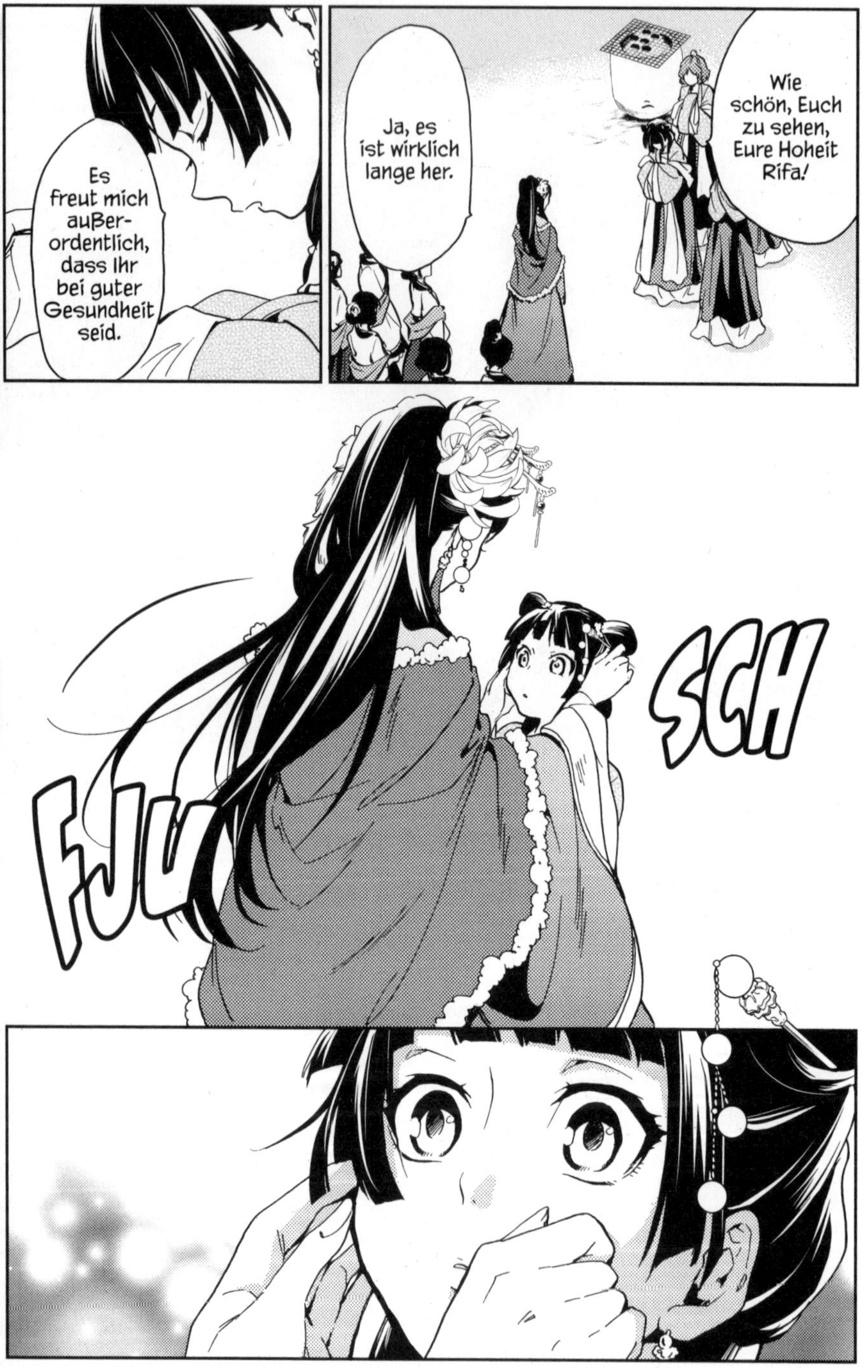
Wie schön, Euch zu sehen, Eure Hoheit Rifa!
Ja, es ist wirklich lange her.
Es freut mich außerordentlich, dass Ihr bei guter Gesundheit seid.
FJU
SCH

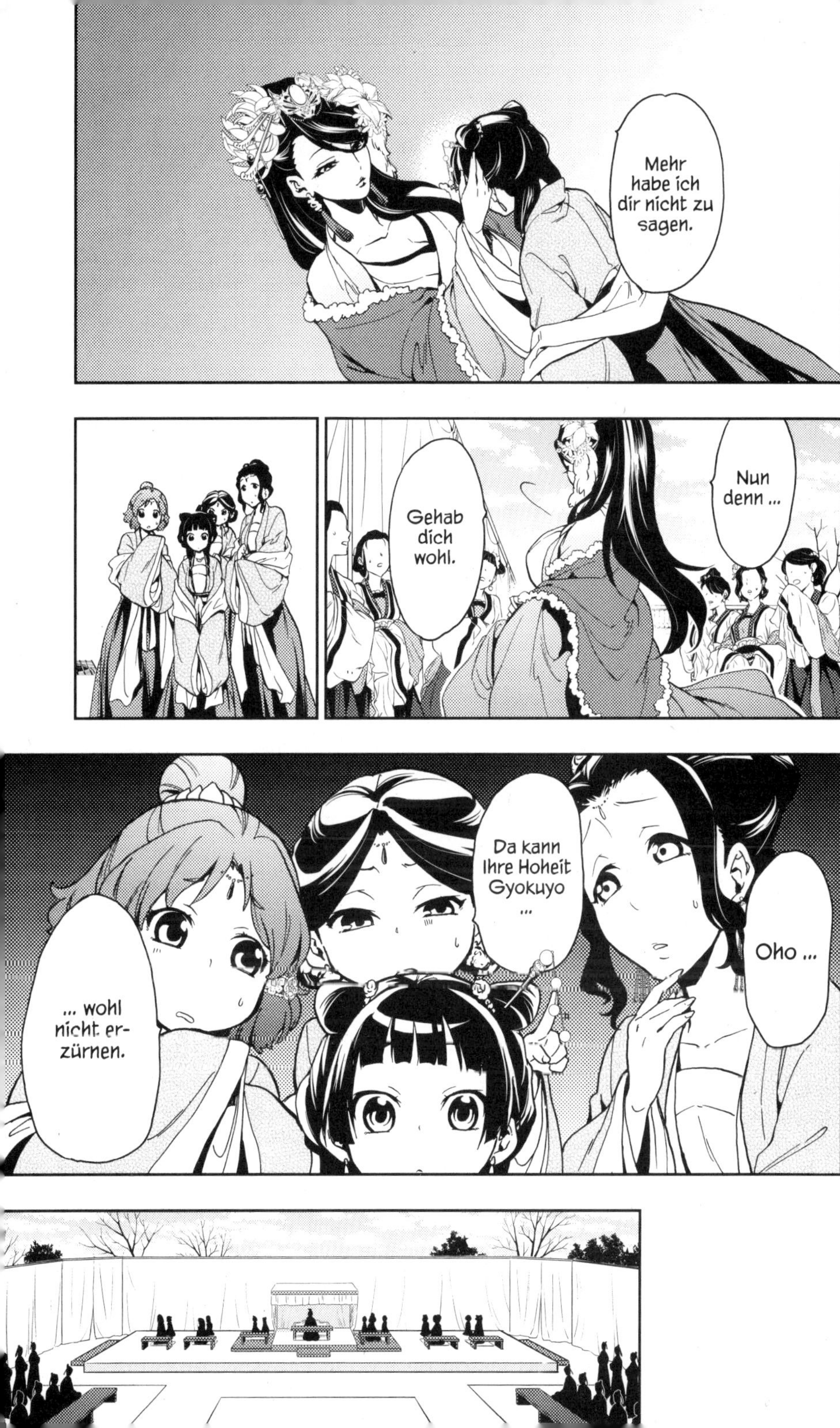
Mehr habe ich dir nicht zu sagen.
Nun denn ...
Gehab dich wohl.
Oho ...
Da kann Ihre Hoheit Gyokuyo ...
... wohl nicht erzürnen.

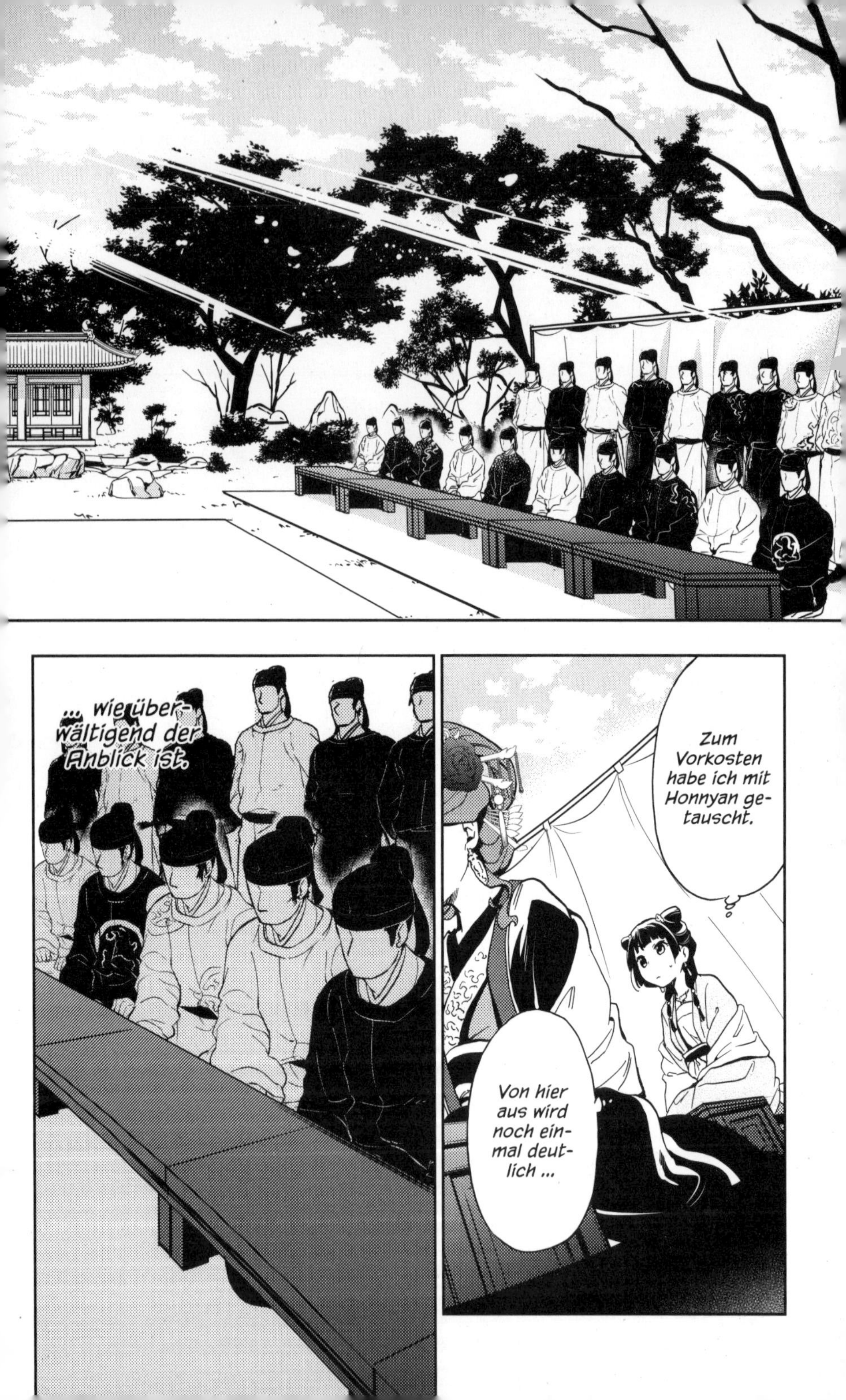
Zum Vorkosten habe ich mit Honnyan getauscht.
Von hier aus wird noch einmal deutlich ...
... wie überwältigend der Anblick ist.

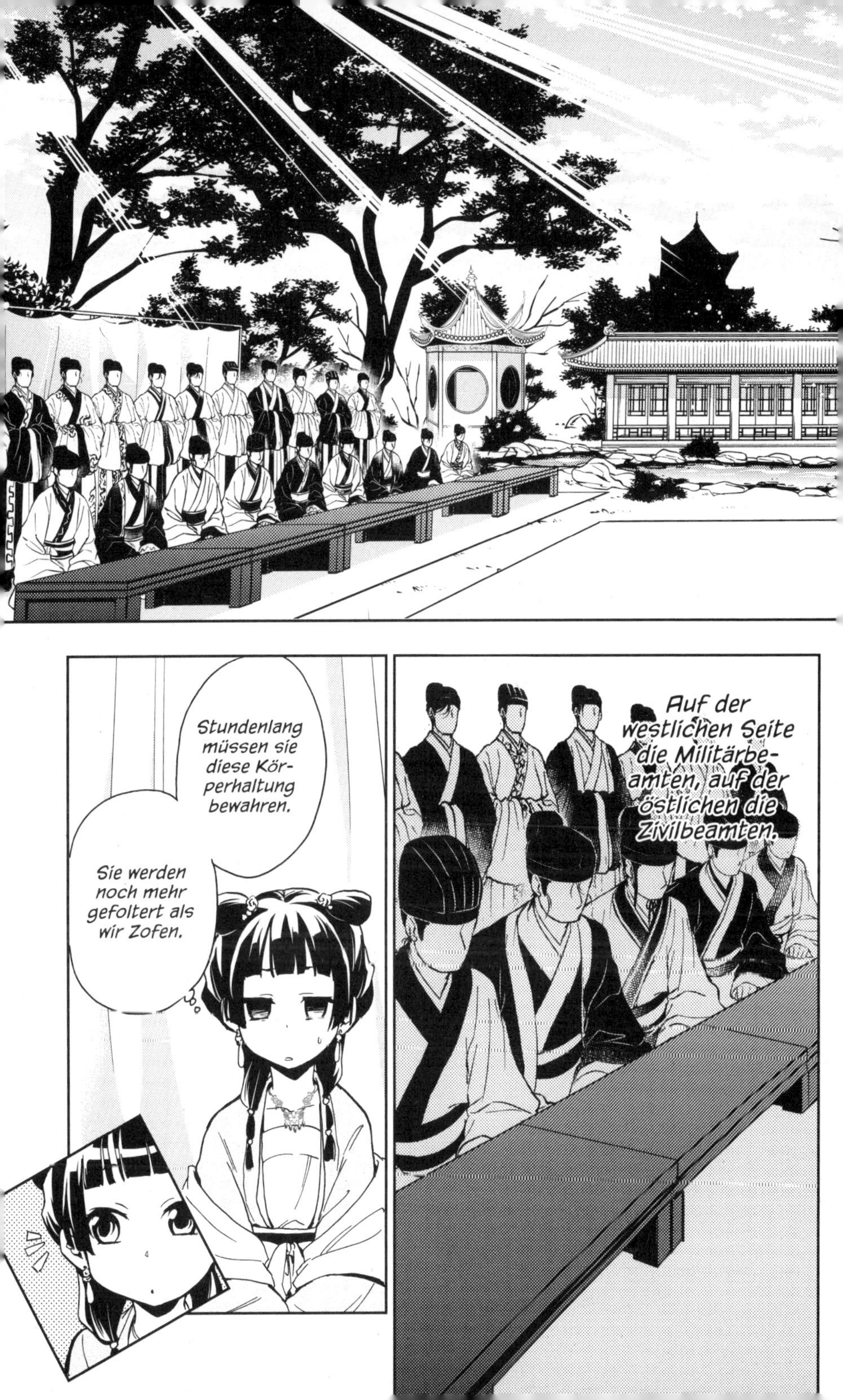
Auf der westlichen Seite die Militärbe-amten, auf der östlichen die Zivilbeamten.
Stundenlang müssen sie diese Kör-perhaltung bewahren.
Sie werden noch mehr gefoltert als wir Zofen.

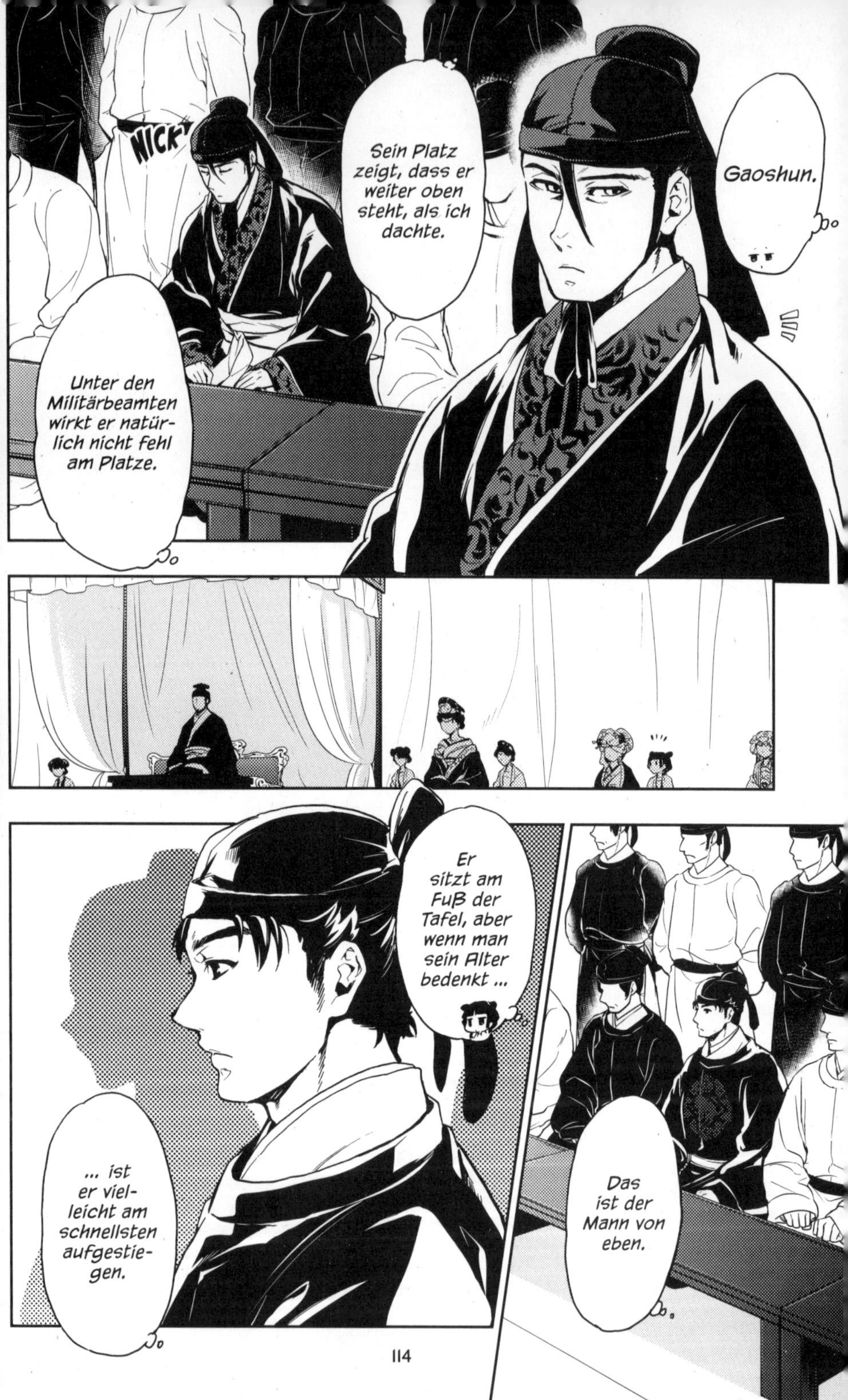
Gaoshun.
NICK
Sein Platz zeigt, dass er weiter oben steht, als ich dachte.
Unter den Militärbeamten wirkt er natür-lich nicht fehl am Platze.
Das ist der Mann von eben.
Er sitzt am Fuß der Tafel, aber wenn man sein Alter bedenkt ...
... ist er viel-leicht am schnellsten aufgestie-gen.

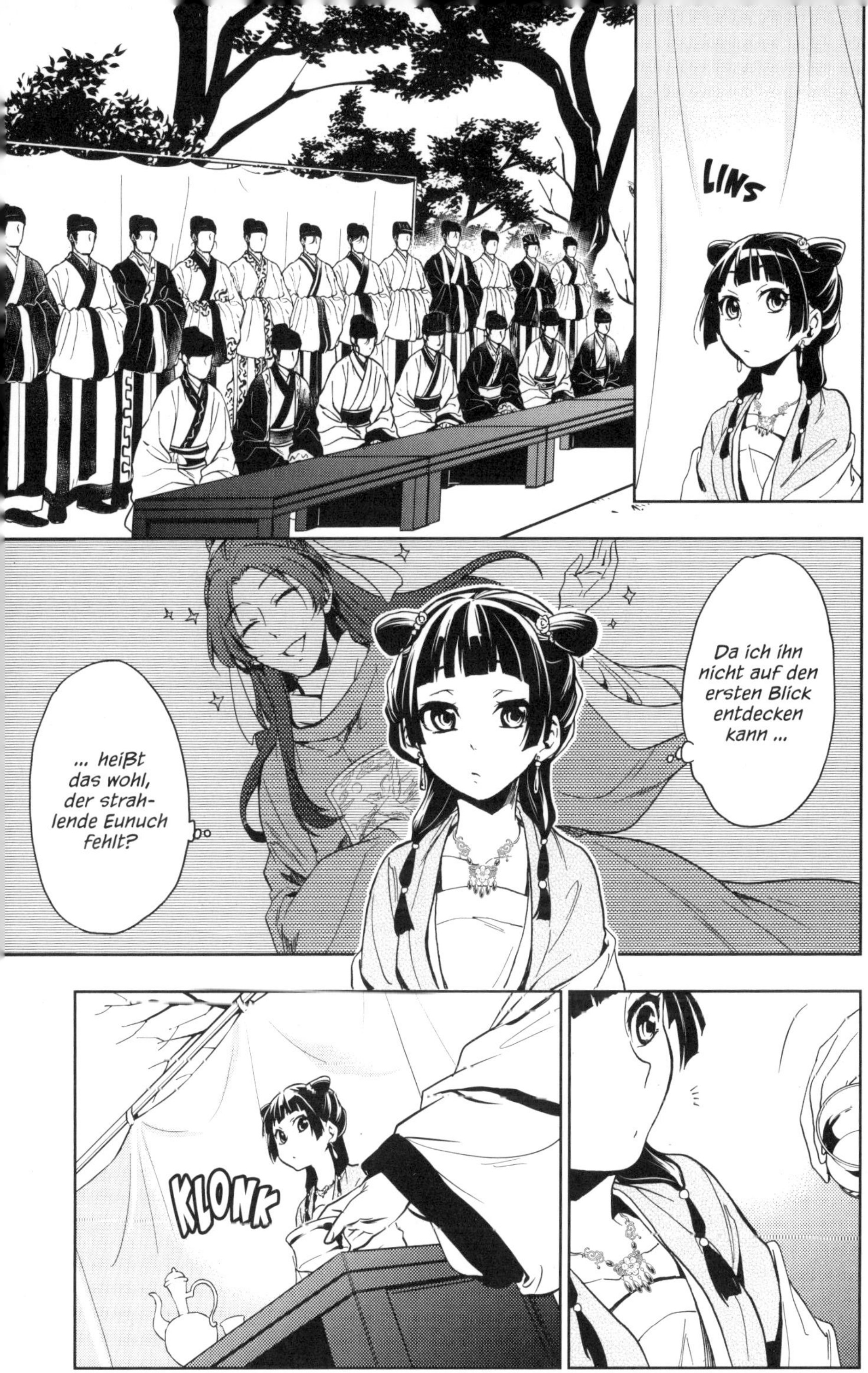
LINS
Da ich ihn nicht auf den ersten Blick entdecken kann ...
... heißt das wohl, der strahlende Eunuch fehlt?
KLONK

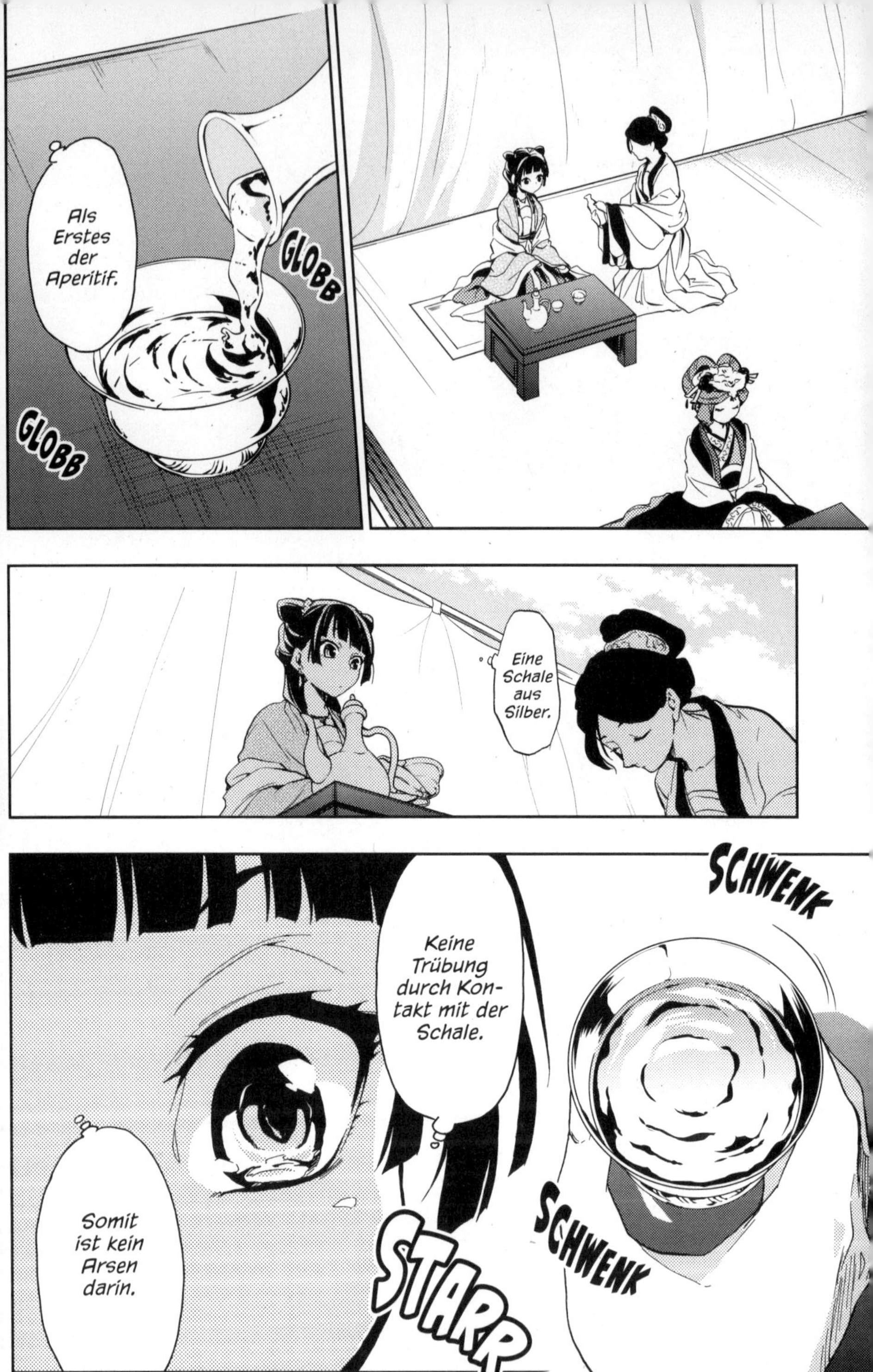
Als Erstes der Aperitif.
GLOBB
GLOBB
Eine Schale aus Silber.
SCHWENK
SCHWENK
Keine Trübung durch Kontakt mit der Schale.
STARR
Somit ist kein Arsen darin.

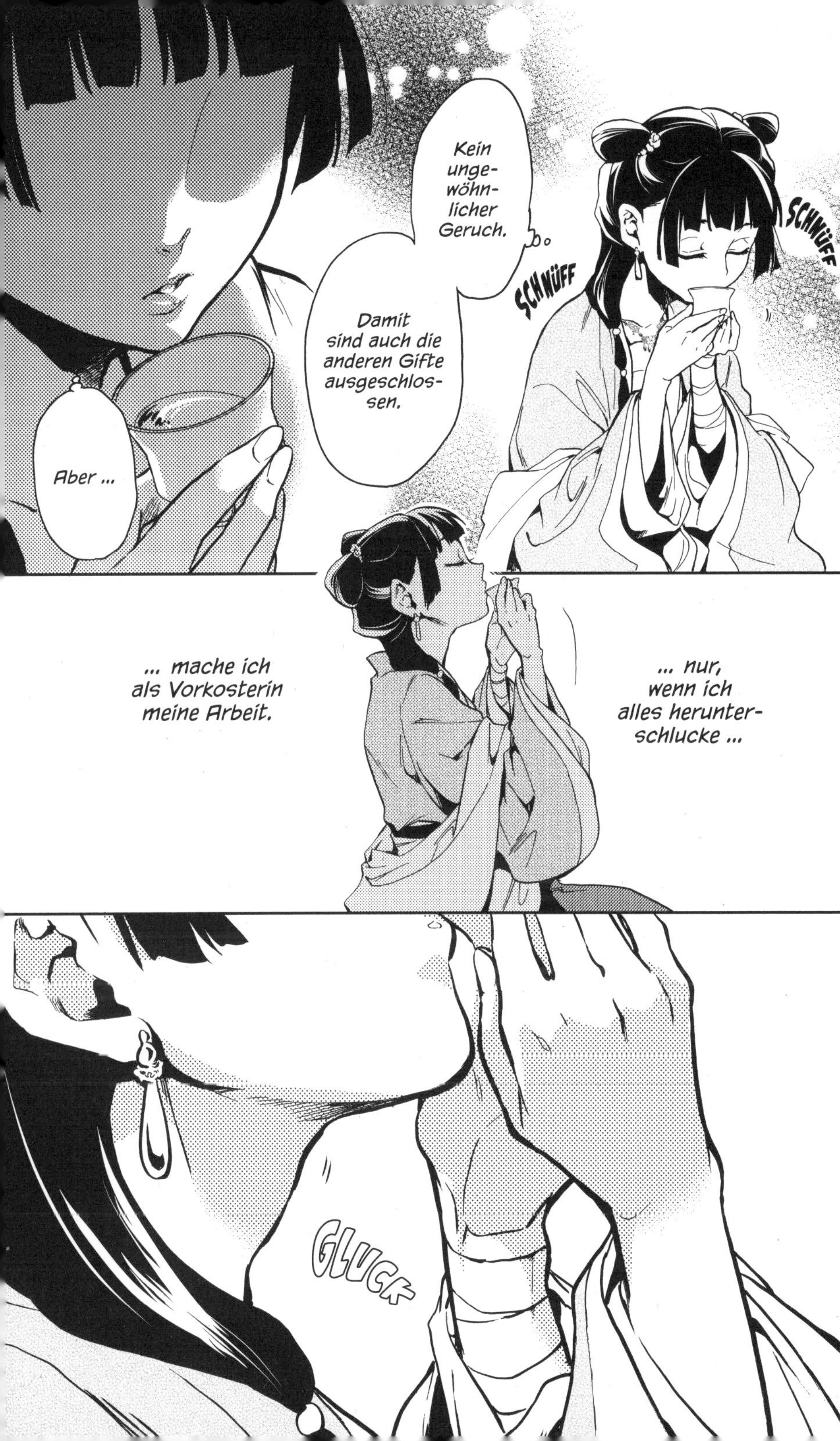
SCHNÜFF
Kein ungewöhnlicher Geruch.
SCHNÜFF
Damit sind auch die anderen Gifte ausgeschlossen.
Aber ...
... nur, wenn ich alles herunterschlucke ...
... mache ich als Vorkosterin meine Arbeit.
GLUCK

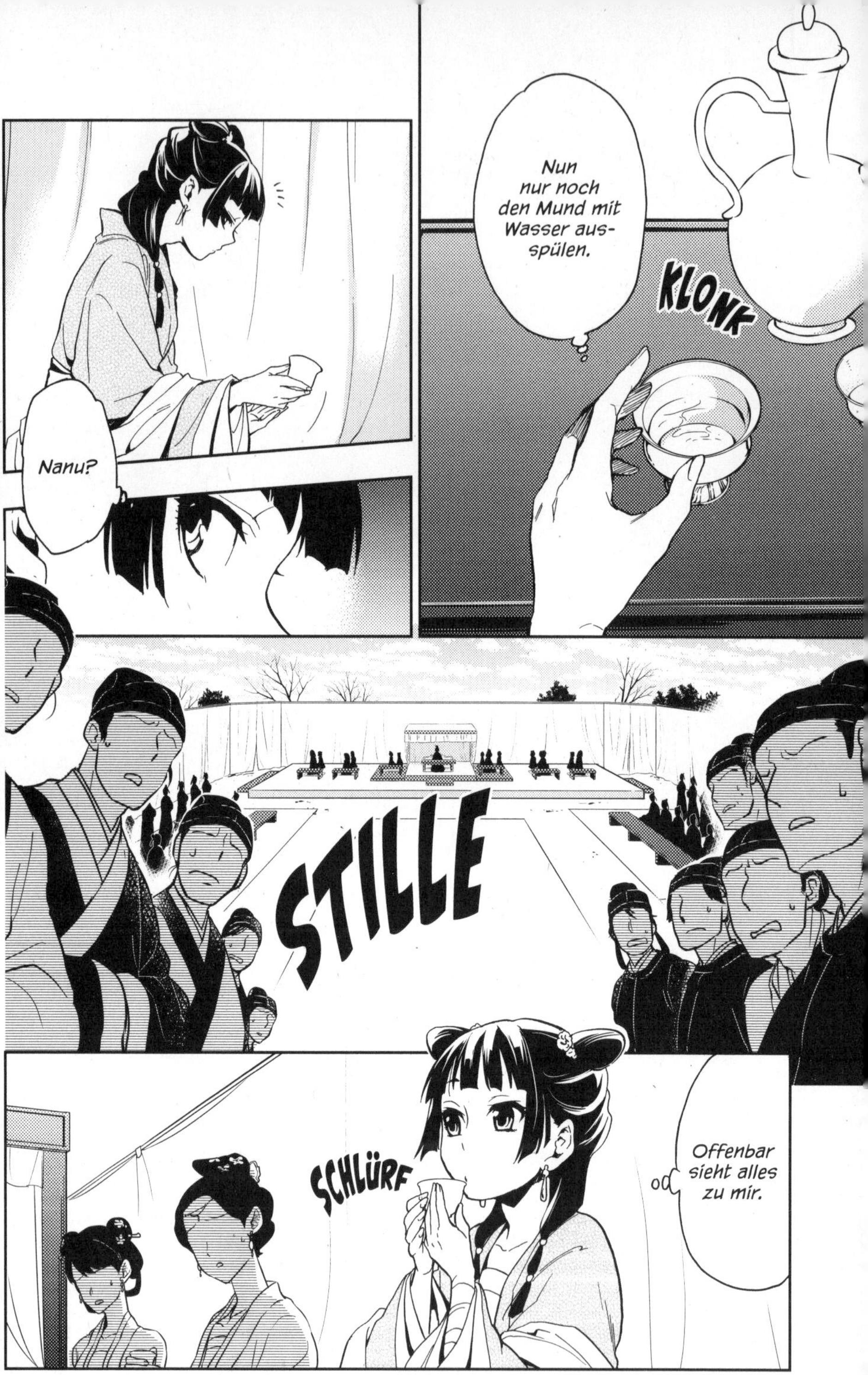
Nun nur noch den Mund mit Wasser aus-spülen.
KLONK
Nanu?
STILLE
Offenbar sieht alles zu mir.
SCHLÜRF

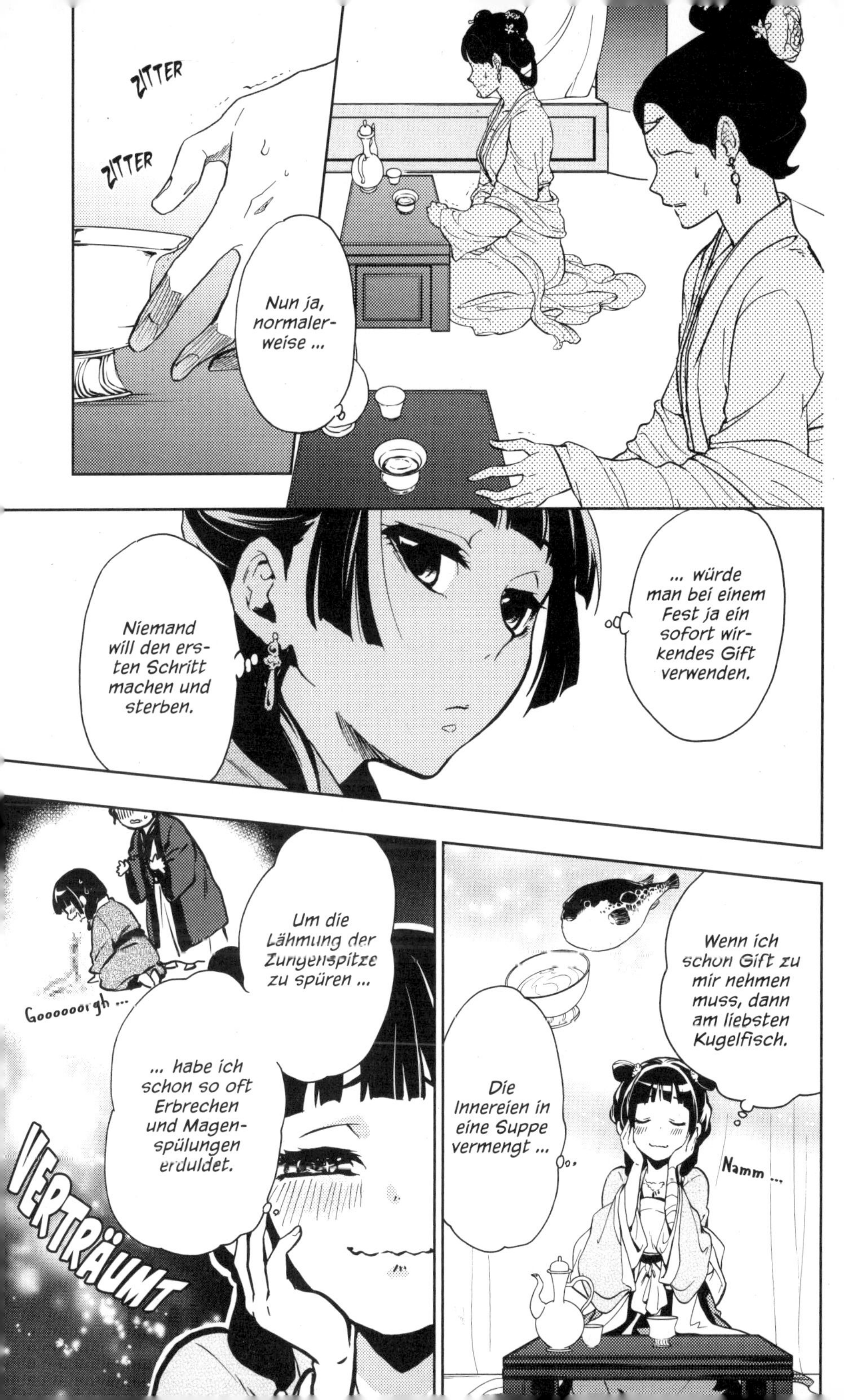

ZITTER
ZITTER
Nun ja, normaler-weise ...
... würde man bei einem Fest ja ein sofort wir-kendes Gift verwenden.
Niemand will den ers-ten Schritt machen und sterben.
Wenn ich schon Gift zu mir nehmen muss, dann am liebsten Kugelfisch.
Die Innereien in eine Suppe vermengt ...
Namm ...
Um die Lähmung der Zungenspitze zu spüren ...
... habe ich schon so oft Erbrechen und Magen-spülungen erduldet.
Gooooorgh ...
VERTRÄUMT

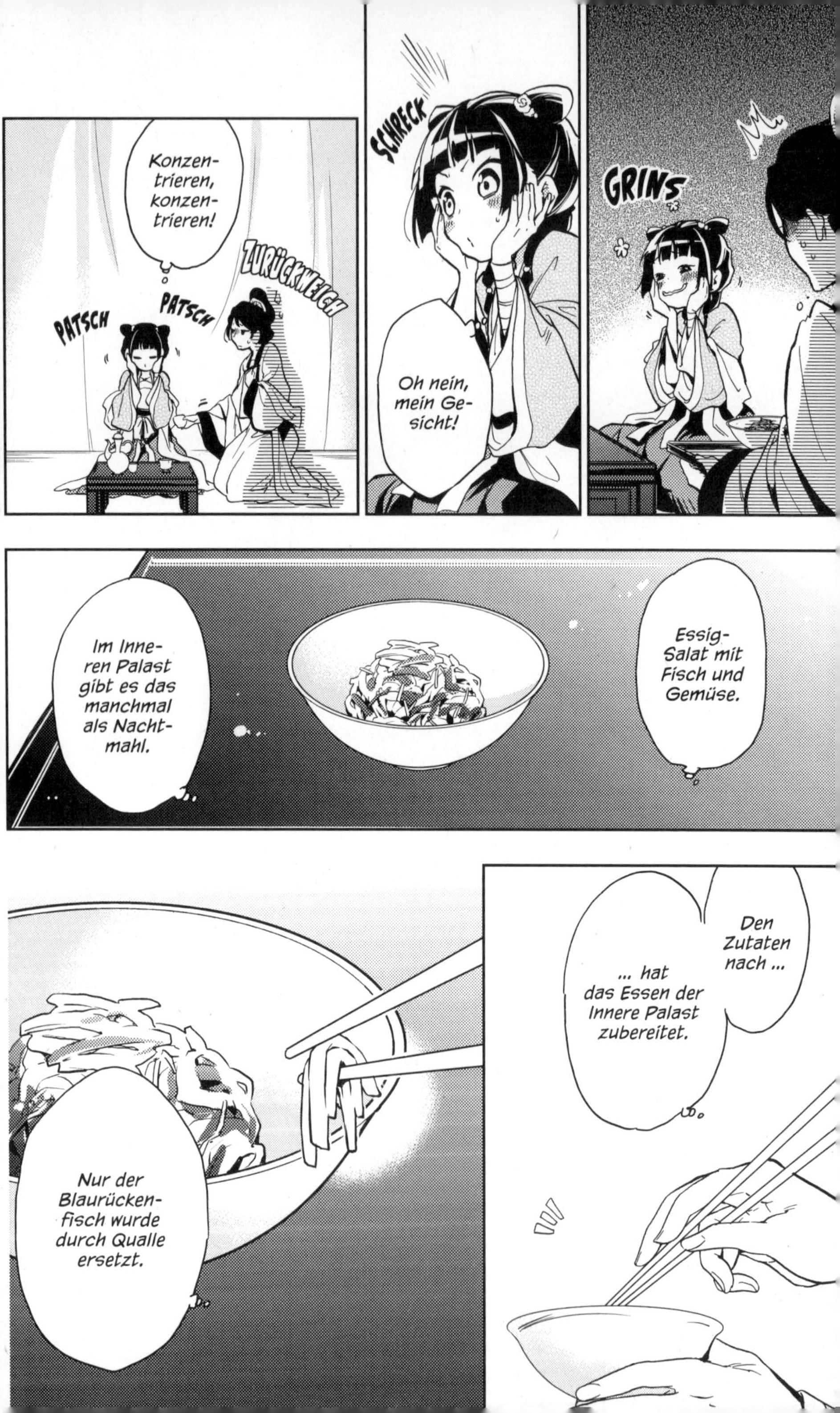
GRINS
SCHRECK
Oh nein, mein Gesicht!
Konzentrieren, konzentrieren!
ZURÜCKWEICH
PATSCH
PATSCH
Essig-Salat mit Fisch und Gemüse.
Im Inneren Palast gibt es das manchmal als Nachtmahl.
Den Zutaten nach ...
... hat das Essen der Innere Palast zubereitet.
Nur der Blaurückenfisch wurde durch Qualle ersetzt.

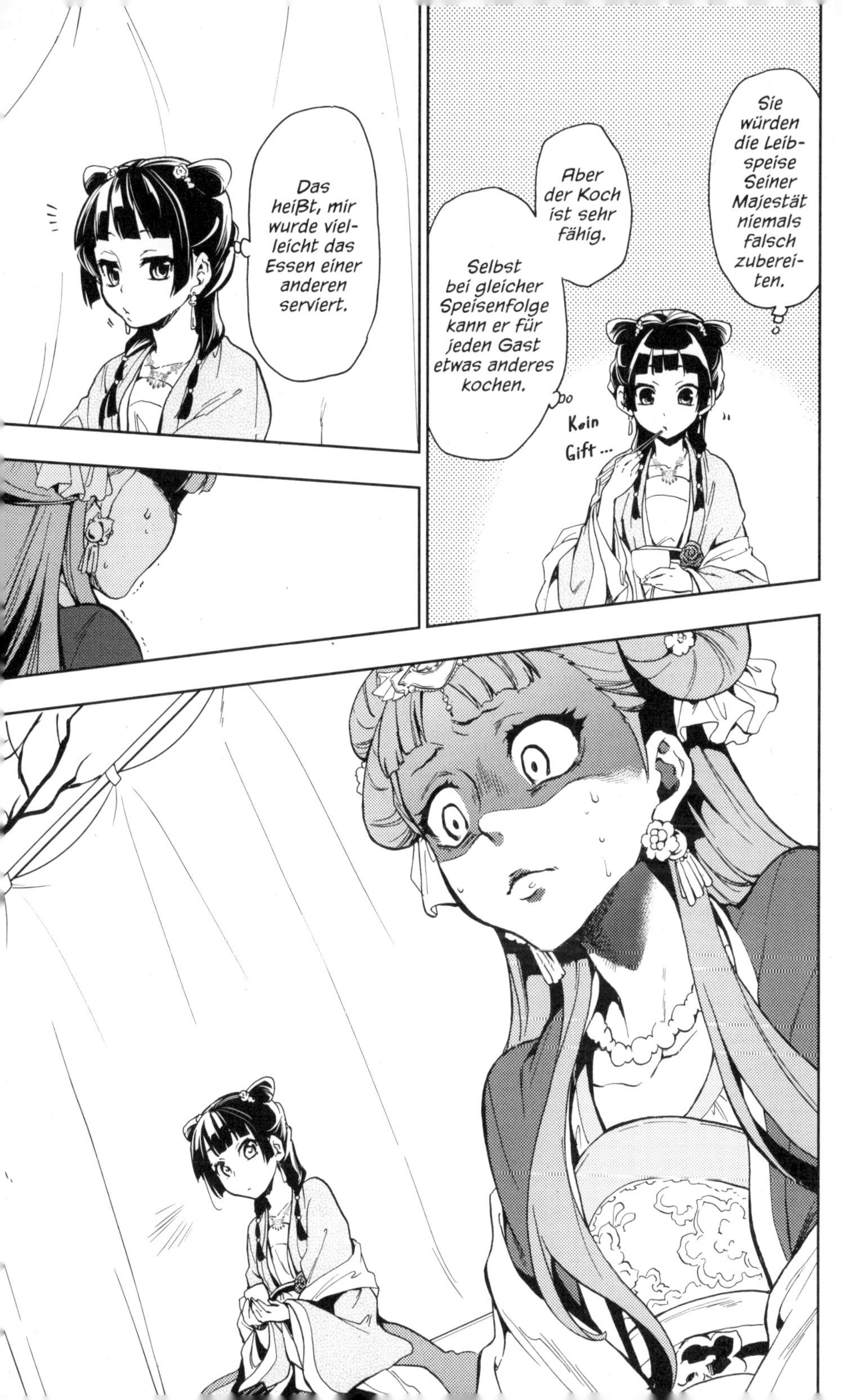

Sie würden die Leibspeise Seiner Majestät niemals falsch zubereiten.
Aber der Koch ist sehr fähig.
Selbst bei gleicher Speisenfolge kann er für jeden Gast etwas anderes kochen.
Kein Gift ...
Das heißt, mir wurde vielleicht das Essen einer anderen serviert.

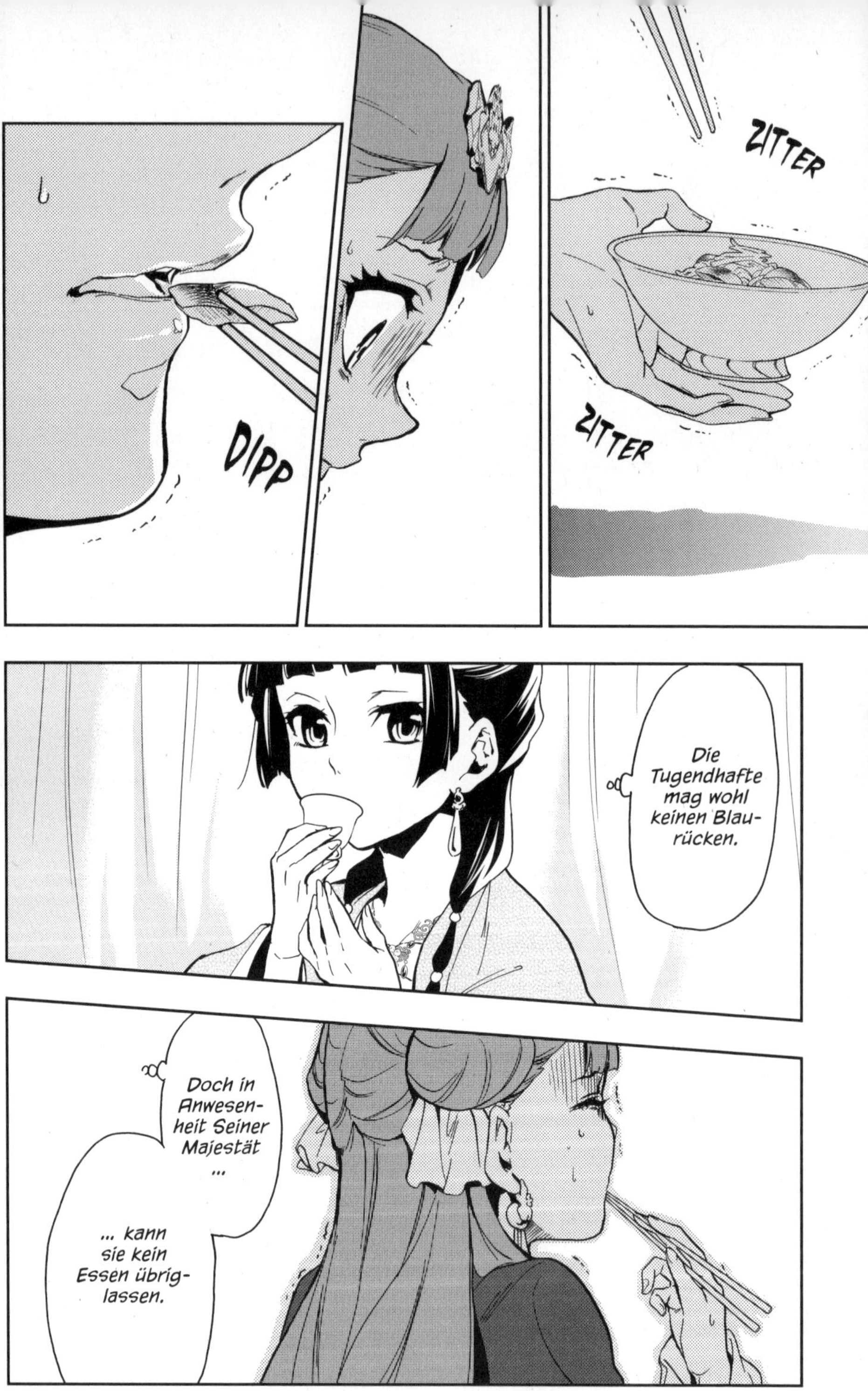

ZITTER
ZITTER
DIPP
Die Tugendhafte mag wohl keinen Blaurücken.
Doch in Anwesenheit Seiner Majestät ...
... kann sie kein Essen übriglassen.

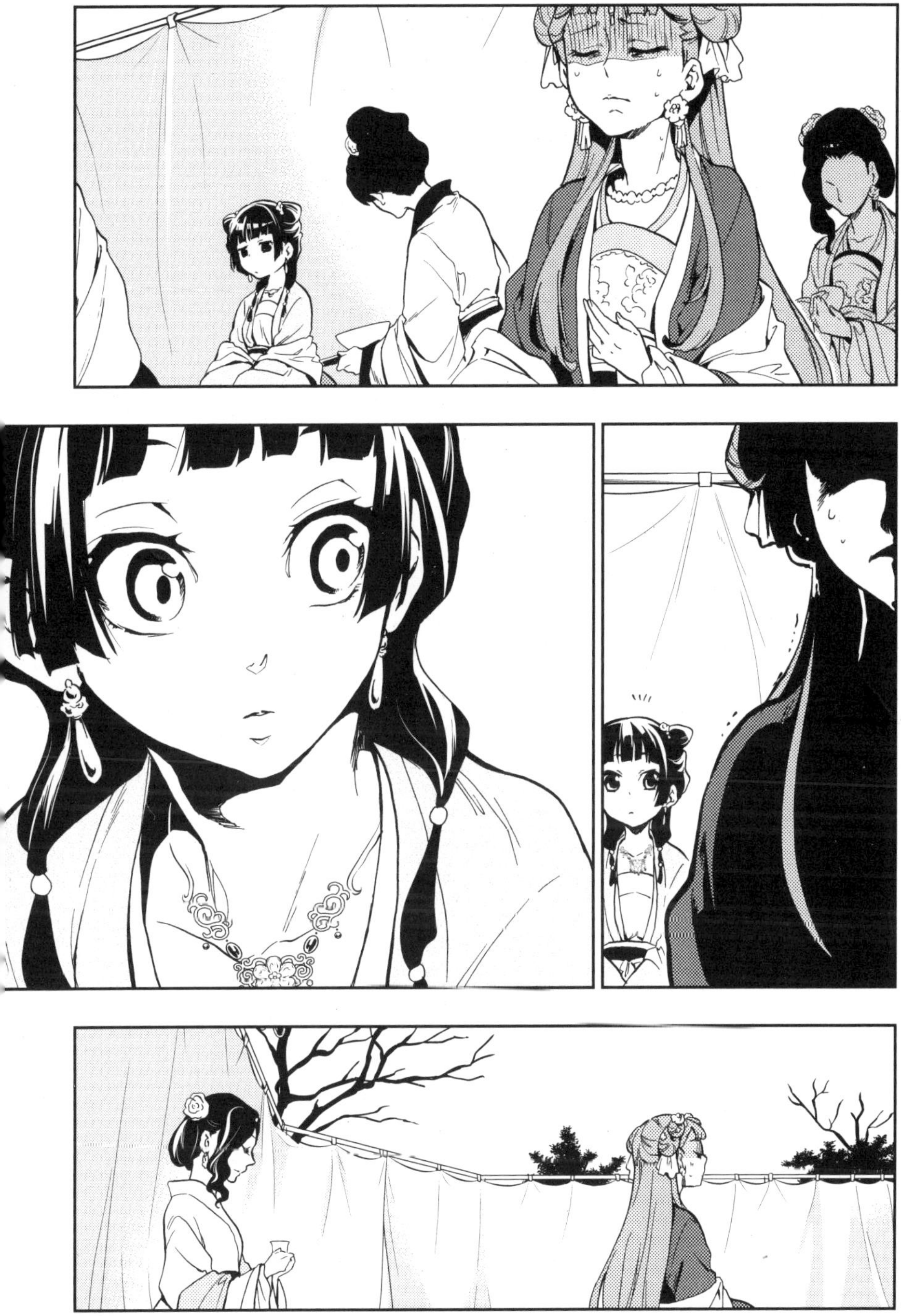

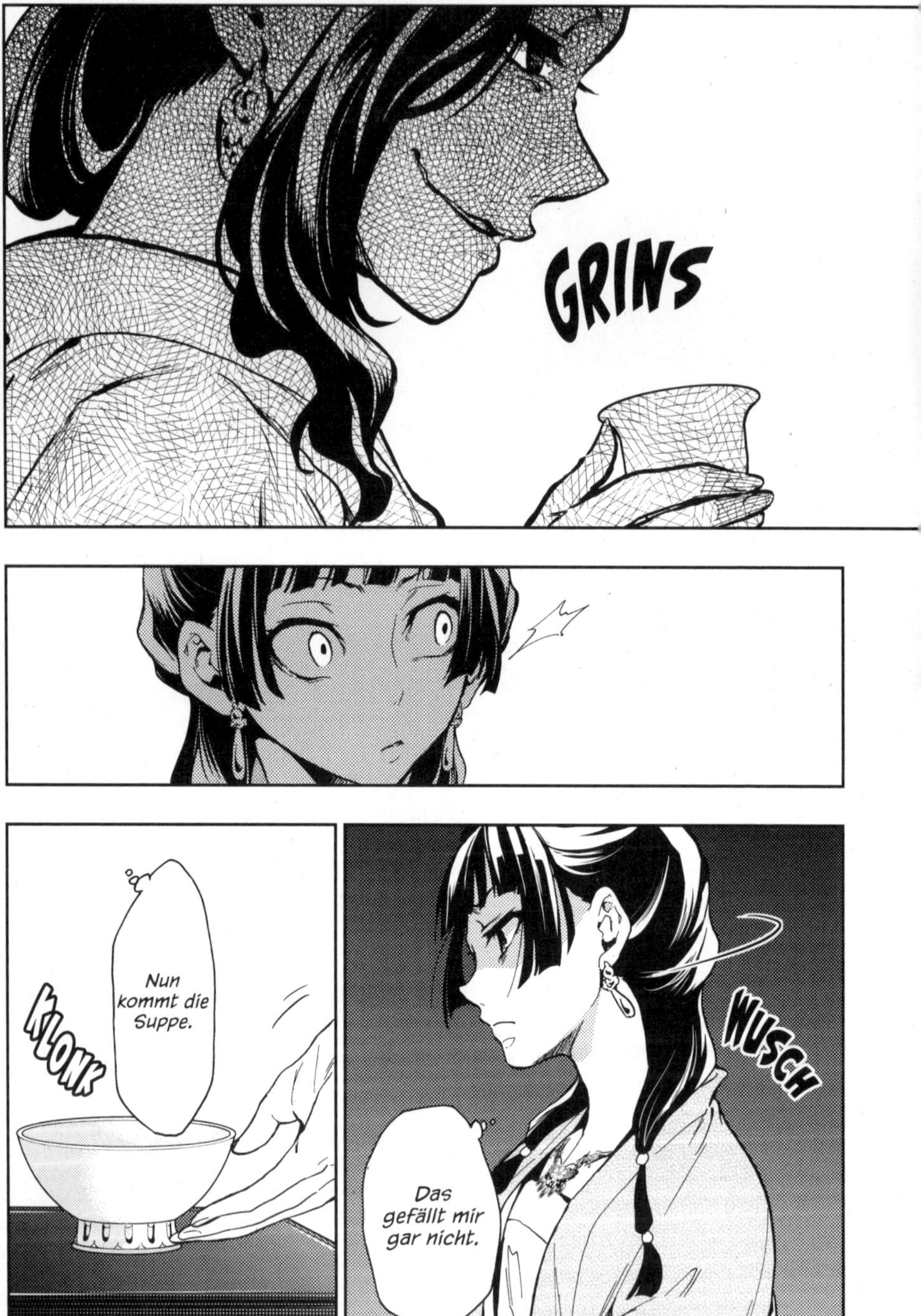
GRINS
WUSCH
Das gefällt mir gar nicht.
Nun kommt die Suppe.
KLONK

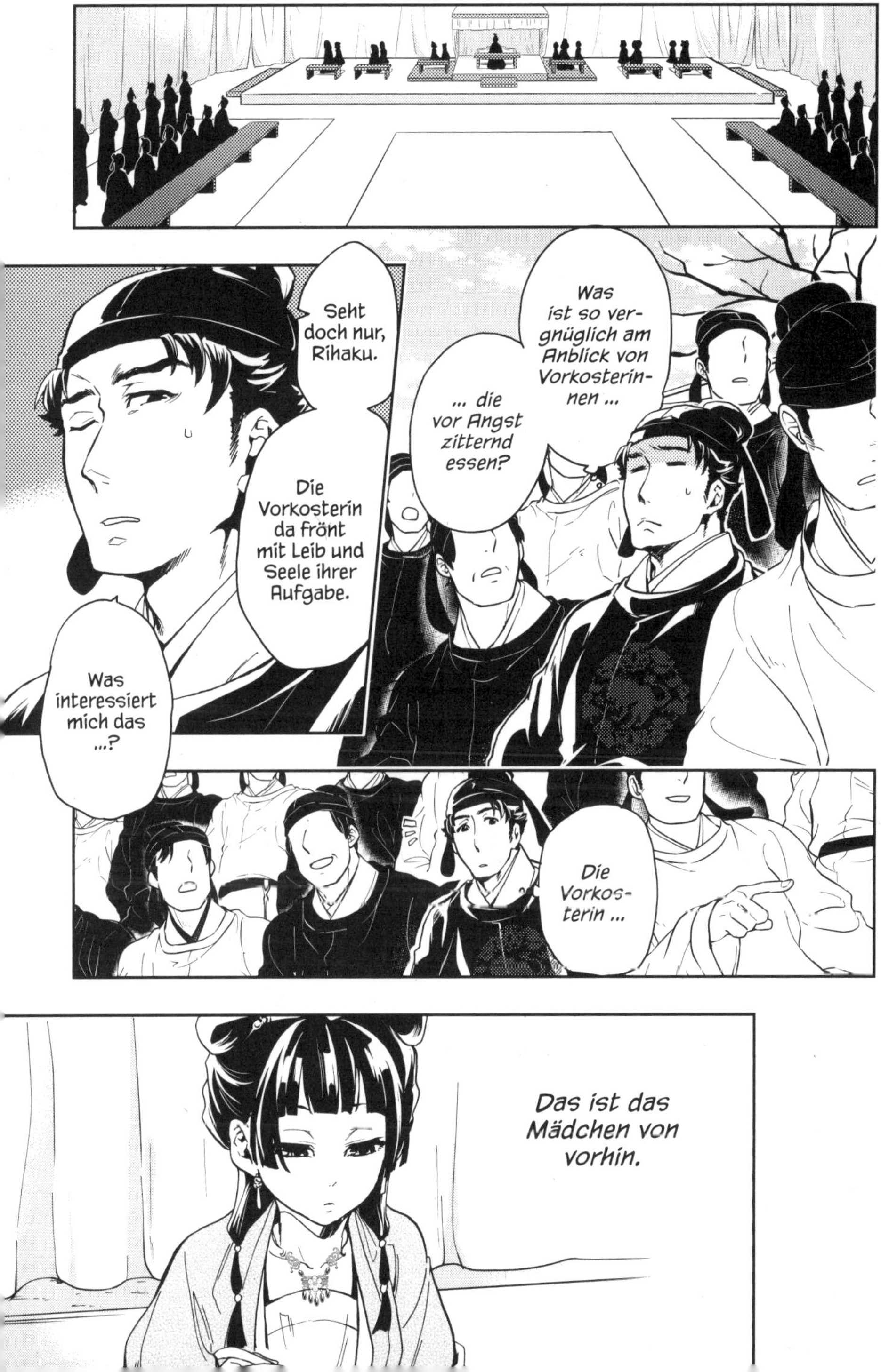
Was ist so vergnüglich am Anblick von Vorkosterinnen ...
... die vor Angst zitternd essen?
Seht doch nur, Rihaku.
Die Vorkosterin da frönt mit Leib und Seele ihrer Aufgabe.
Was interessiert mich das ...?
Die Vorkosterin ...
Das ist das Mädchen von vorhin.

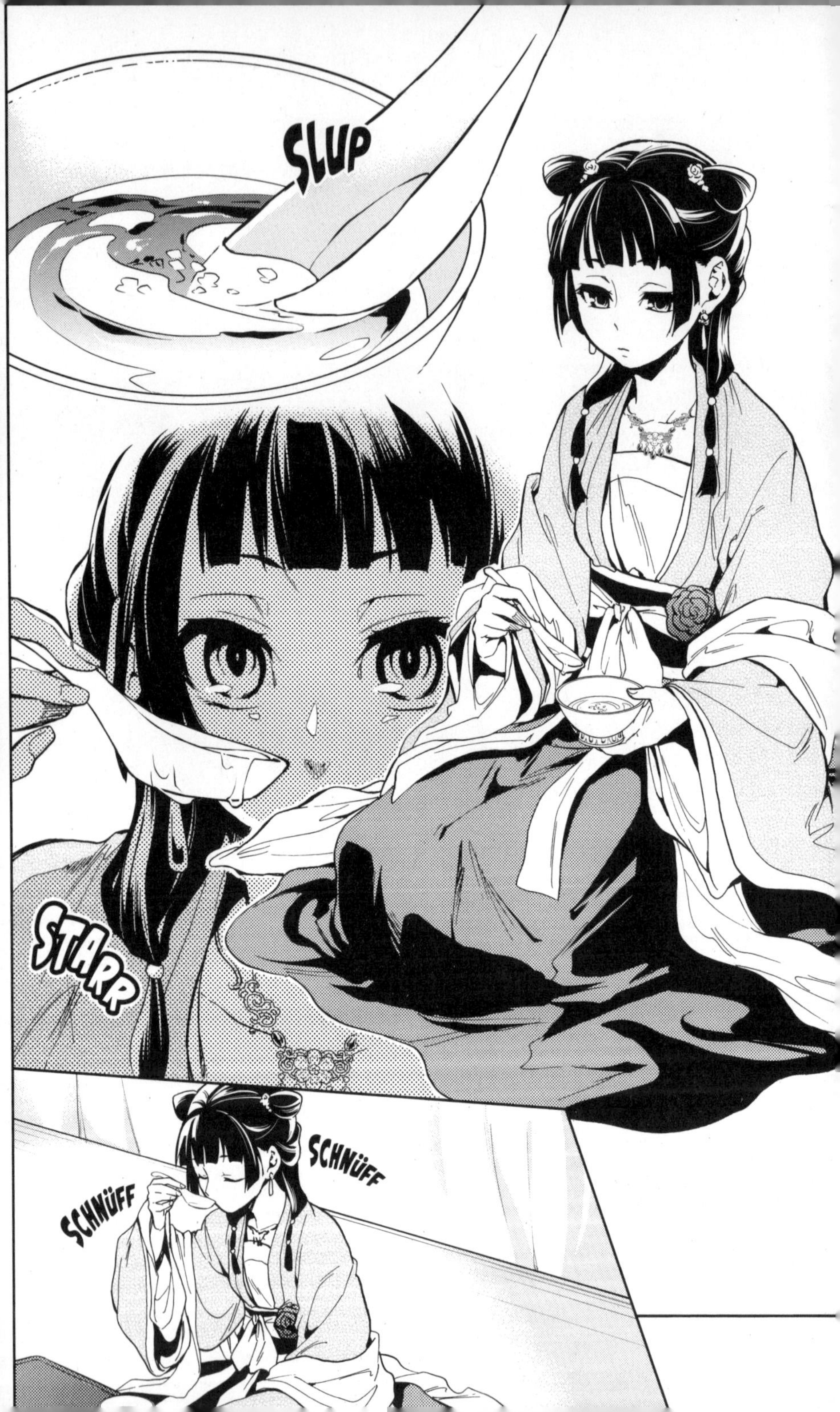
SLUP
STARR
SCHNÜFF
SCHNÜFF

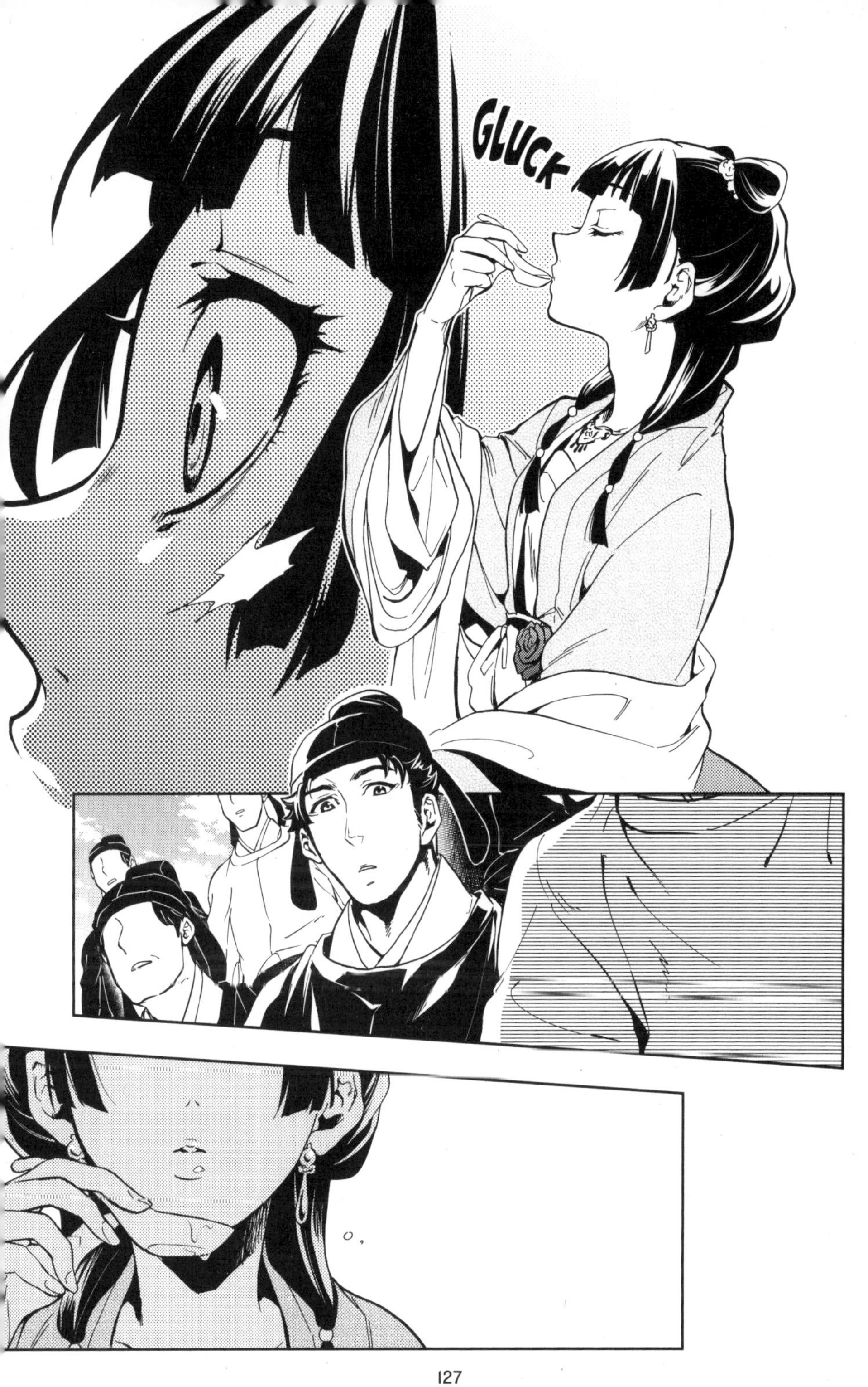
GLUCK
o,

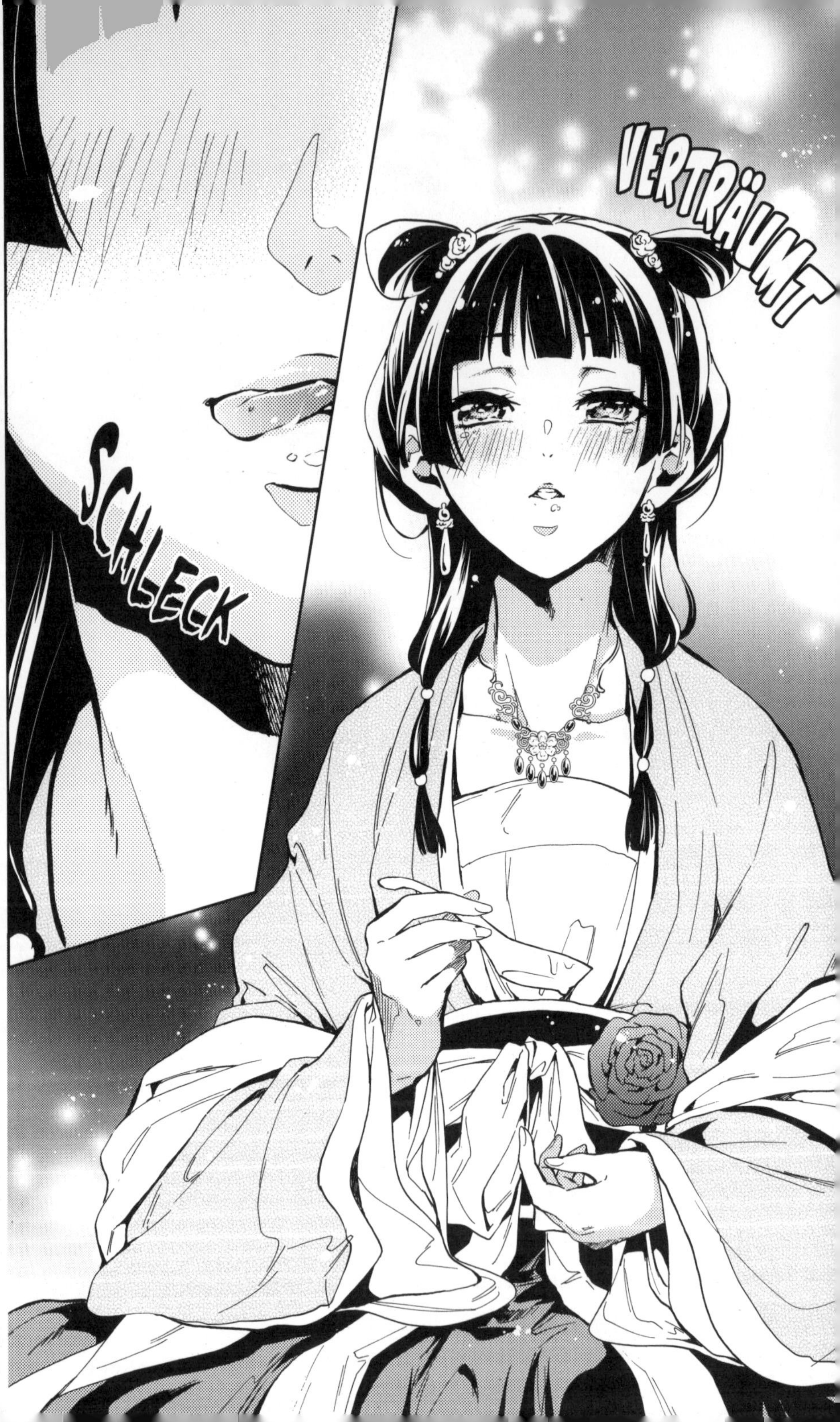
VERTRÄUMT
SCHLECK

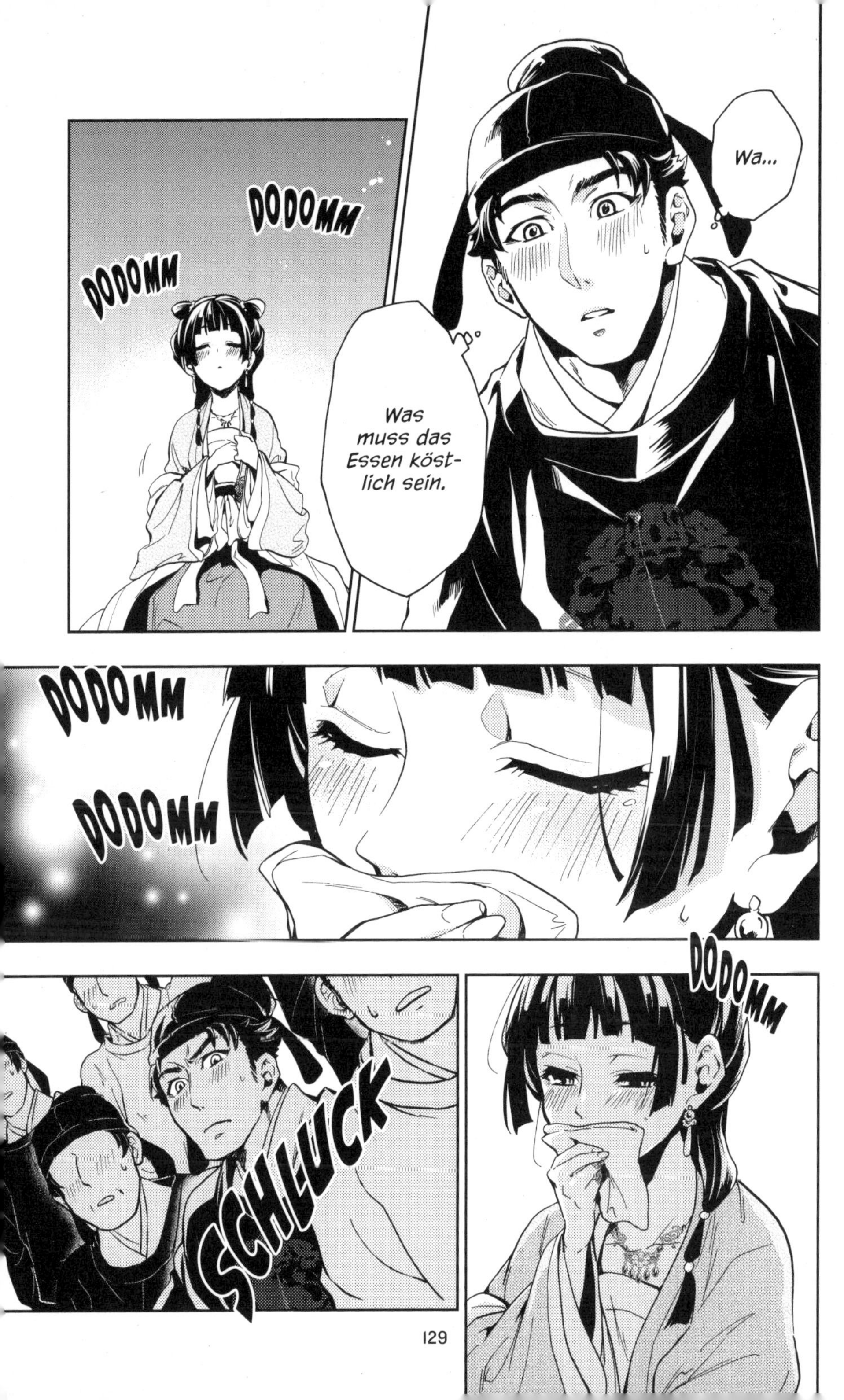
Wa...
Was muss das Essen köstlich sein.
DODOMM
DODOMM
DODOMM
DODOMM
DODOMM
SCHLUCK

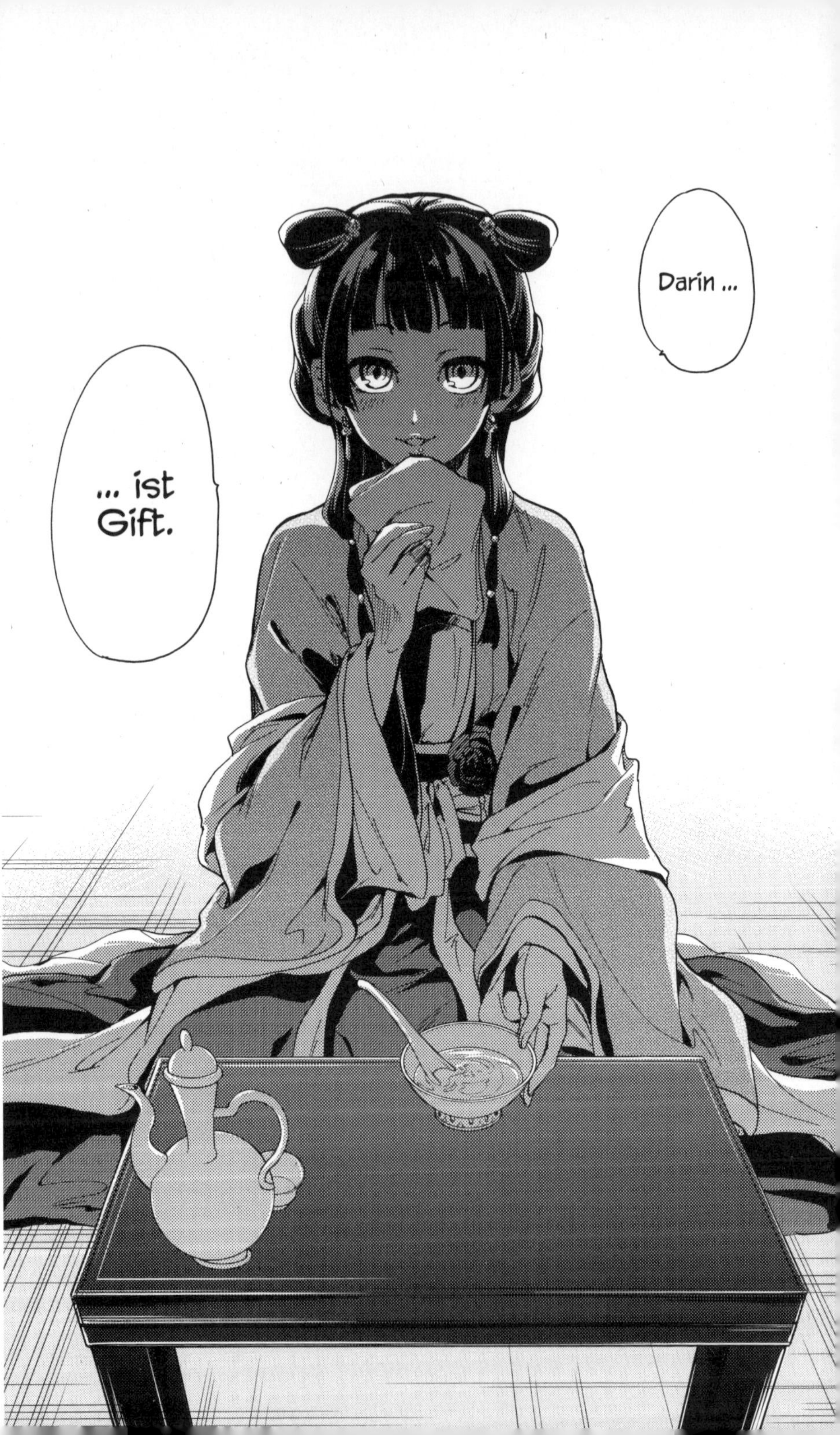
Darin ...
... ist Gift.

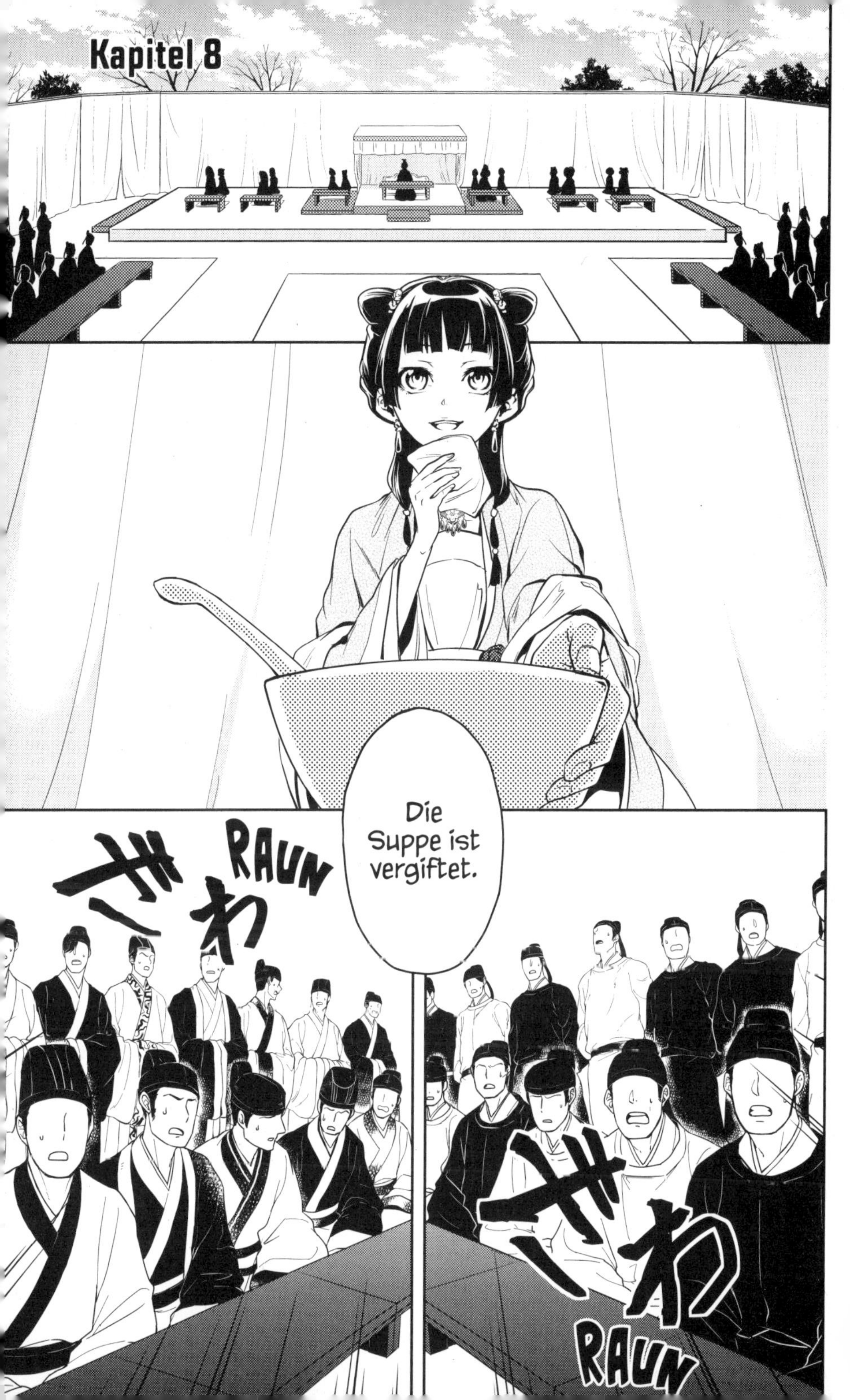
Kapitel 8
Die Suppe ist vergiftet.
ざわ
RAUN
ざわ
RAUN

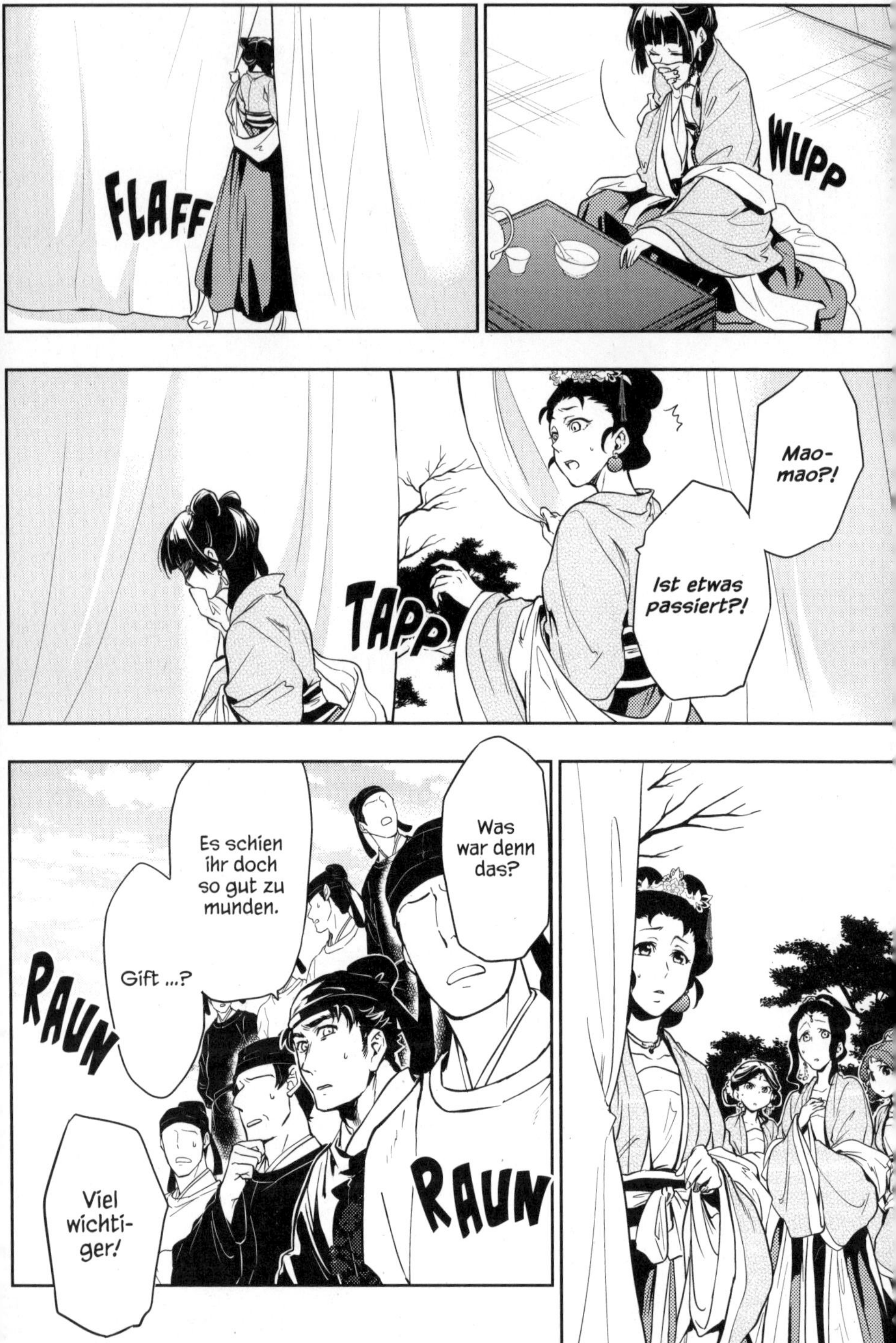
WUPP
FLAFF
Mao-
mao?!
Ist etwas
passiert?!
TAPP
Was
war denn
das?
Es schien
ihr doch
so gut zu
munden.
Gift ...?
RAUN
RAUN
Viel
wichti-
ger!

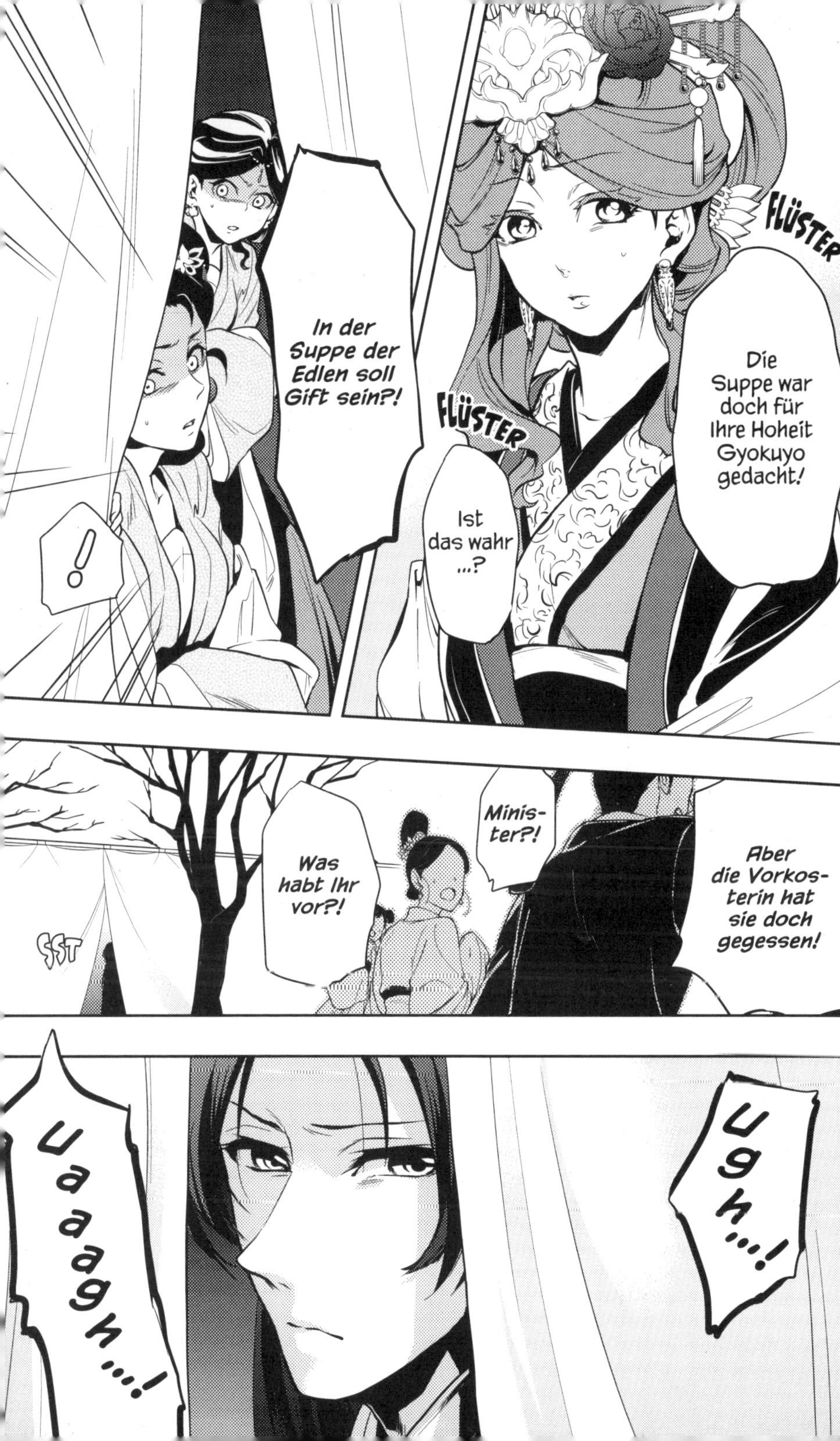
FLÜSTER
Die Suppe war doch für Ihre Hoheit Gyokuyo gedacht!
FLÜSTER
Ist das wahr …?
In der Suppe der Edlen soll Gift sein?!
!
Aber die Vorkosterin hat sie doch gegessen!
Minister?!
Was habt Ihr vor?!
SST
Ugh…!
Uaaagh…!

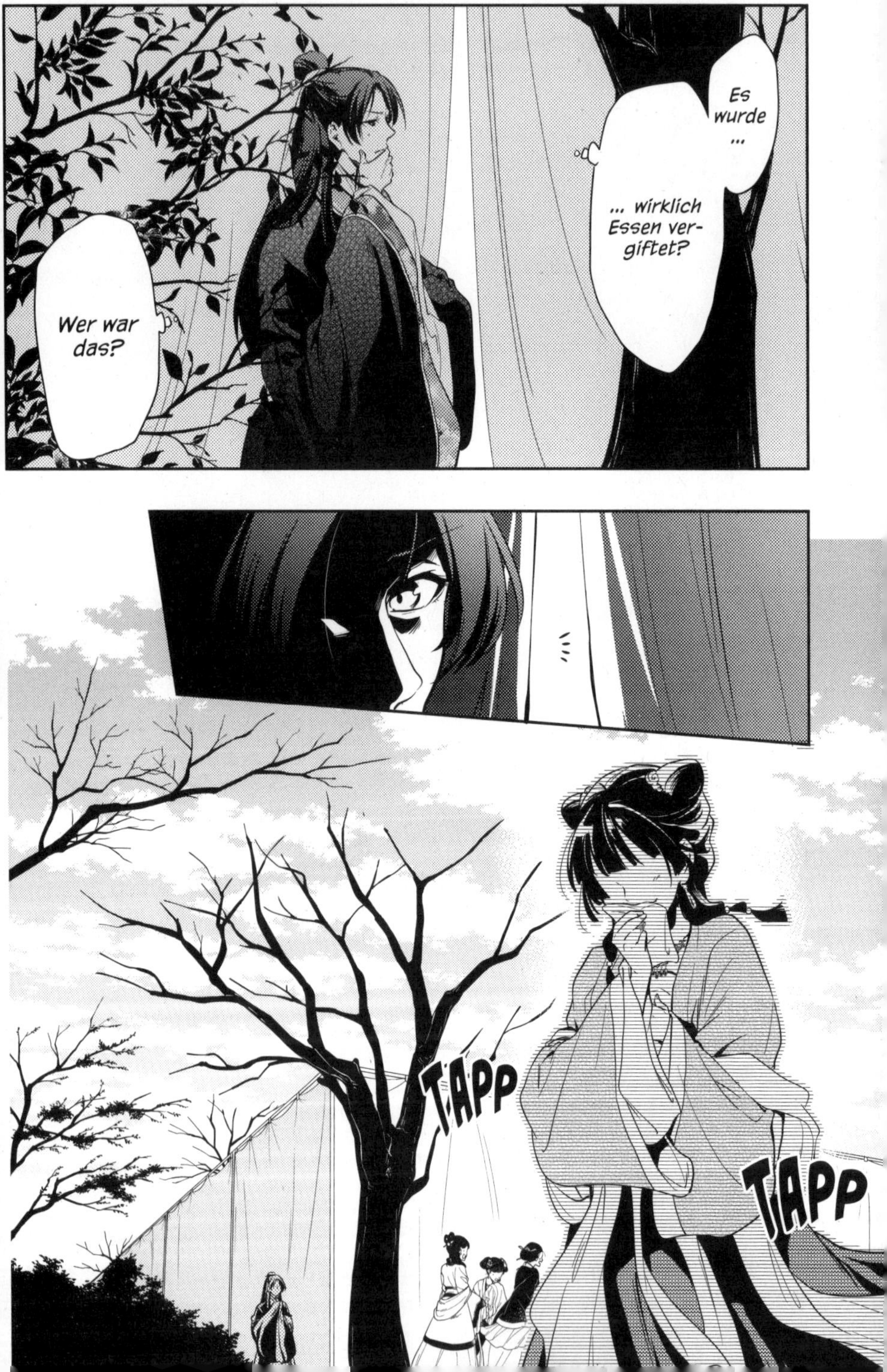
Es wurde ...
... wirklich Essen vergiftet?
Wer war das?
TAPP
TAPP

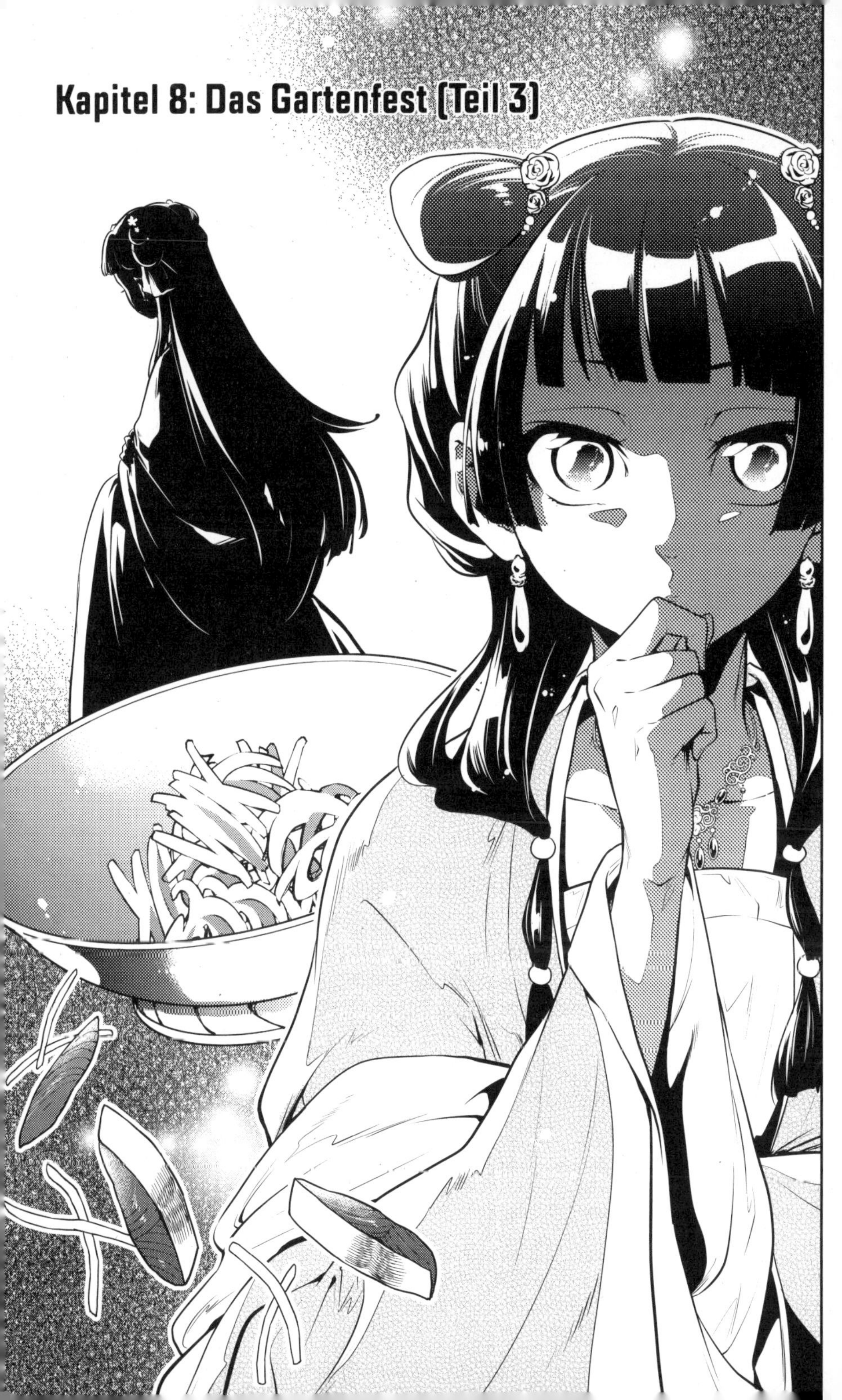
Kapitel 8: Das Gartenfest (Teil 3)

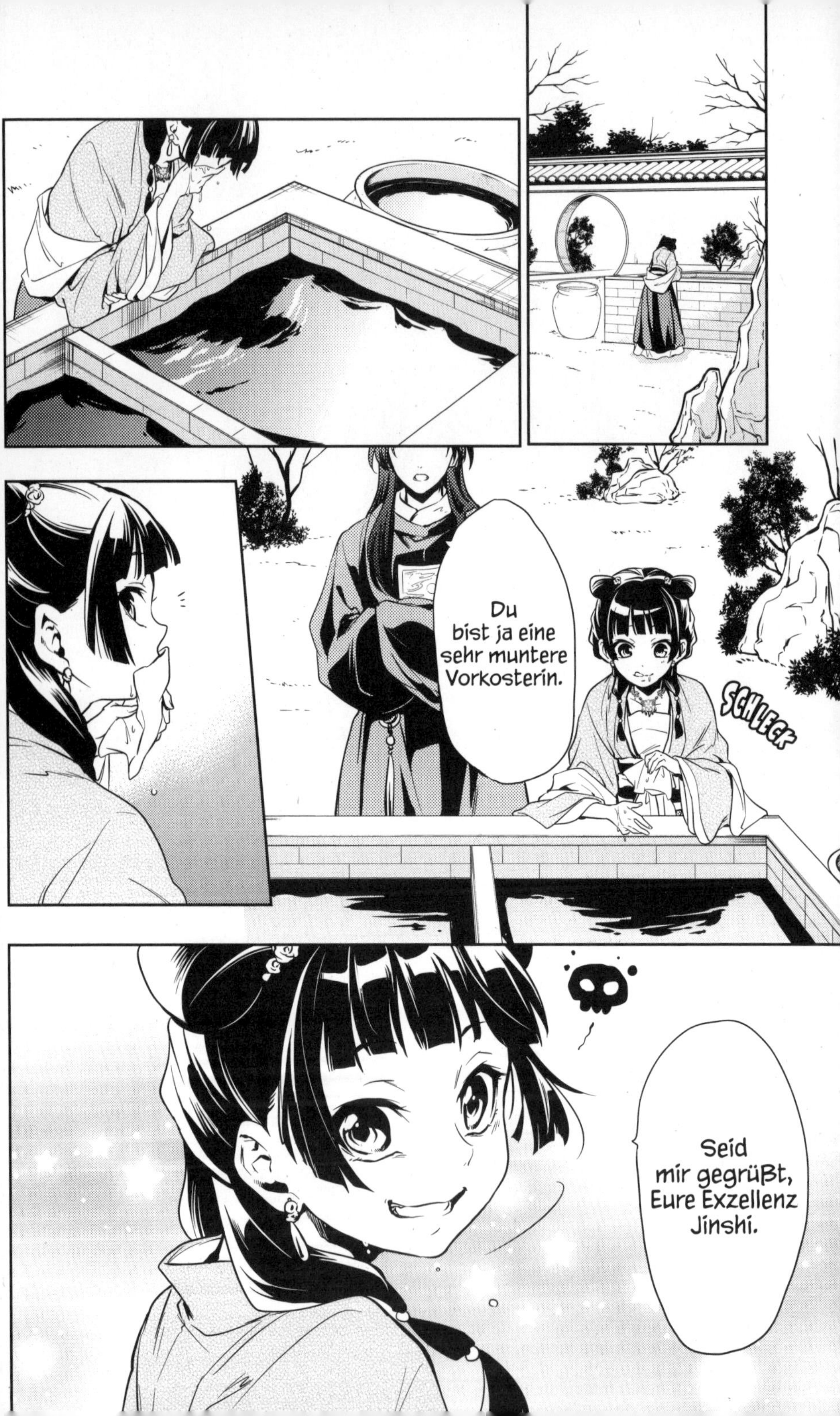
Du bist ja eine sehr muntere Vorkosterin.
SCHLECK
Seid mir gegrüßt, Eure Exzellenz Jinshi.

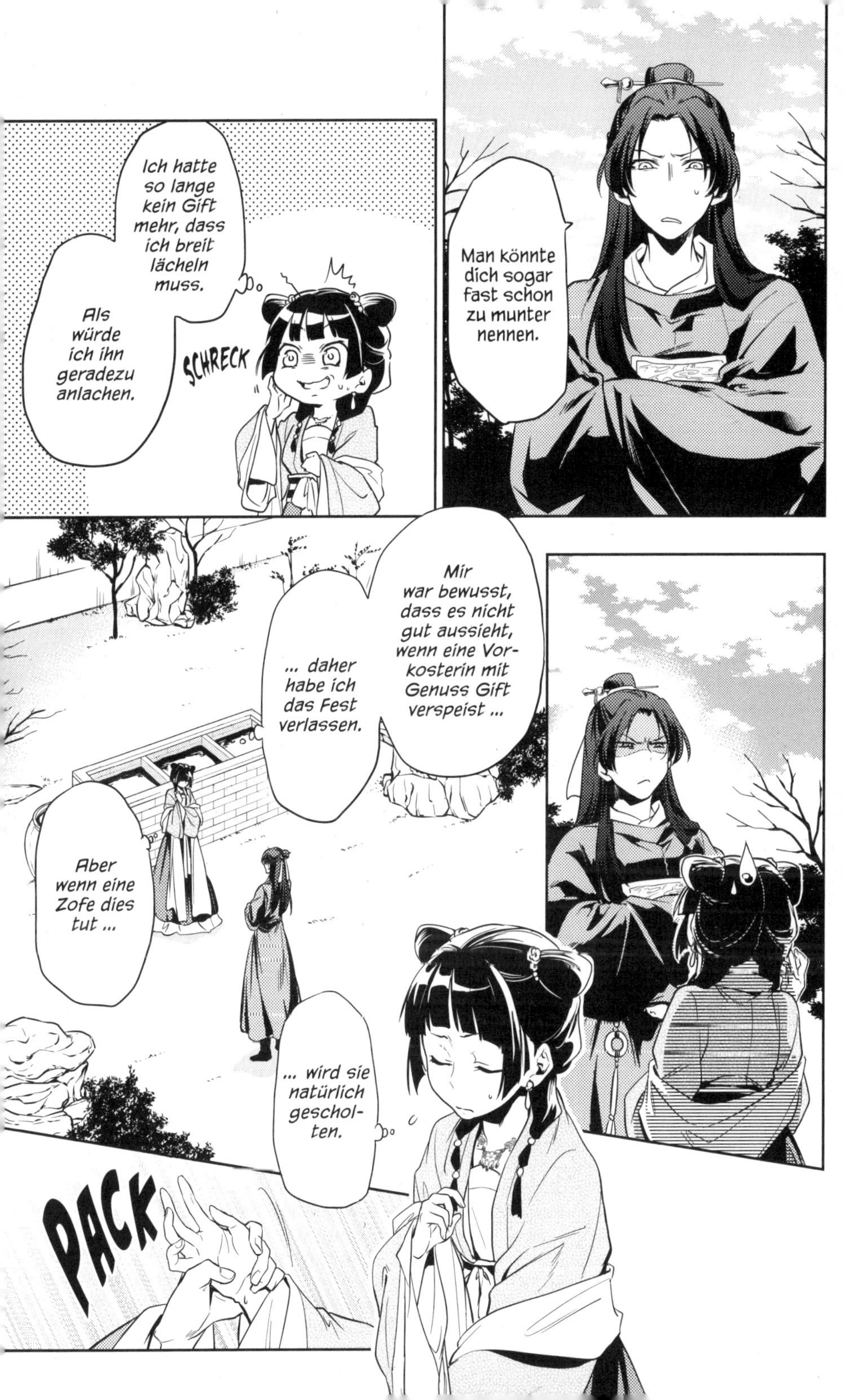
Man könnte dich sogar fast schon zu munter nennen.
Ich hatte so lange kein Gift mehr, dass ich breit lächeln muss.
Als würde ich ihn geradezu anlachen.
SCHRECK
Mir war bewusst, dass es nicht gut aussieht, wenn eine Vorkosterin mit Genuss Gift verspeist ...
... daher habe ich das Fest verlassen.
Aber wenn eine Zofe dies tut ...
... wird sie natürlich gescholten.
PACK

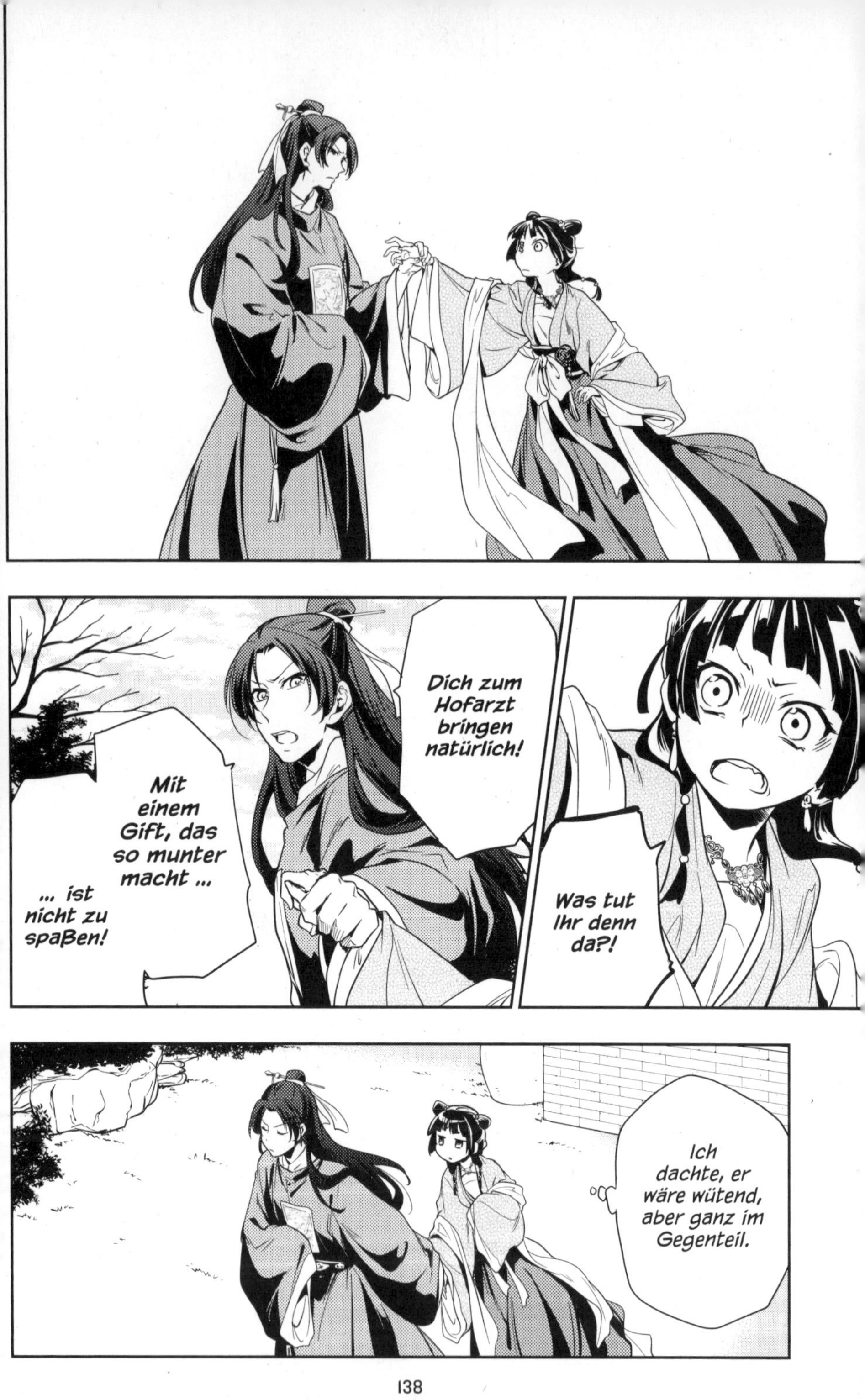
Was tut Ihr denn da?!
Dich zum Hofarzt bringen natürlich!
Mit einem Gift, das so munter macht ...
... ist nicht zu spaßen!
Ich dachte, er wäre wütend, aber ganz im Gegenteil.

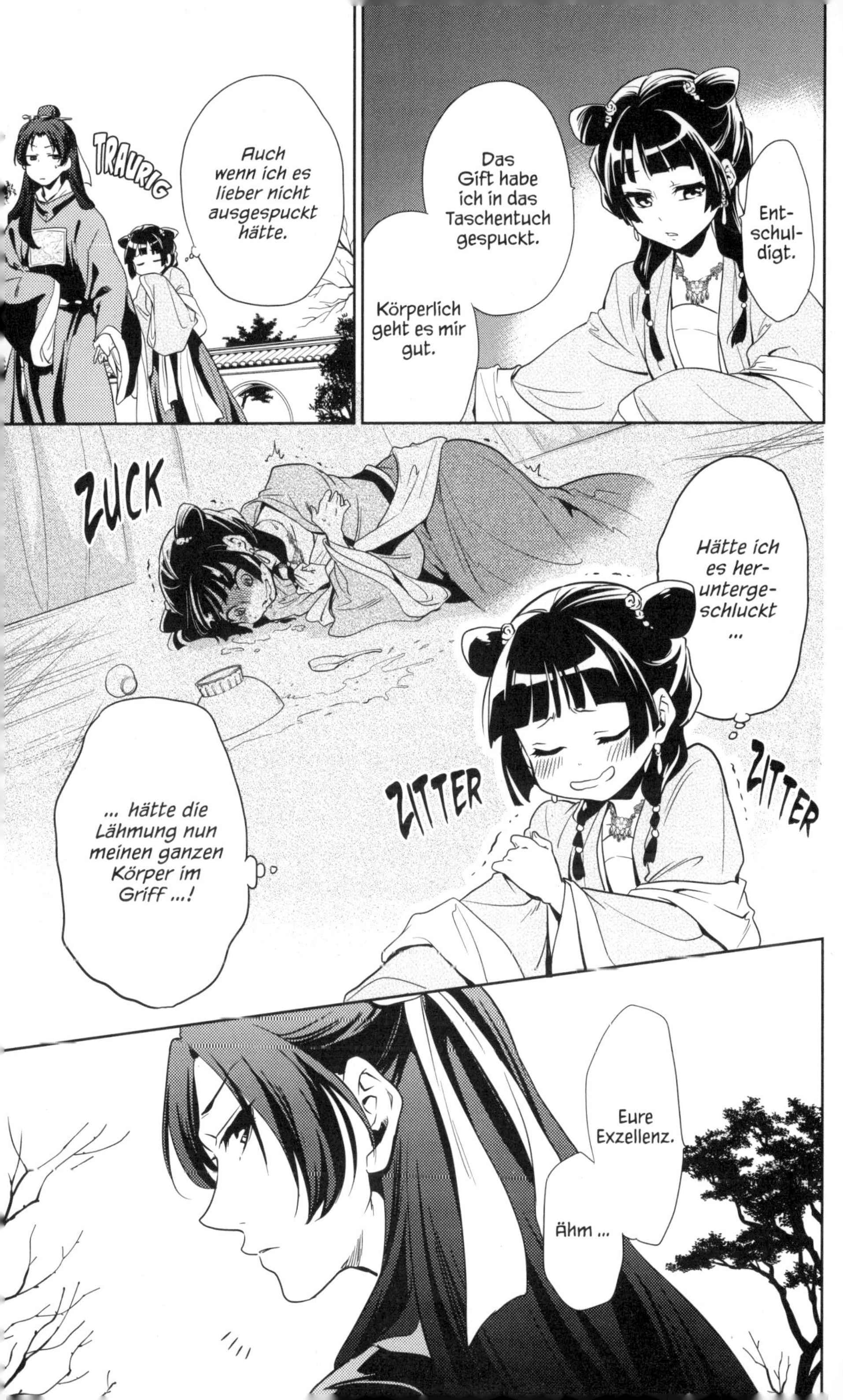
Entschuldigt.
Das Gift habe ich in das Taschentuch gespuckt.
Körperlich geht es mir gut.
TRAURIG
Auch wenn ich es lieber nicht ausgespuckt hätte.
Hätte ich es heruntergeschluckt ...
ZUCK
ZITTER
ZITTER
... hätte die Lähmung nun meinen ganzen Körper im Griff ...!
Eure Exzellenz.
Ähm ...

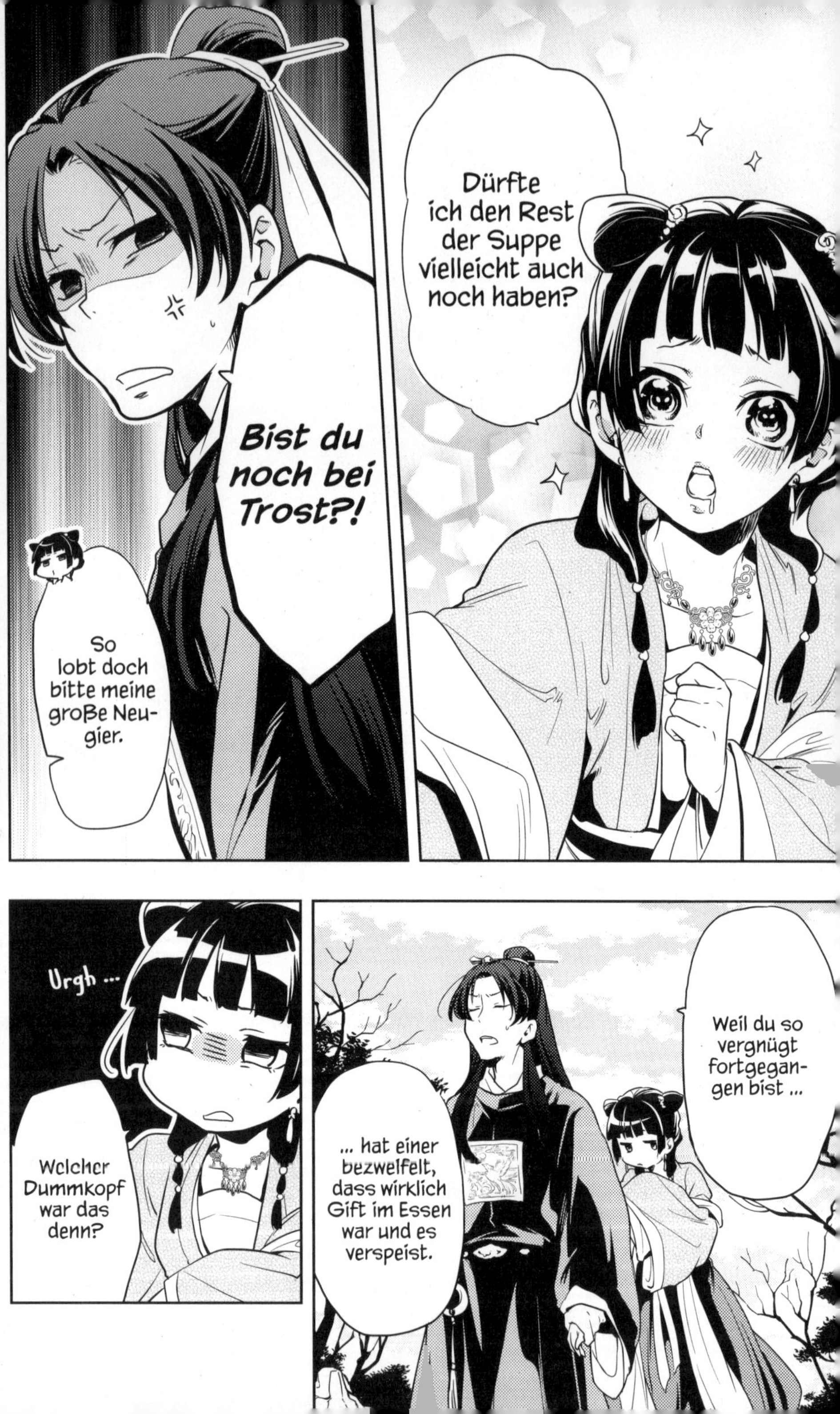
Dürfte ich den Rest der Suppe vielleicht auch noch haben?
Bist du noch bei Trost?!
So lobt doch bitte meine große Neugier.
Weil du so vergnügt fortgegangen bist ...
... hat einer bezweifelt, dass wirklich Gift im Essen war und es verspeist.
Urgh ...
Welcher Dummkopf war das denn?

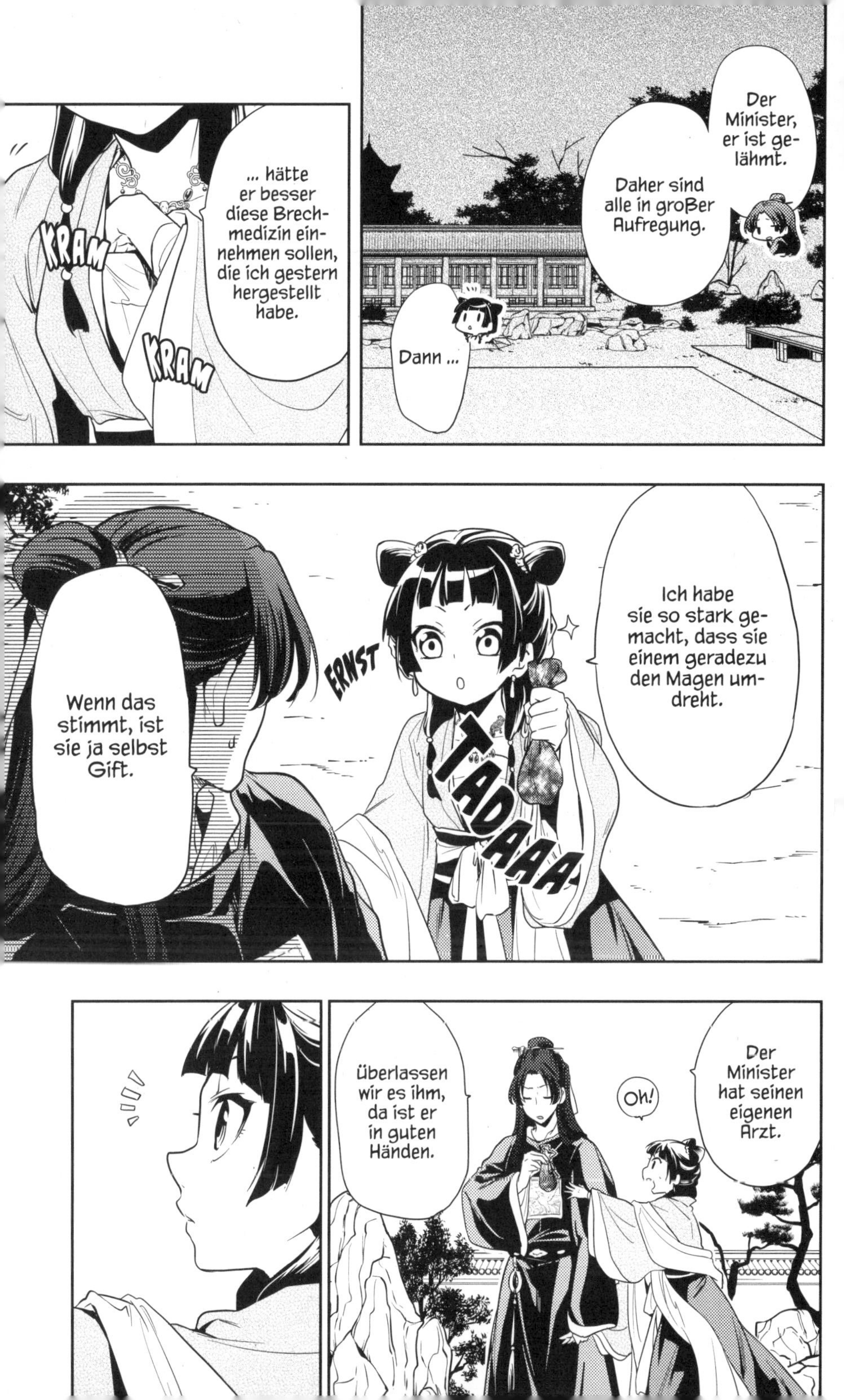
Der Minister, er ist gelähmt.
Daher sind alle in großer Aufregung.
Dann ...
... hätte er besser diese Brechmedizin einnehmen sollen, die ich gestern hergestellt habe.
KRAM
KRAM
Ich habe sie so stark gemacht, dass sie einem geradezu den Magen umdreht.
TADAAAA
ERNST
Wenn das stimmt, ist sie ja selbst Gift.
Der Minister hat seinen eigenen Arzt.
Oh!
Überlassen wir es ihm, da ist er in guten Händen.

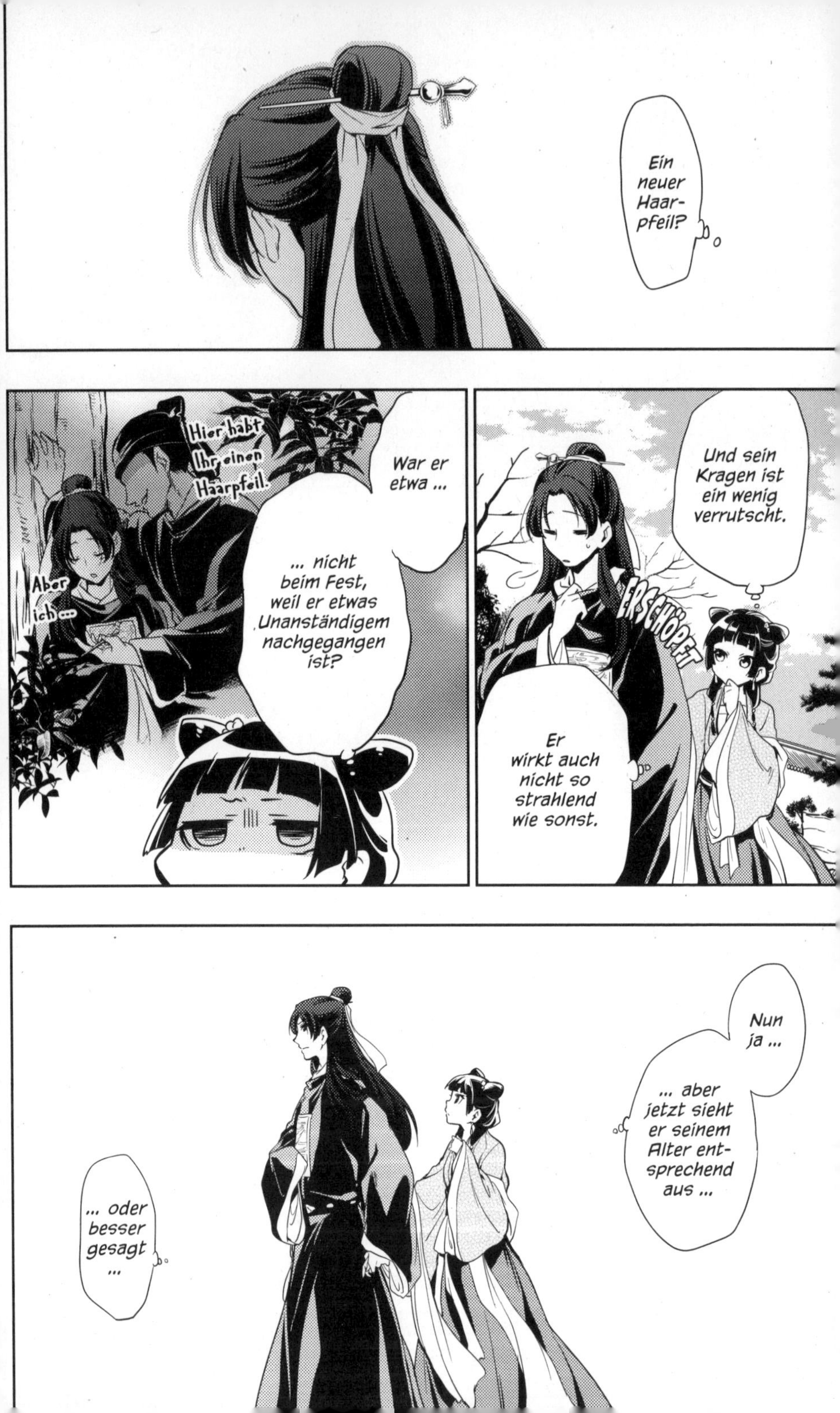
Ein neuer Haar-pfeil?
Und sein Kragen ist ein wenig verrutscht.
ERSCHÖPFT
Er wirkt auch nicht so strahlend wie sonst.
War er etwa ...
... nicht beim Fest, weil er etwas Unanständigem nachgegangen ist?
Hier habt Ihr einen Haarpfeil.
Aber ich ...
Nun ja ...
... aber jetzt sieht er seinem Alter ent-sprechend aus ...
... oder besser gesagt ...

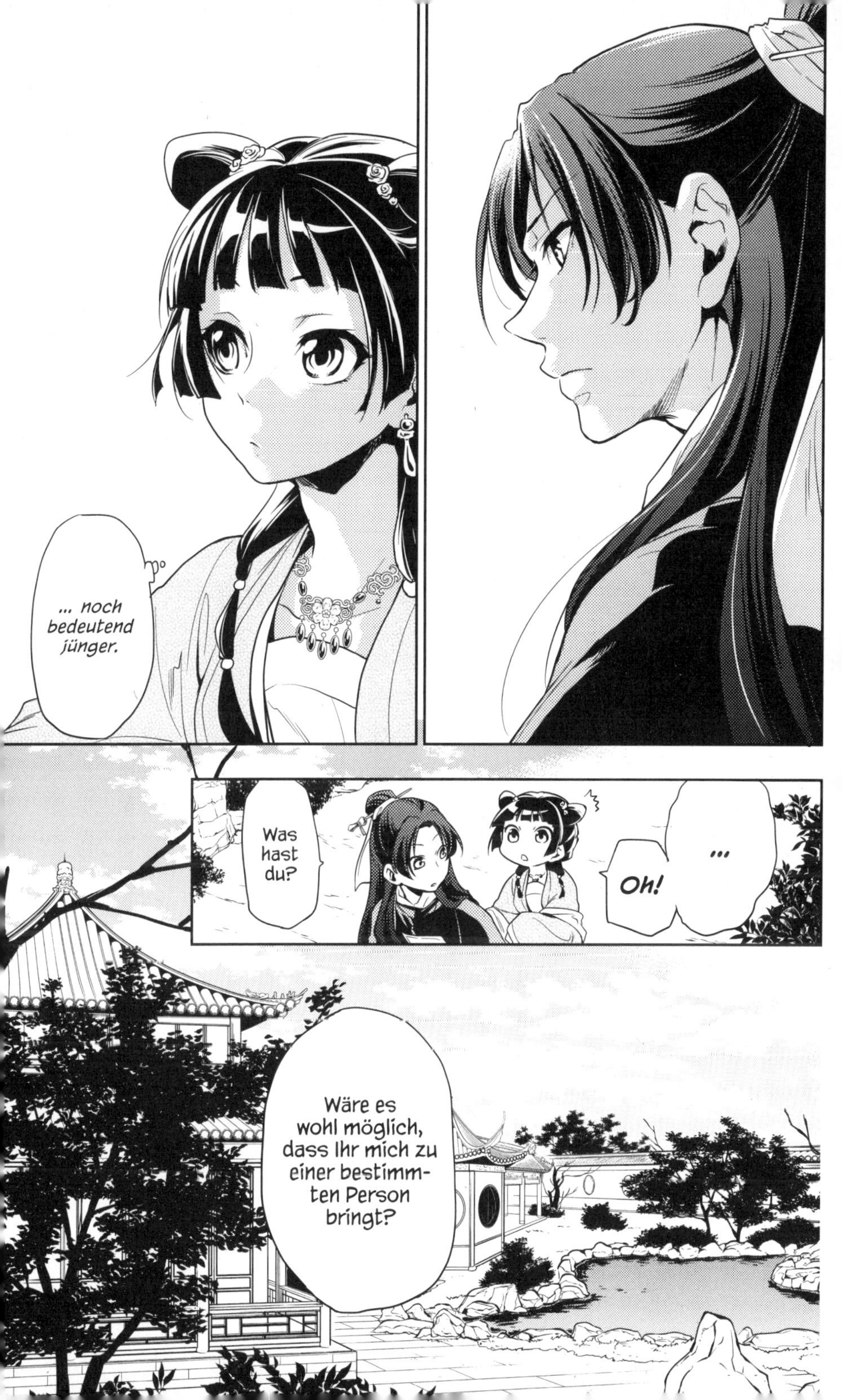
... noch bedeutend jünger.
...
Oh!
Was hast du?
Wäre es wohl möglich, dass Ihr mich zu einer bestimmten Person bringt?

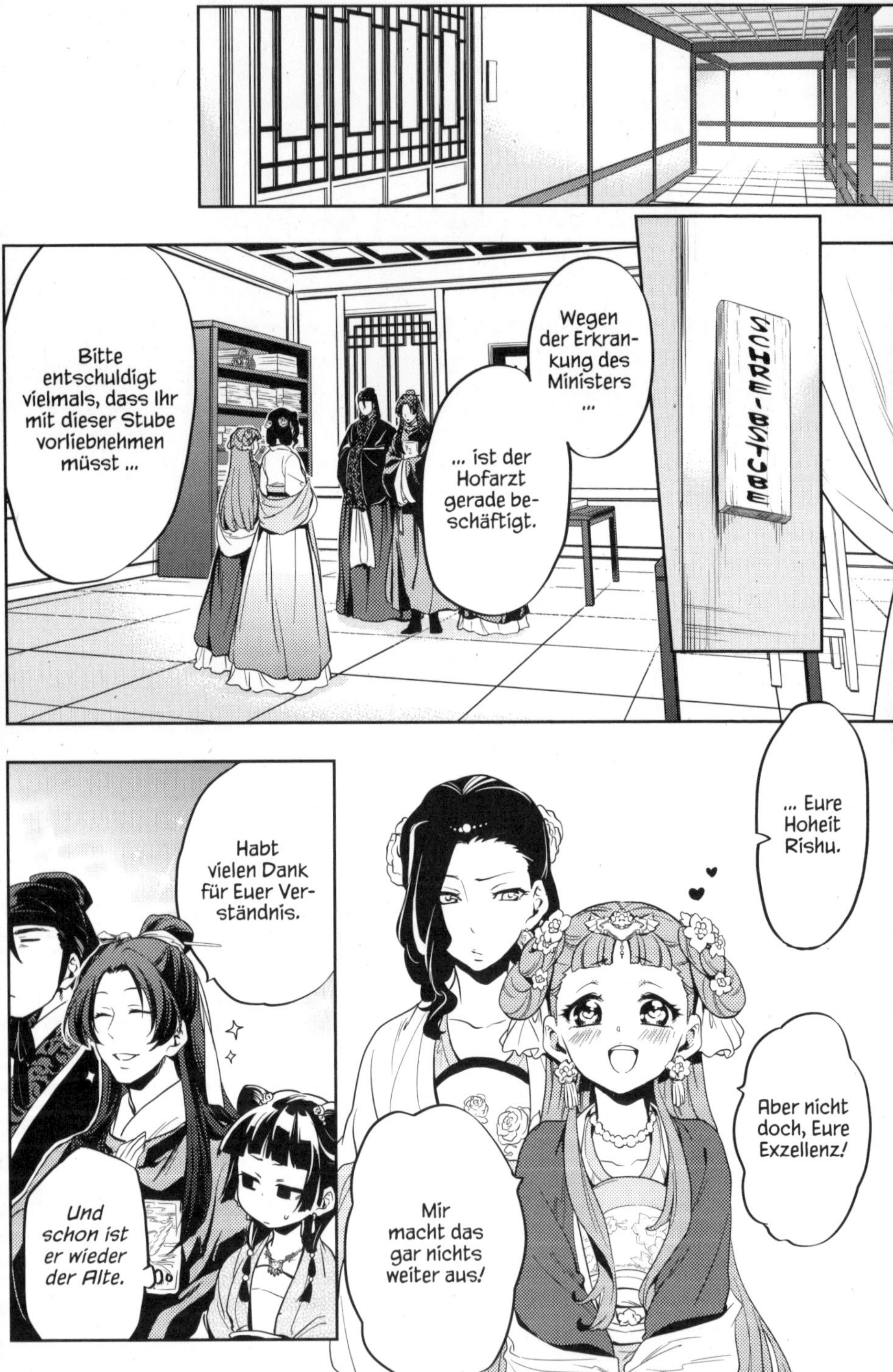
SCHREIBSTUBE
Wegen der Erkrankung des Ministers ...
... ist der Hofarzt gerade beschäftigt.
Bitte entschuldigt vielmals, dass Ihr mit dieser Stube vorliebnehmen müsst ...
... Eure Hoheit Rishu.
Habt vielen Dank für Euer Verständnis.
Aber nicht doch, Eure Exzellenz!
Mir macht das gar nichts weiter aus!
Und schon ist er wieder der Alte.

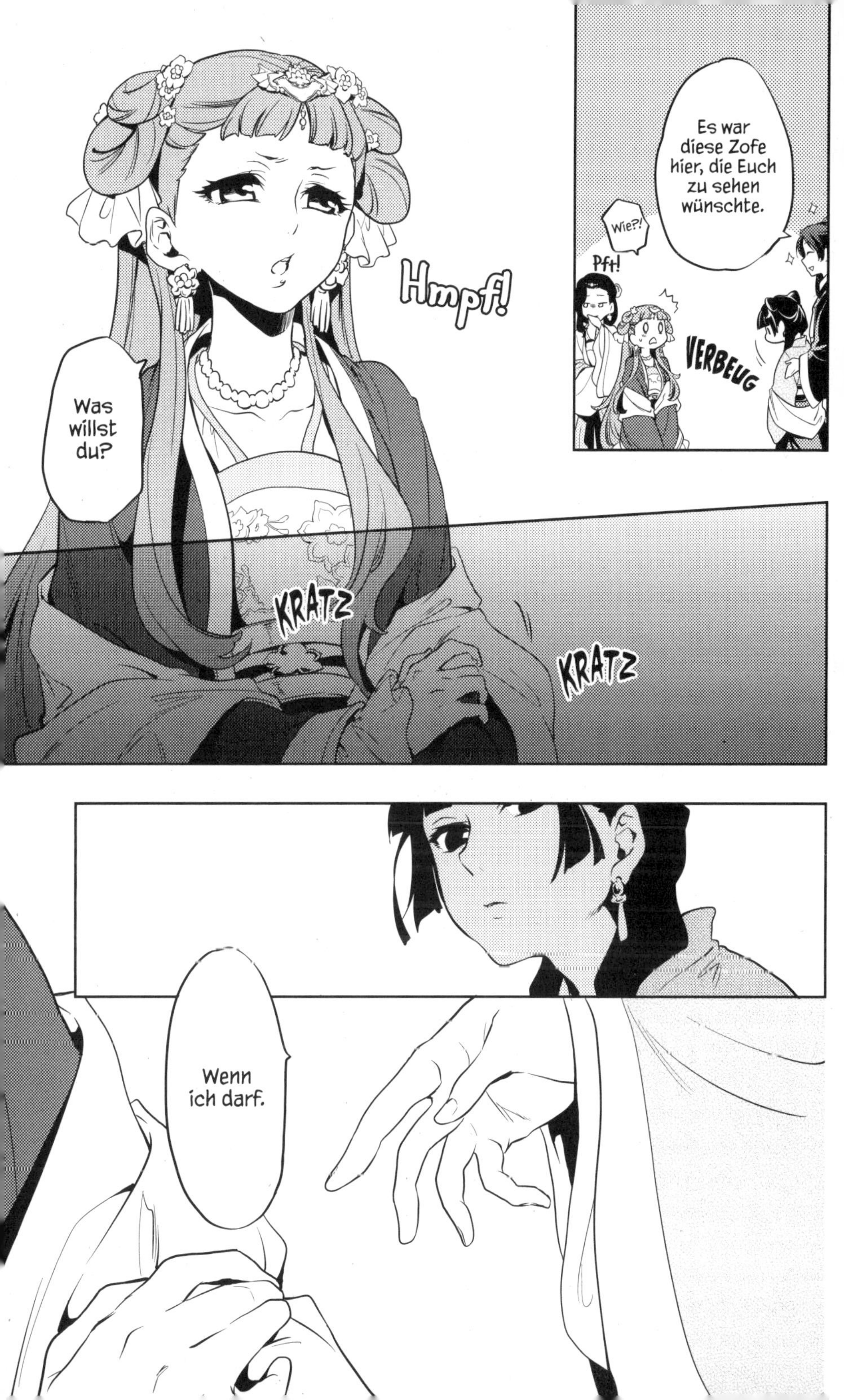
Es war diese Zofe hier, die Euch zu sehen wünschte.
Wie?!
Pft!
VERBEUG
Hmpf!
Was willst du?
KRATZ
KRATZ
Wenn ich darf.

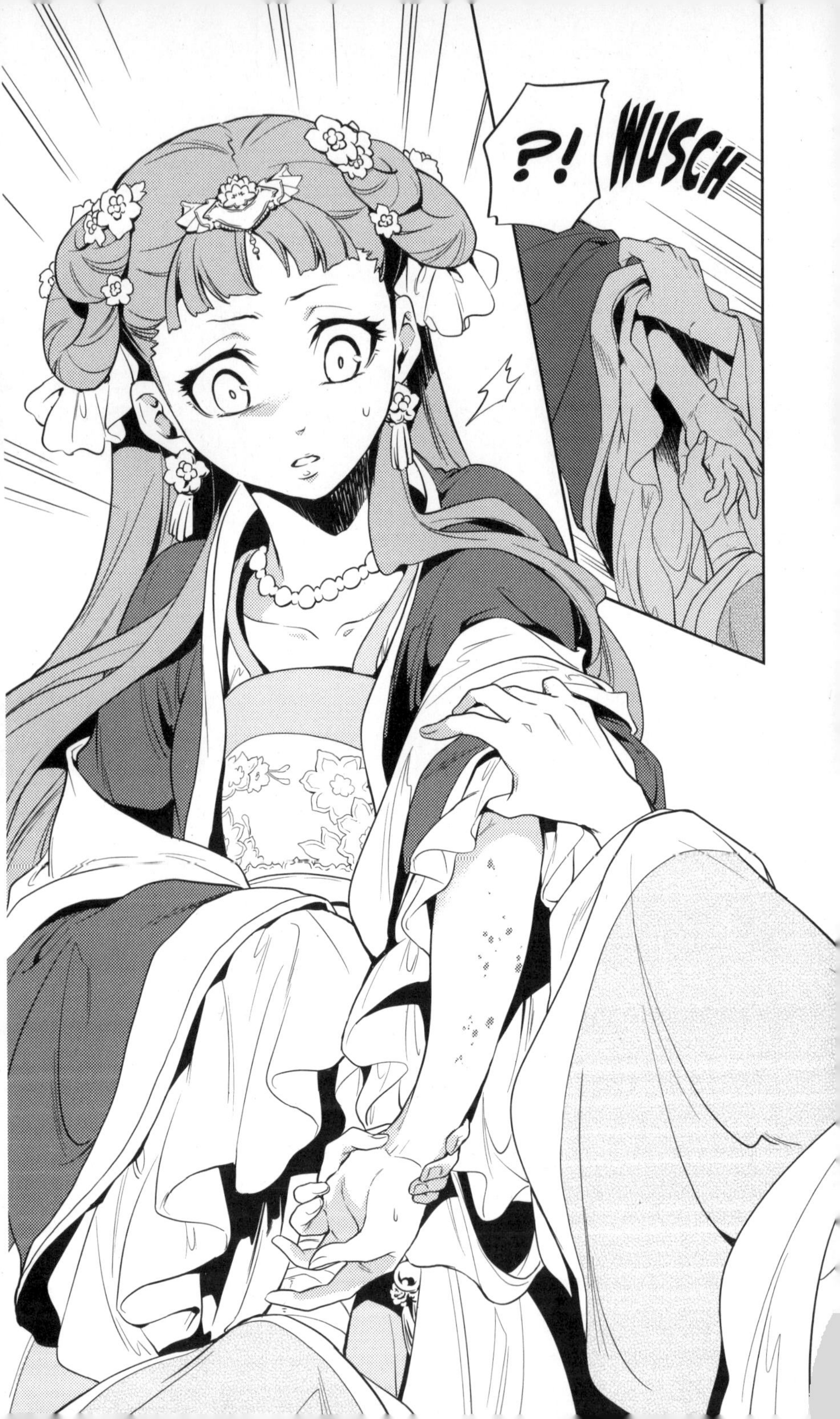
WUSCH
?!

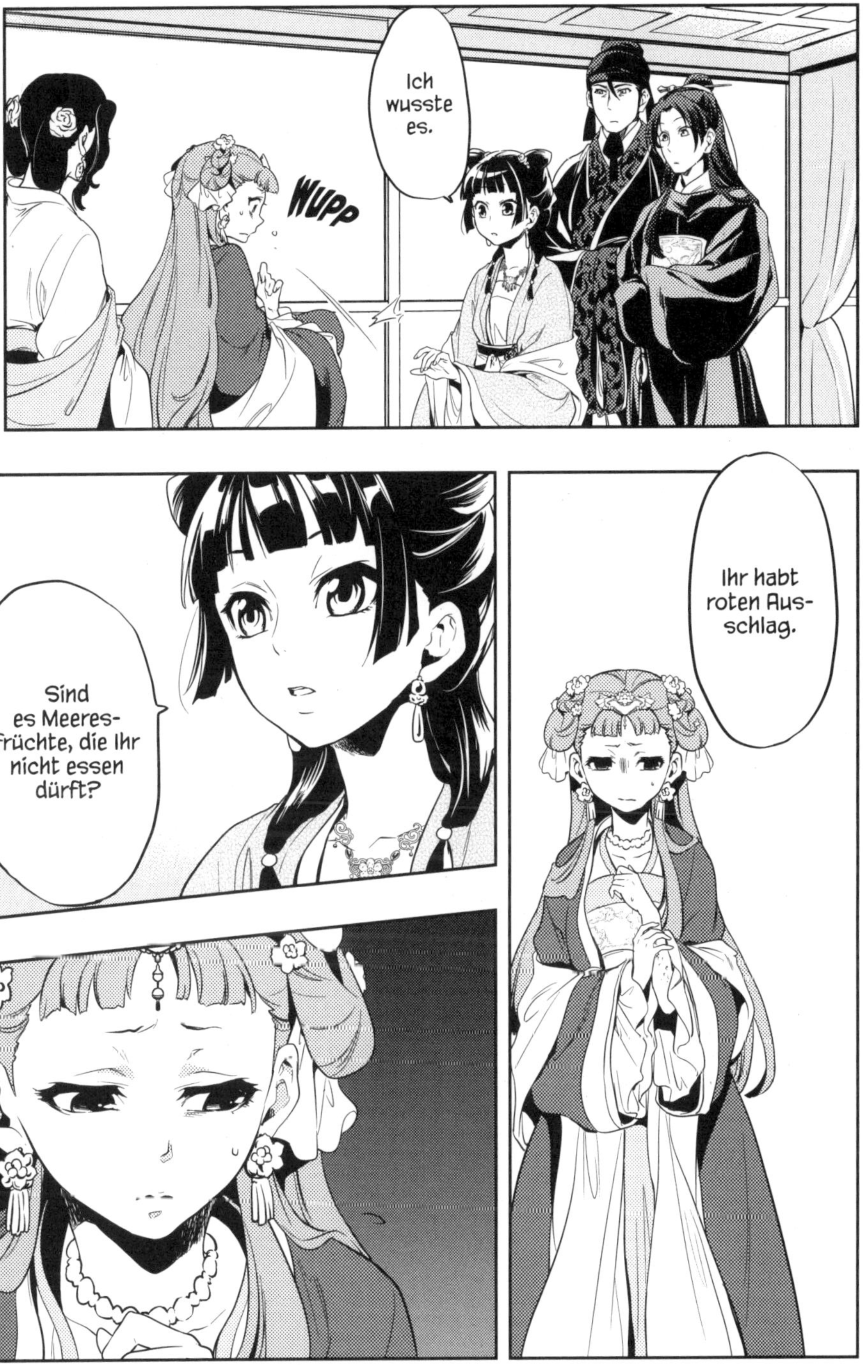
Ich wusste es.
WUPP
Ihr habt roten Aus-schlag.
Sind es Meeres-früchte, die Ihr nicht essen dürft?

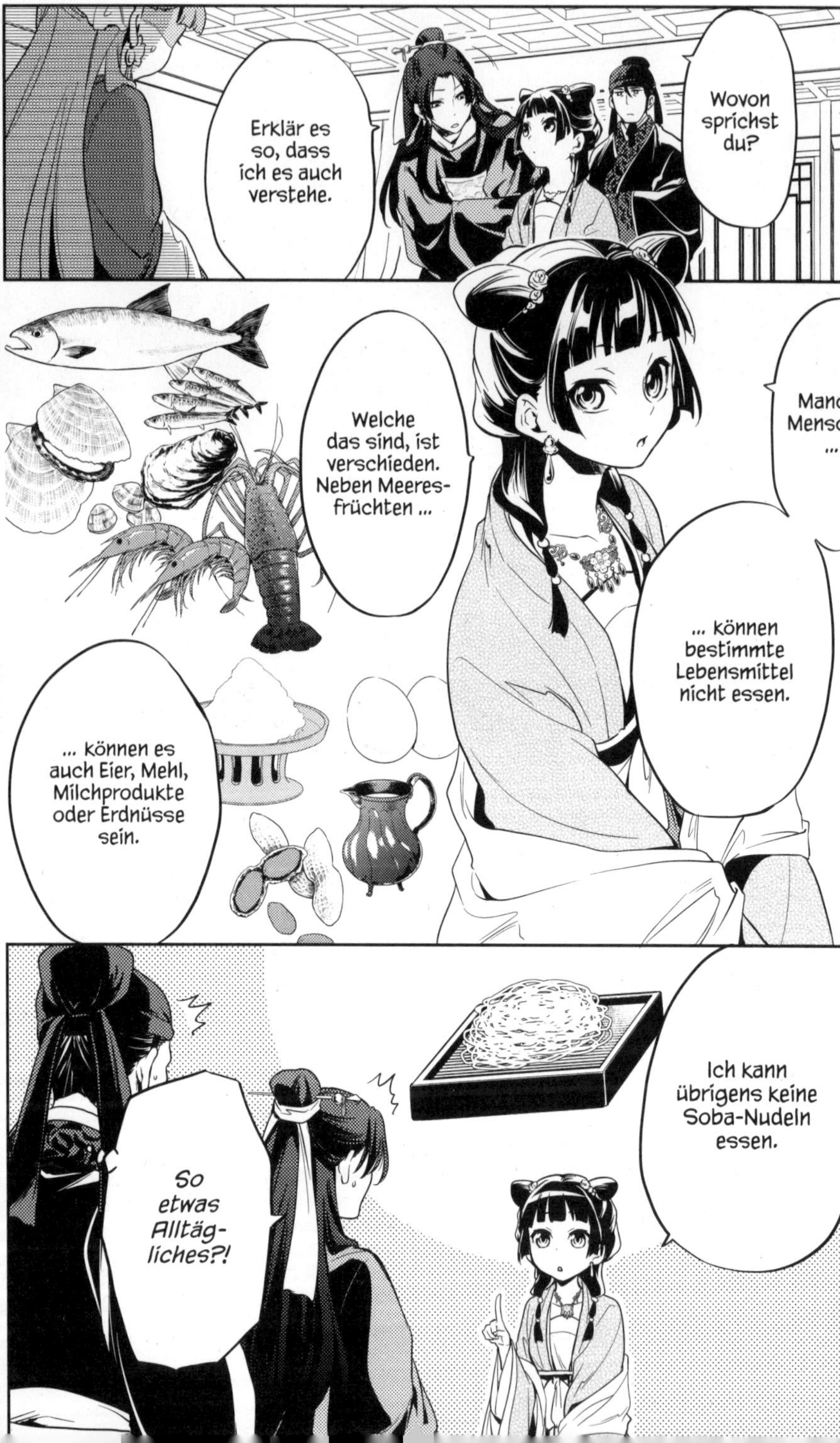
Wovon sprichst du?
Erklär es so, dass ich es auch verstehe.
Manche Menschen ...
... können bestimmte Lebensmittel nicht essen.
Welche das sind, ist verschieden. Neben Meeresfrüchten ...
... können es auch Eier, Mehl, Milchprodukte oder Erdnüsse sein.
Ich kann übrigens keine Soba-Nudeln essen.
So etwas Alltägliches?!

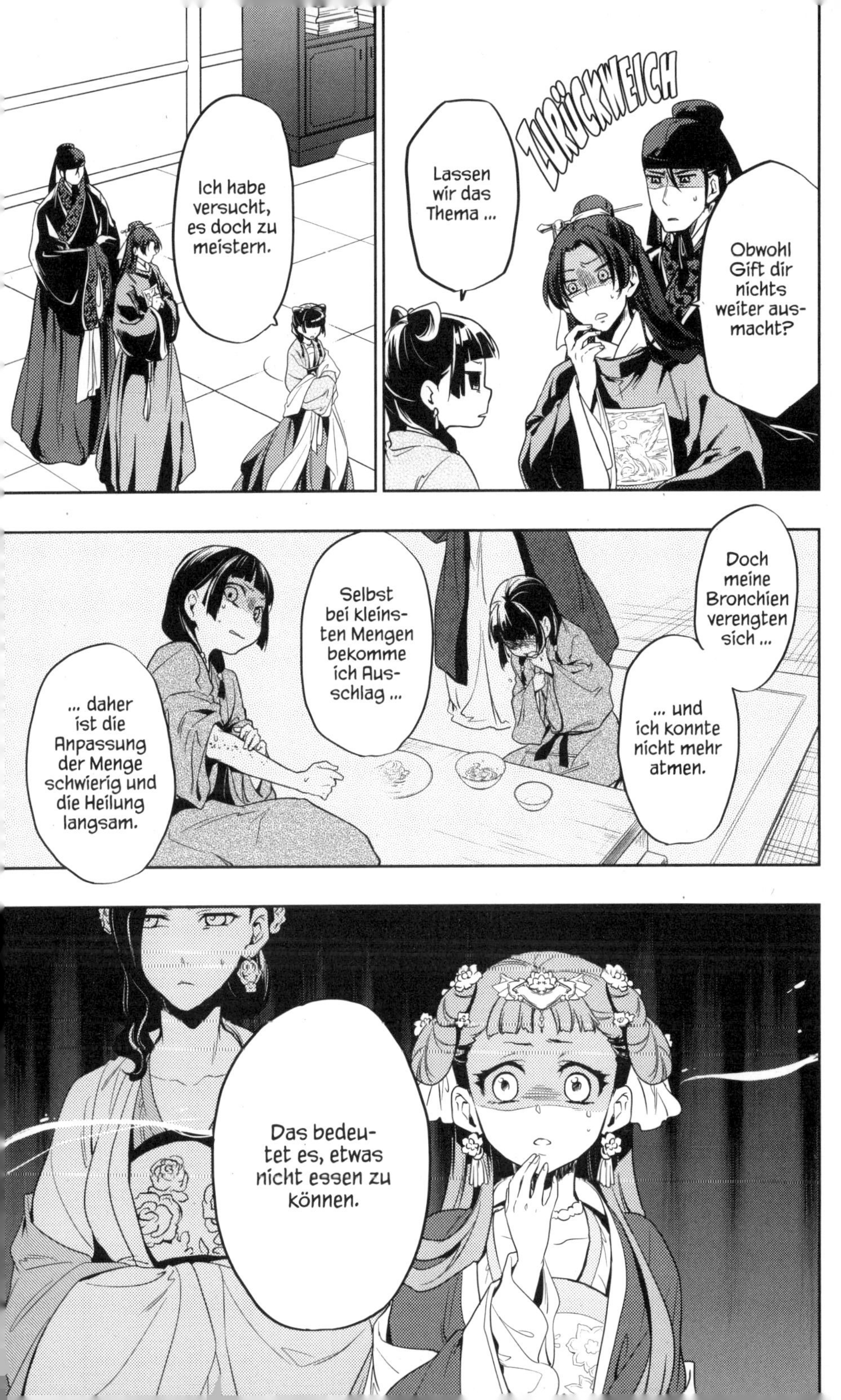

ZURÜCKWEICH
Obwohl Gift dir nichts weiter ausmacht?
Lassen wir das Thema ...
Ich habe versucht, es doch zu meistern.
Doch meine Bronchien verengten sich ...
... und ich konnte nicht mehr atmen.
Selbst bei kleinsten Mengen bekomme ich Ausschlag ...
... daher ist die Anpassung der Menge schwierig und die Heilung langsam.
Das bedeutet es, etwas nicht essen zu können.

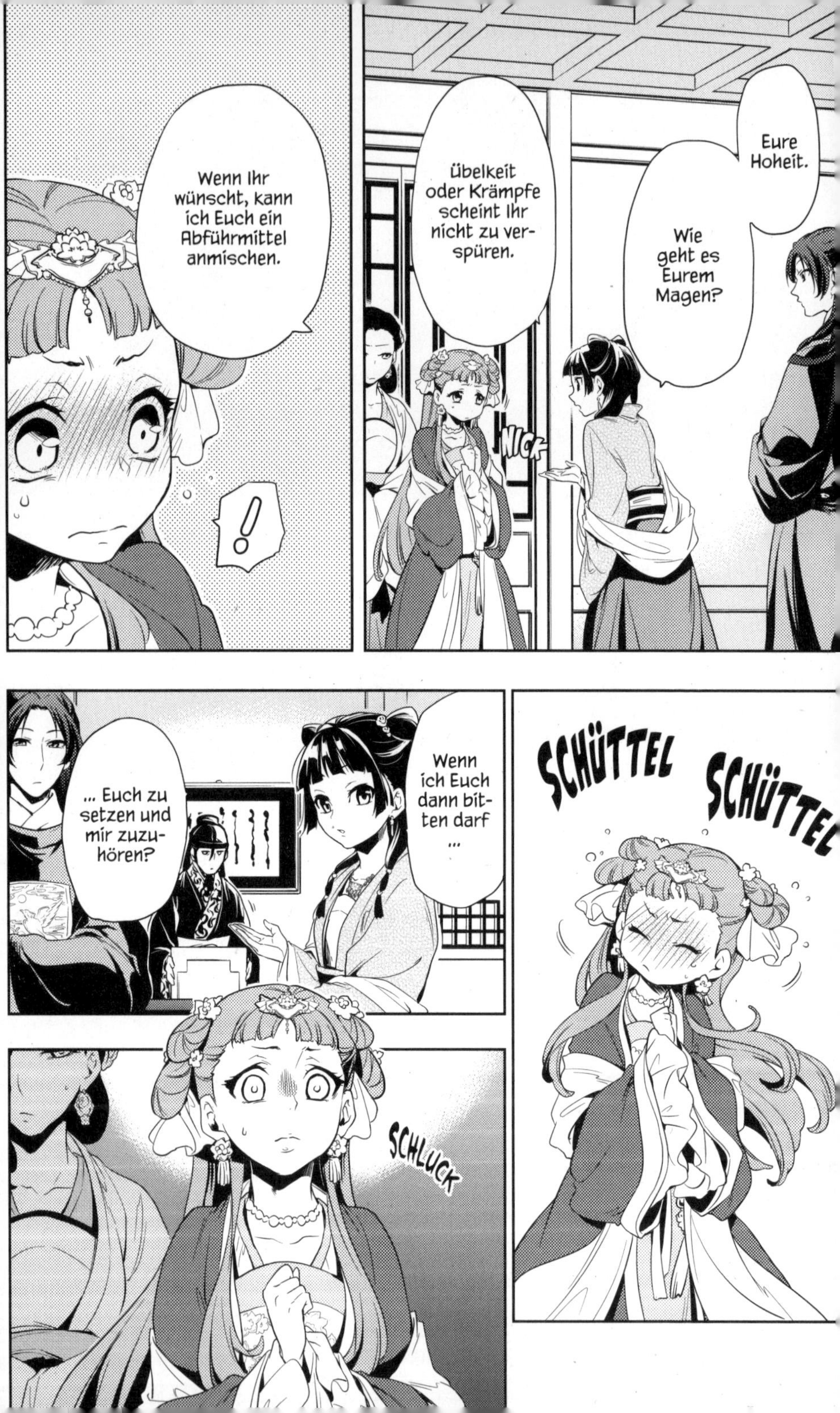
Eure Hoheit.
Wie geht es Eurem Magen?
NICK
Übelkeit oder Krämpfe scheint Ihr nicht zu verspüren.
Wenn Ihr wünscht, kann ich Euch ein Abführmittel anmischen.
!
SCHÜTTEL SCHÜTTEL
Wenn ich Euch dann bitten darf ...
... Euch zu setzen und mir zuzuhören?
SCHLUCK

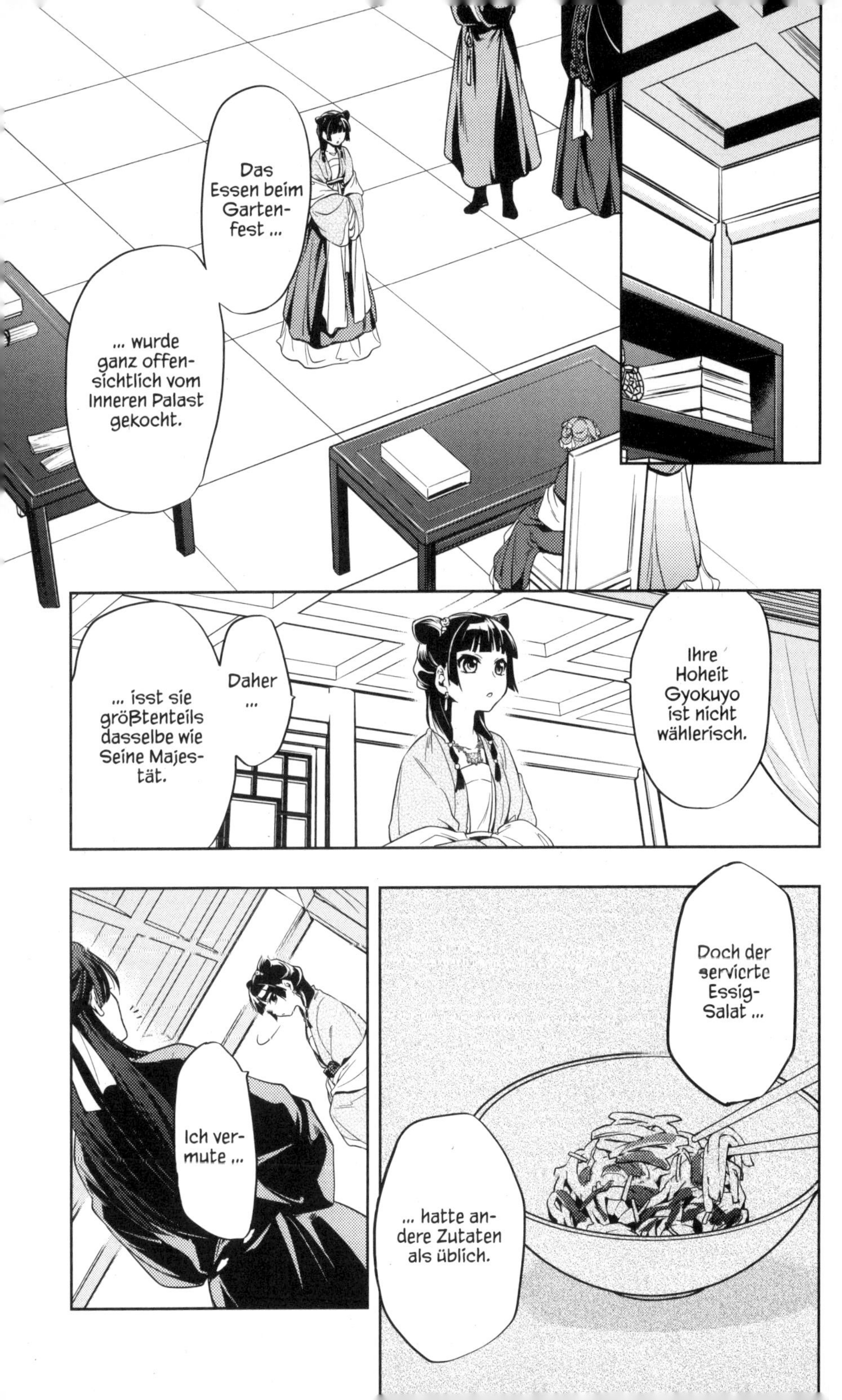
Das Essen beim Gartenfest ...
... wurde ganz offensichtlich vom Inneren Palast gekocht.
Ihre Hoheit Gyokuyo ist nicht wählerisch.
Daher ...
... isst sie größtenteils dasselbe wie Seine Majestät.
Doch der servierte Essig-Salat ...
... hatte andere Zutaten als üblich.
Ich vermute ...

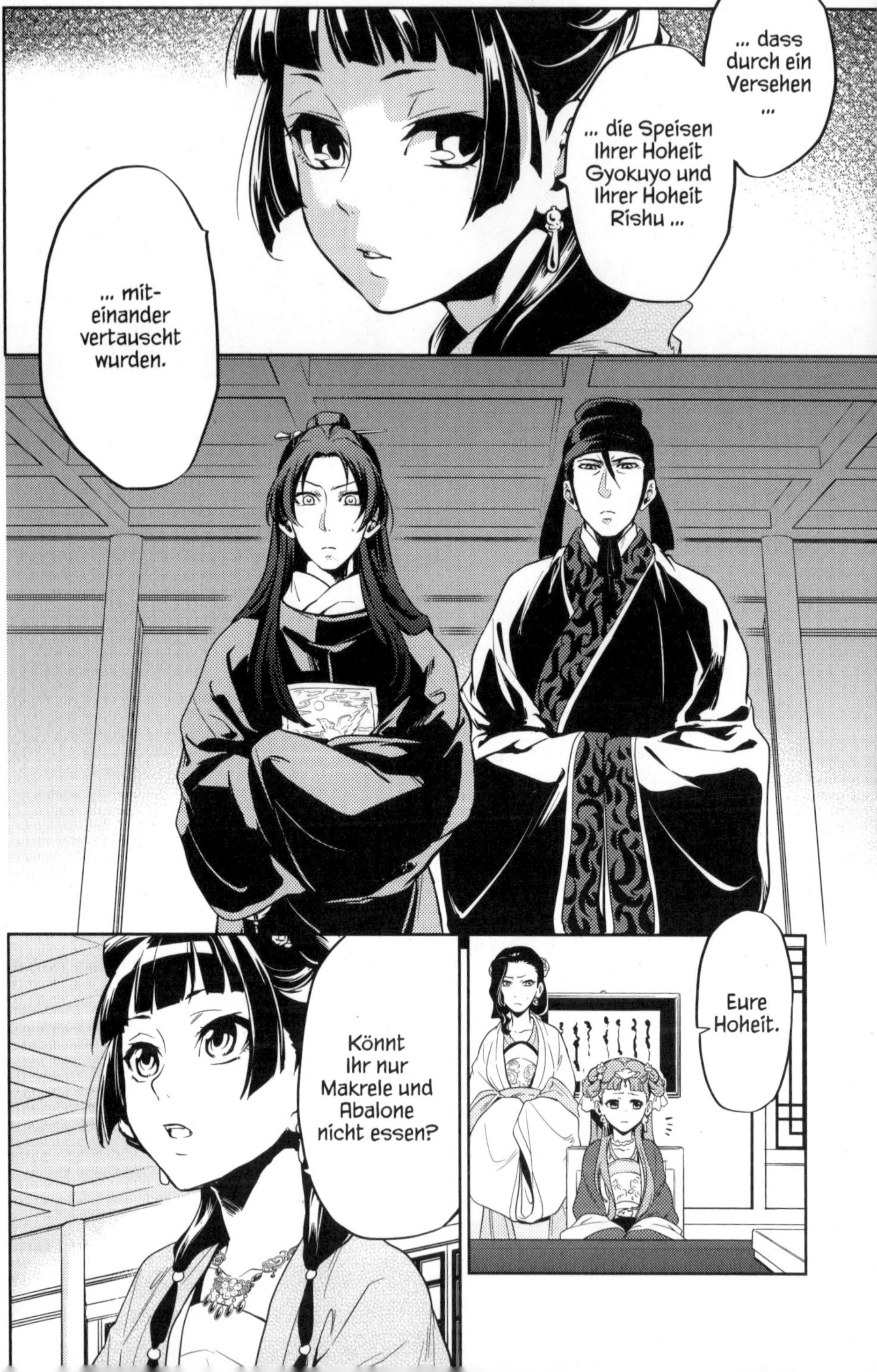
... dass durch ein Versehen ...
... die Speisen Ihrer Hoheit Gyokuyo und Ihrer Hoheit Rishu ...
... mit-einander vertauscht wurden.
Eure Hoheit.
Könnt Ihr nur Makrele und Abalone nicht essen?

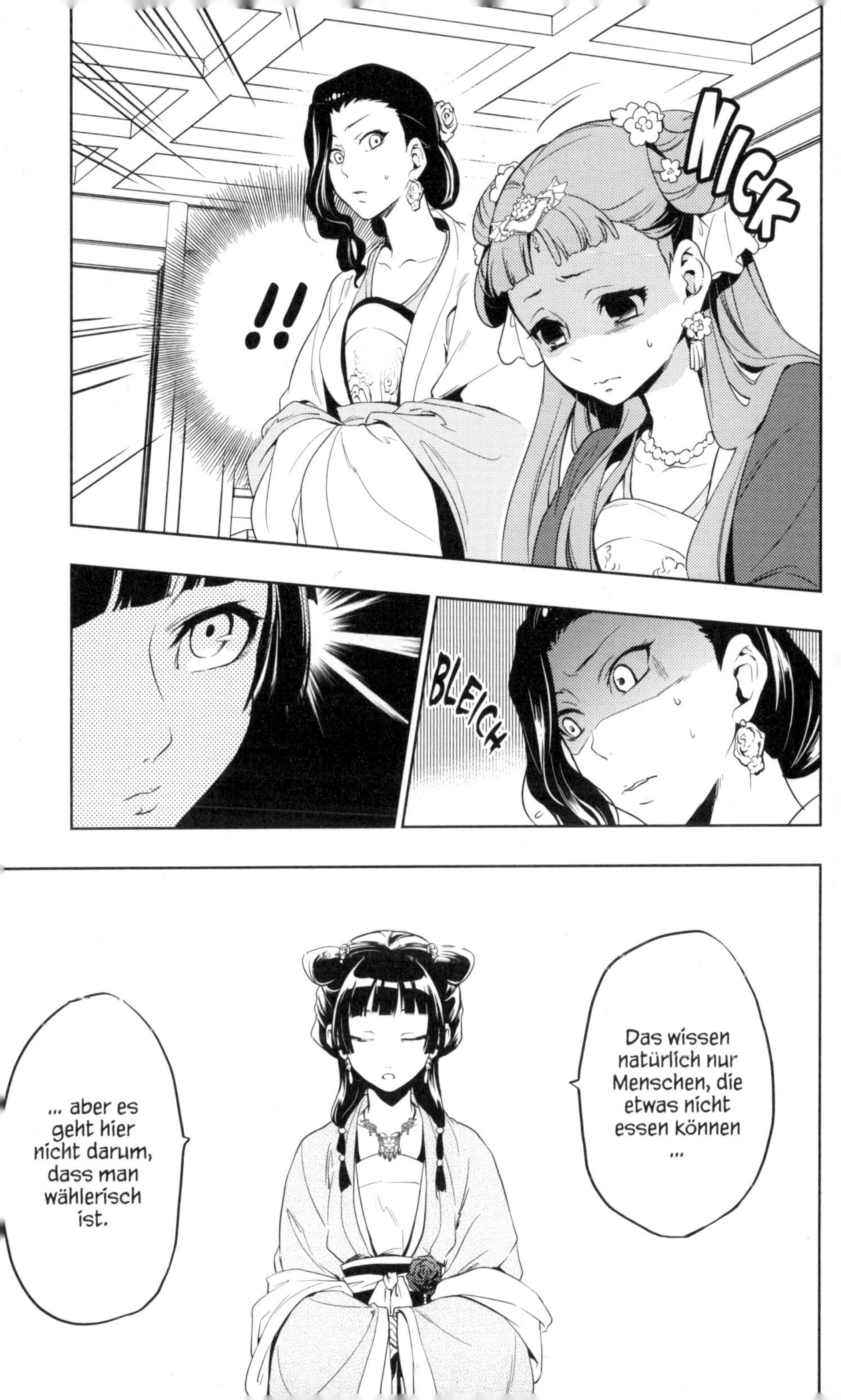

NICK
!!
BLEICH
Das wissen natürlich nur Menschen, die etwas nicht essen können ...
... aber es geht hier nicht darum, dass man wählerisch ist.

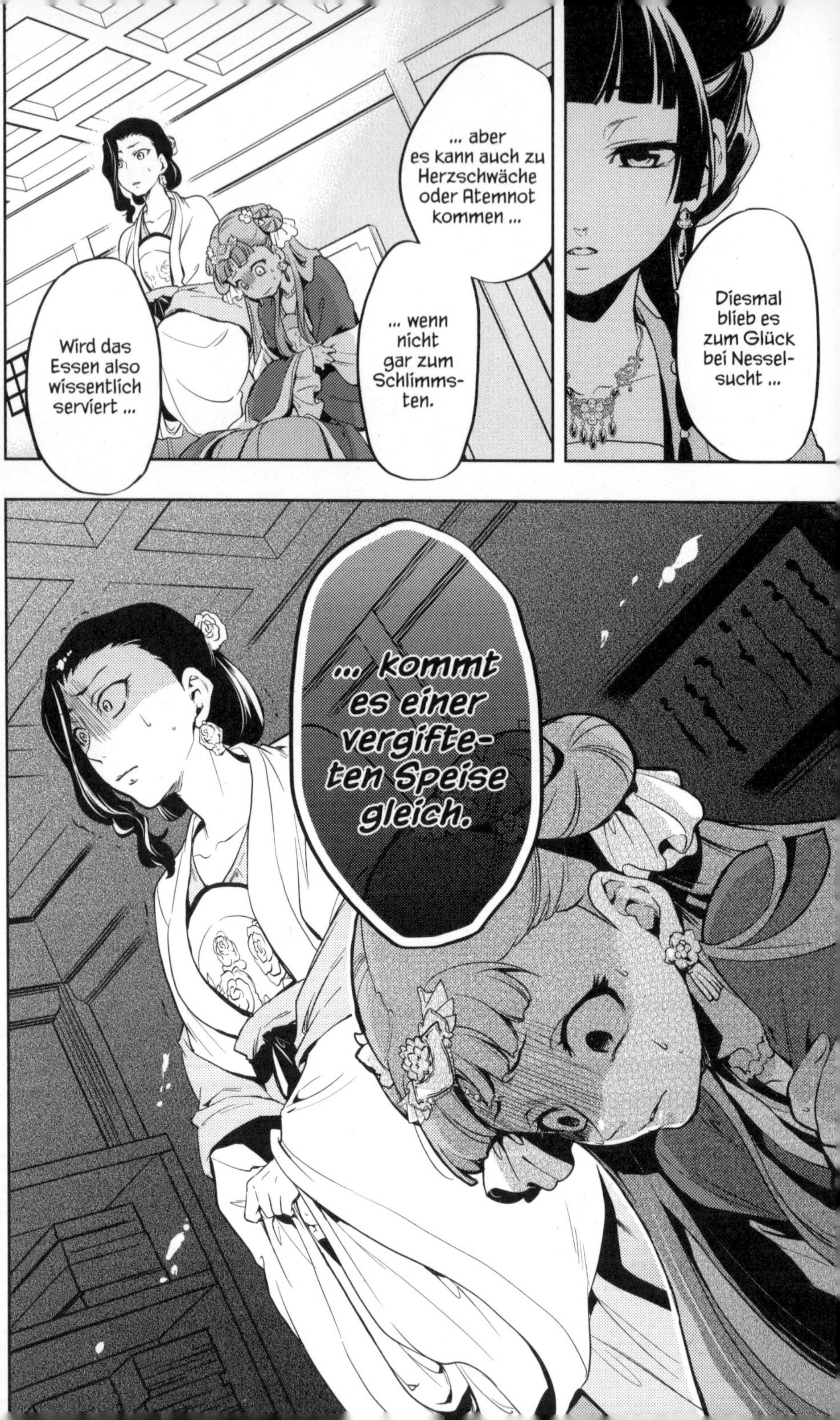
Diesmal blieb es zum Glück bei Nesselsucht ...
... aber es kann auch zu Herzschwäche oder Atemnot kommen ...
... wenn nicht gar zum Schlimmsten.
Wird das Essen also wissentlich serviert ...
... kommt es einer vergifteten Speise gleich.

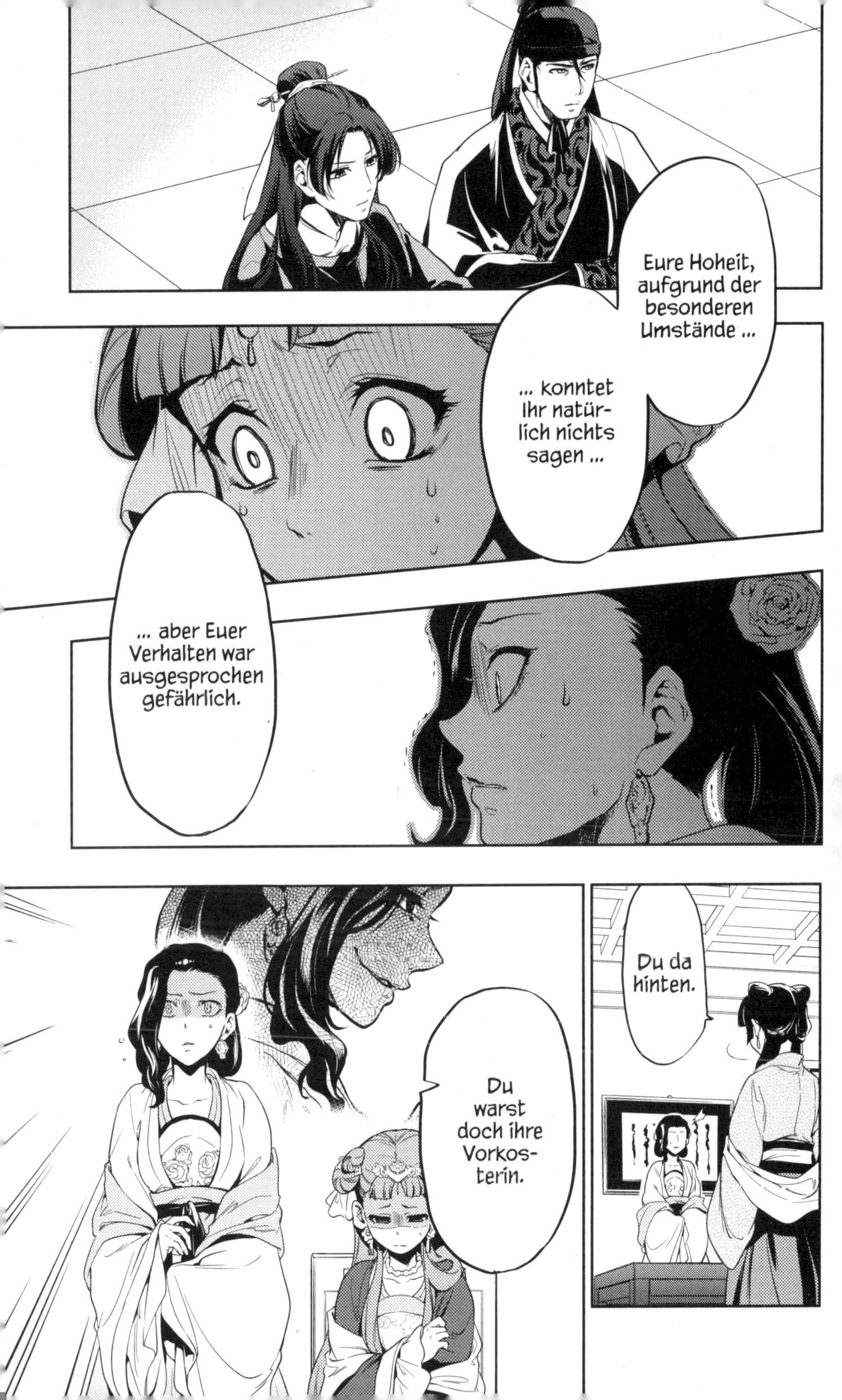
Eure Hoheit, aufgrund der besonderen Umstände ...
... konntet Ihr natürlich nichts sagen ...
... aber Euer Verhalten war ausgesprochen gefährlich.
Du da hinten.
Du warst doch ihre Vorkos-terin.

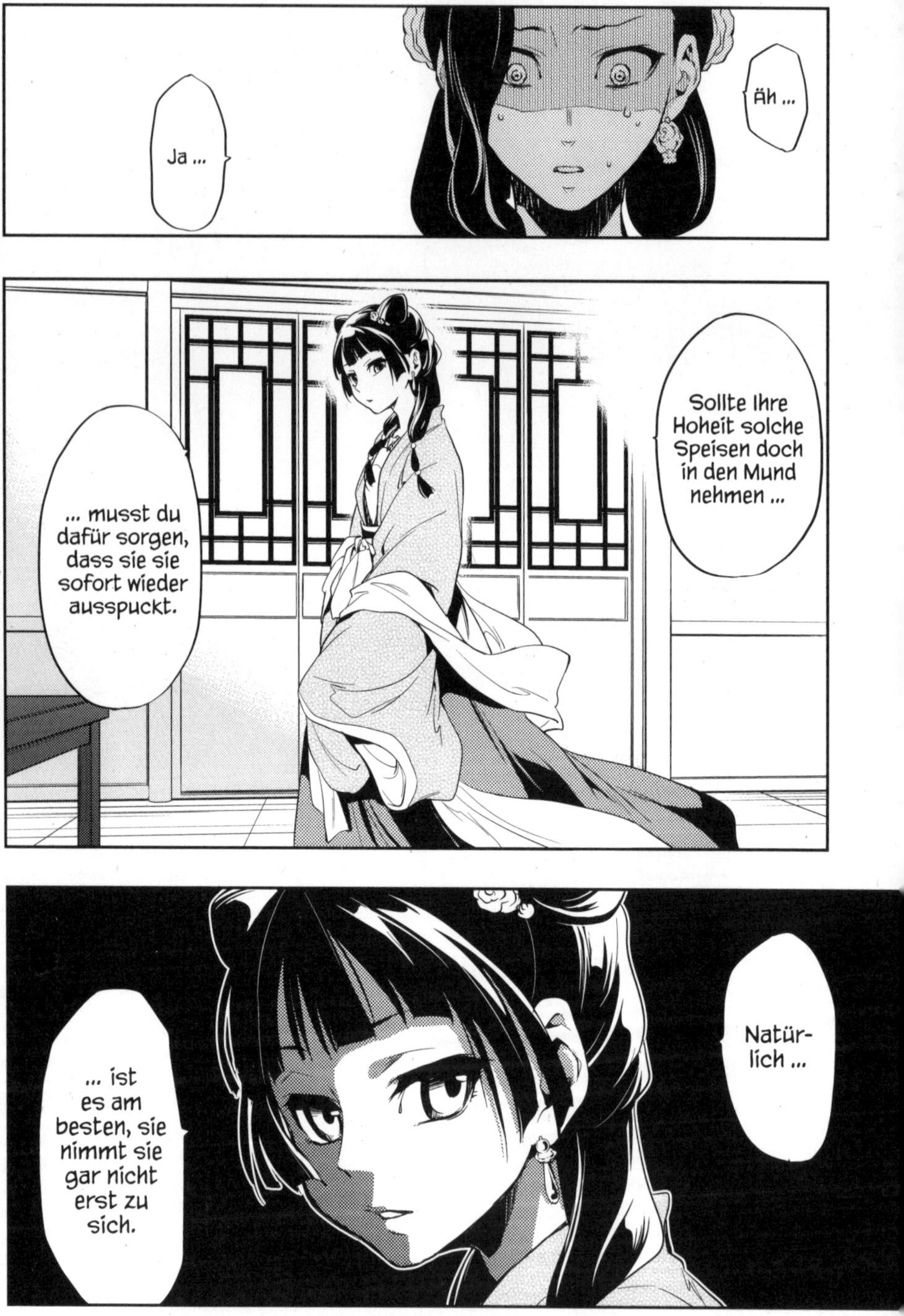
Äh ...
Ja ...
Sollte Ihre Hoheit solche Speisen doch in den Mund nehmen ...
... musst du dafür sorgen, dass sie sie sofort wieder ausspuckt.
Natürlich ...
... ist es am besten, sie nimmt sie gar nicht erst zu sich.

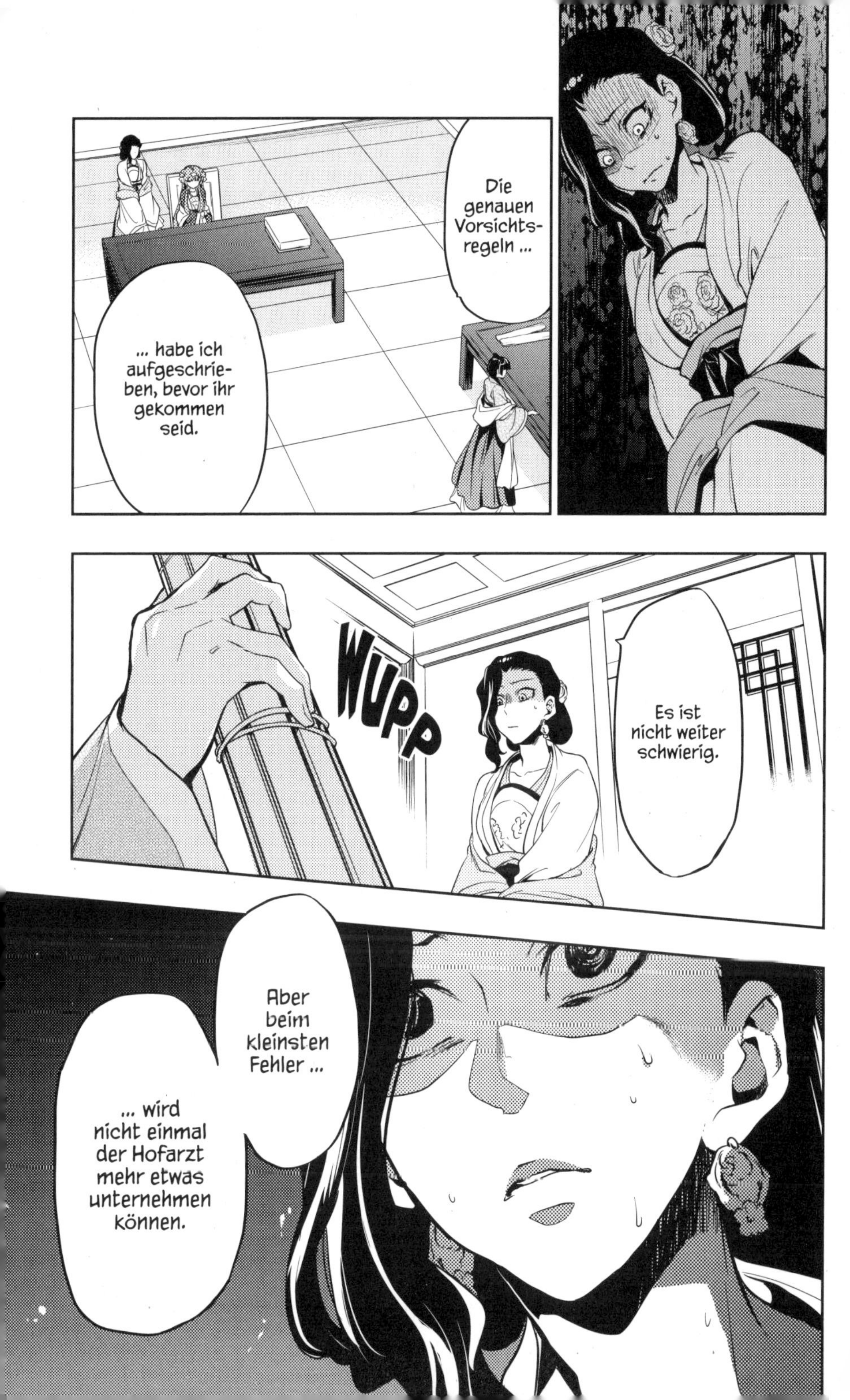
Die genauen Vorsichts-regeln ...
... habe ich aufgeschrie-ben, bevor ihr gekommen seid.
Es ist nicht weiter schwierig.
WUPP
Aber beim kleinsten Fehler ...
... wird nicht einmal der Hofarzt mehr etwas unternehmen können.

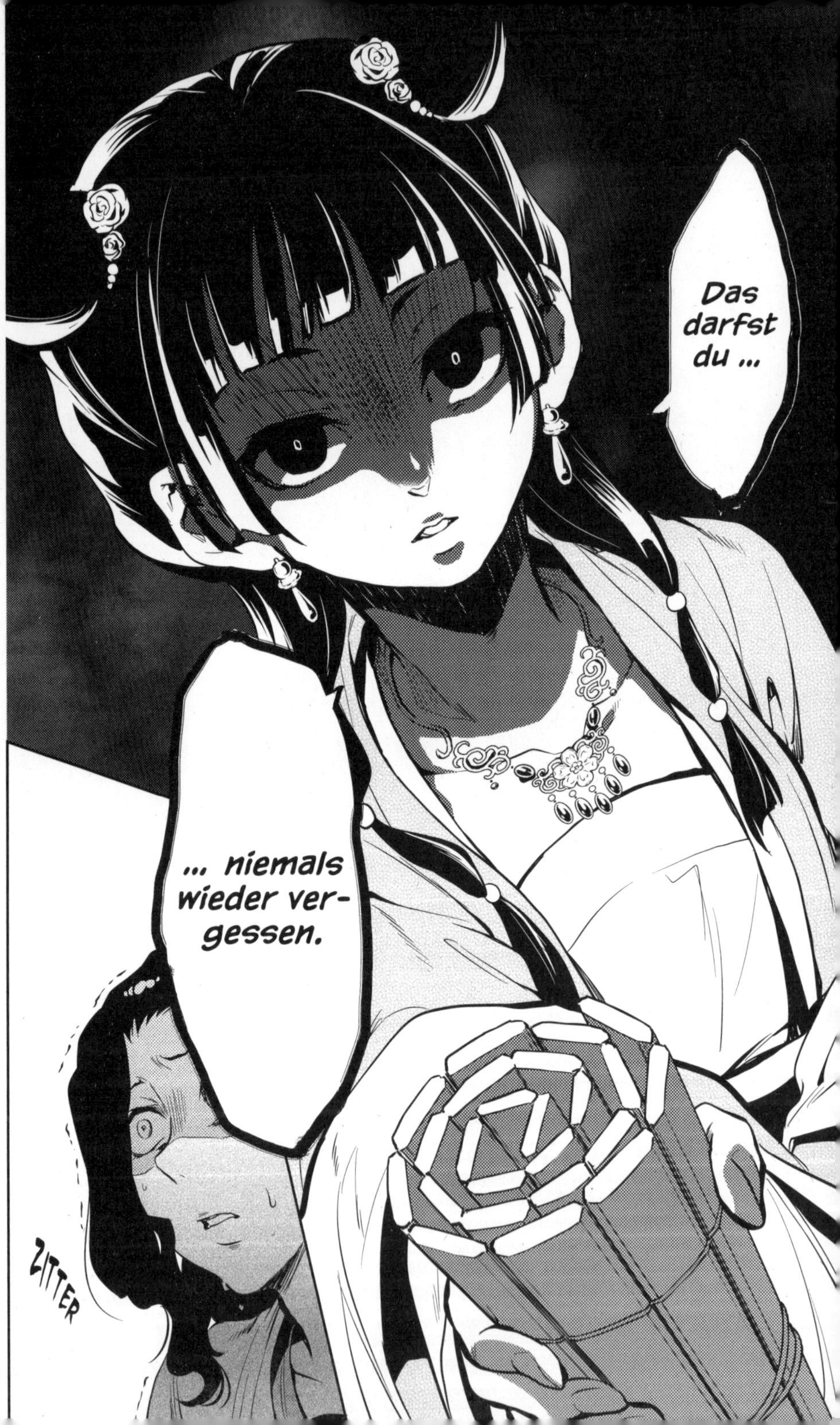
Das darfst du …
… niemals wieder vergessen.
ZITTER

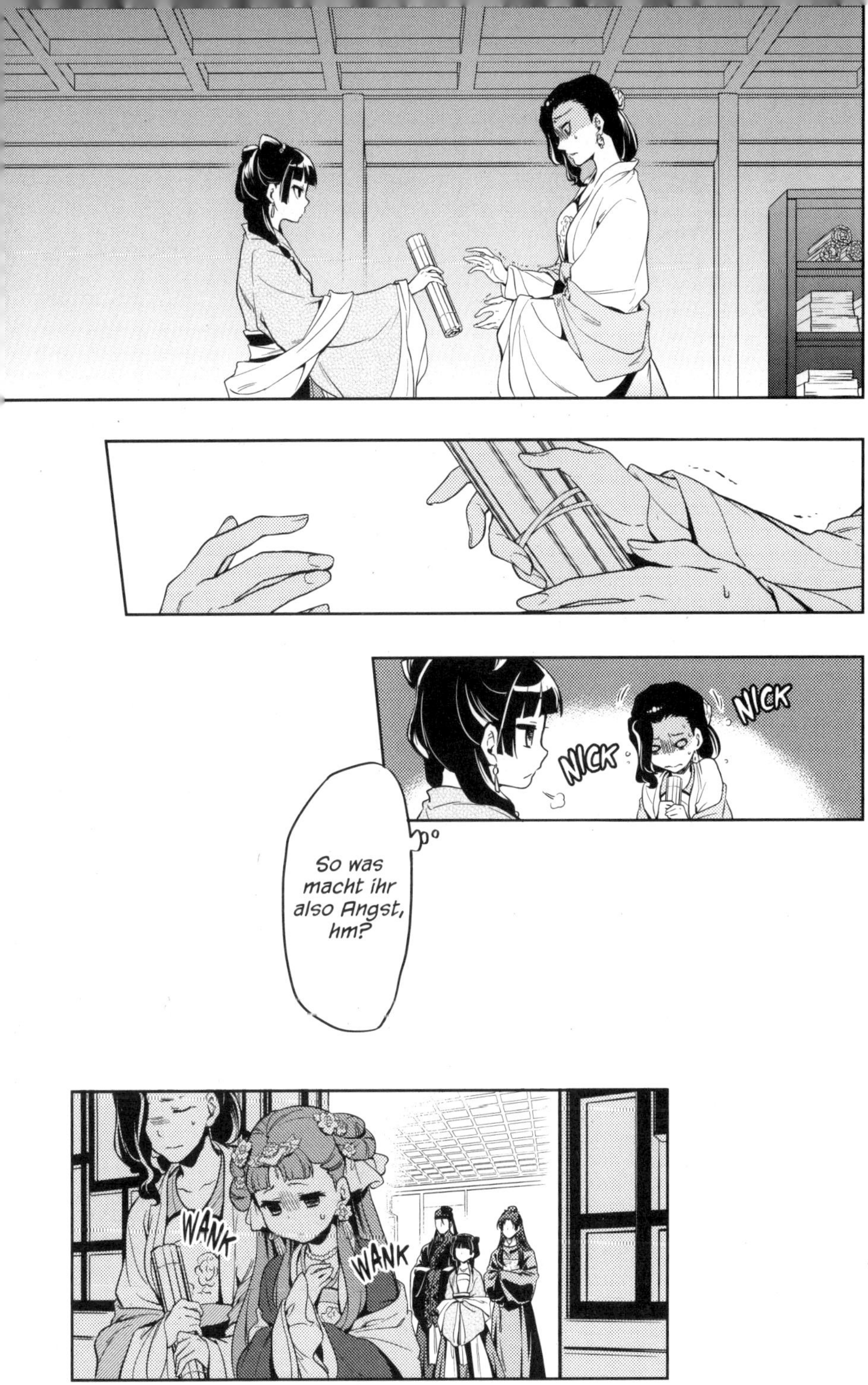
NICK
NICK
So was macht ihr also Angst, hm?
WANK
WANK

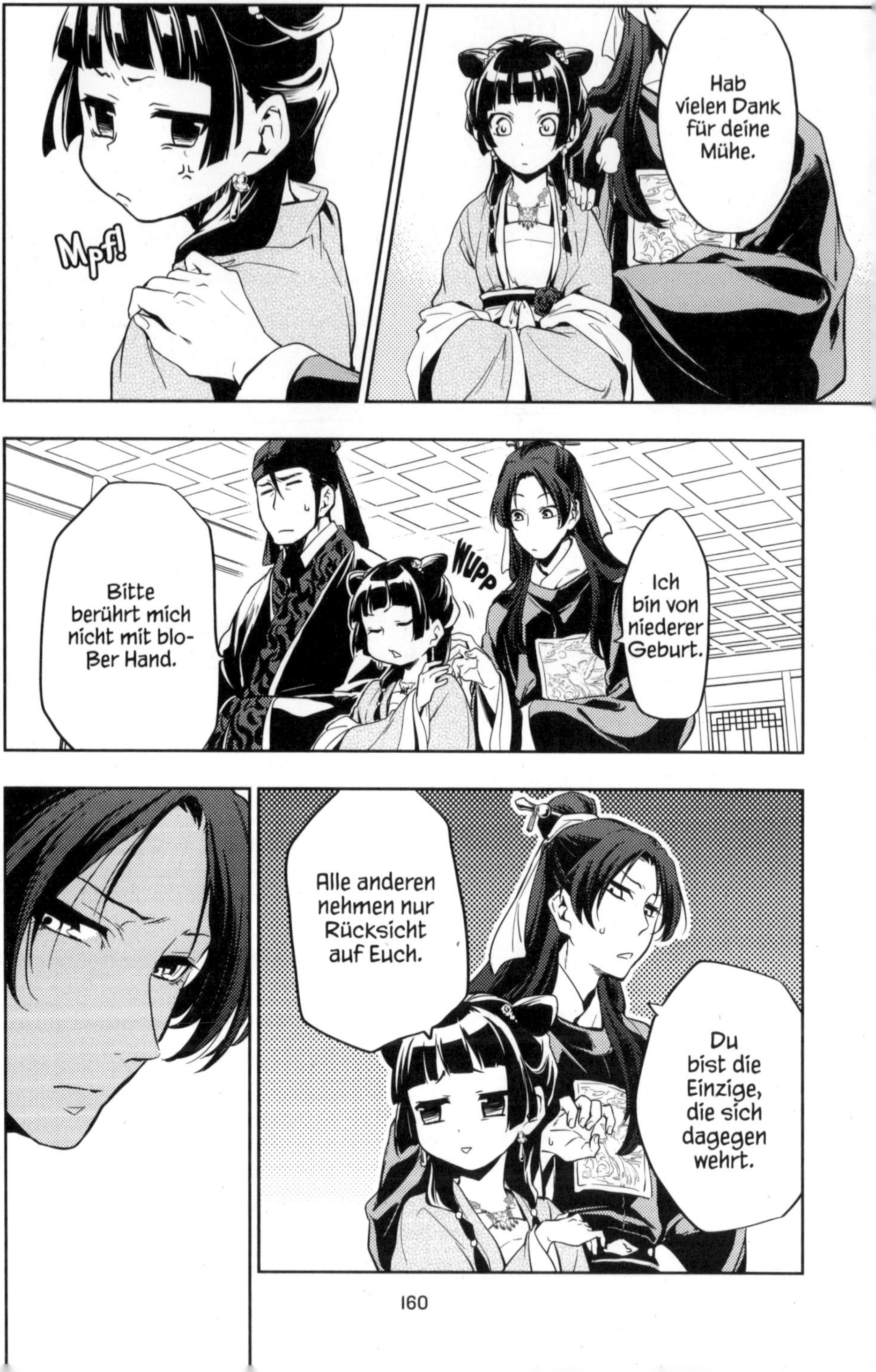
Hab vielen Dank für deine Mühe.
Mpf!
Ich bin von niederer Geburt.
WUPP
Bitte berührt mich nicht mit bloßer Hand.
Du bist die Einzige, die sich dagegen wehrt.
Alle anderen nehmen nur Rücksicht auf Euch.

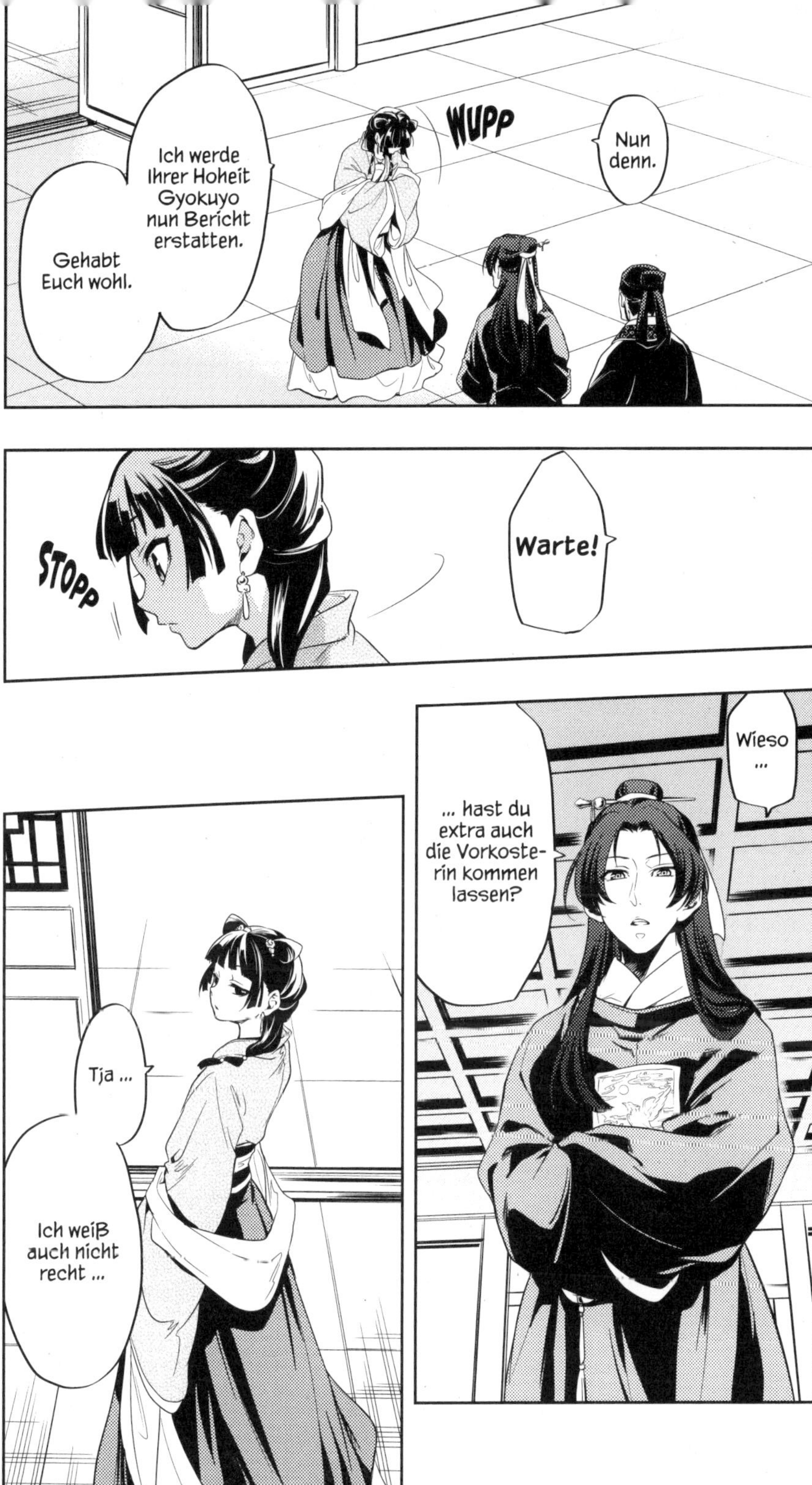
Nun denn.
WUPP
Ich werde Ihrer Hoheit Gyokuyo nun Bericht erstatten.
Gehabt Euch wohl.
Warte!
STOPP
Wieso ...
... hast du extra auch die Vorkoste-rin kommen lassen?
Tja ...
Ich weiß auch nicht recht ...

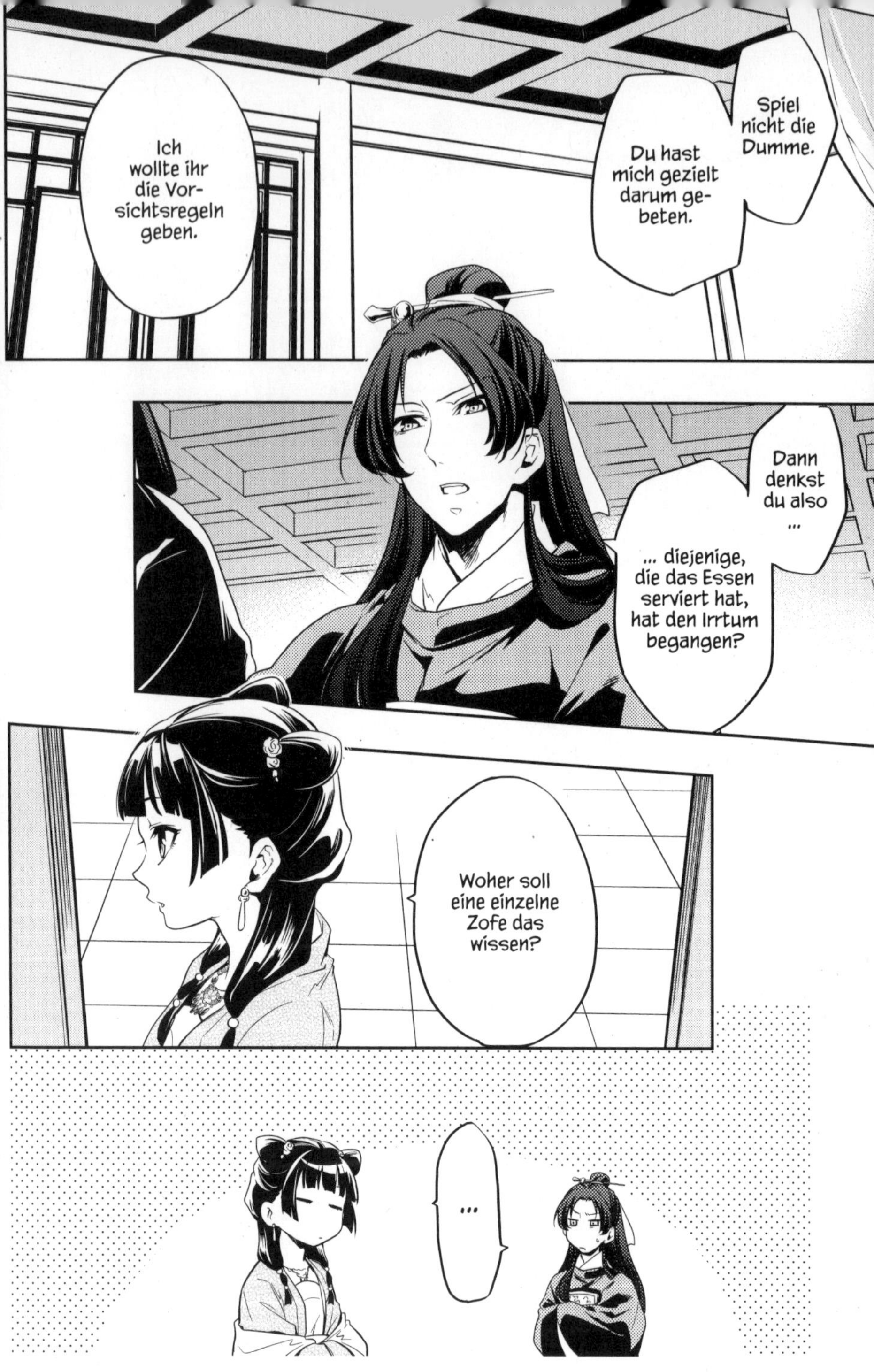
Spiel nicht die Dumme.
Du hast mich gezielt darum gebeten.
Ich wollte ihr die Vorsichtsregeln geben.
Dann denkst du also ...
... diejenige, die das Essen serviert hat, hat den Irrtum begangen?
Woher soll eine einzelne Zofe das wissen?
...

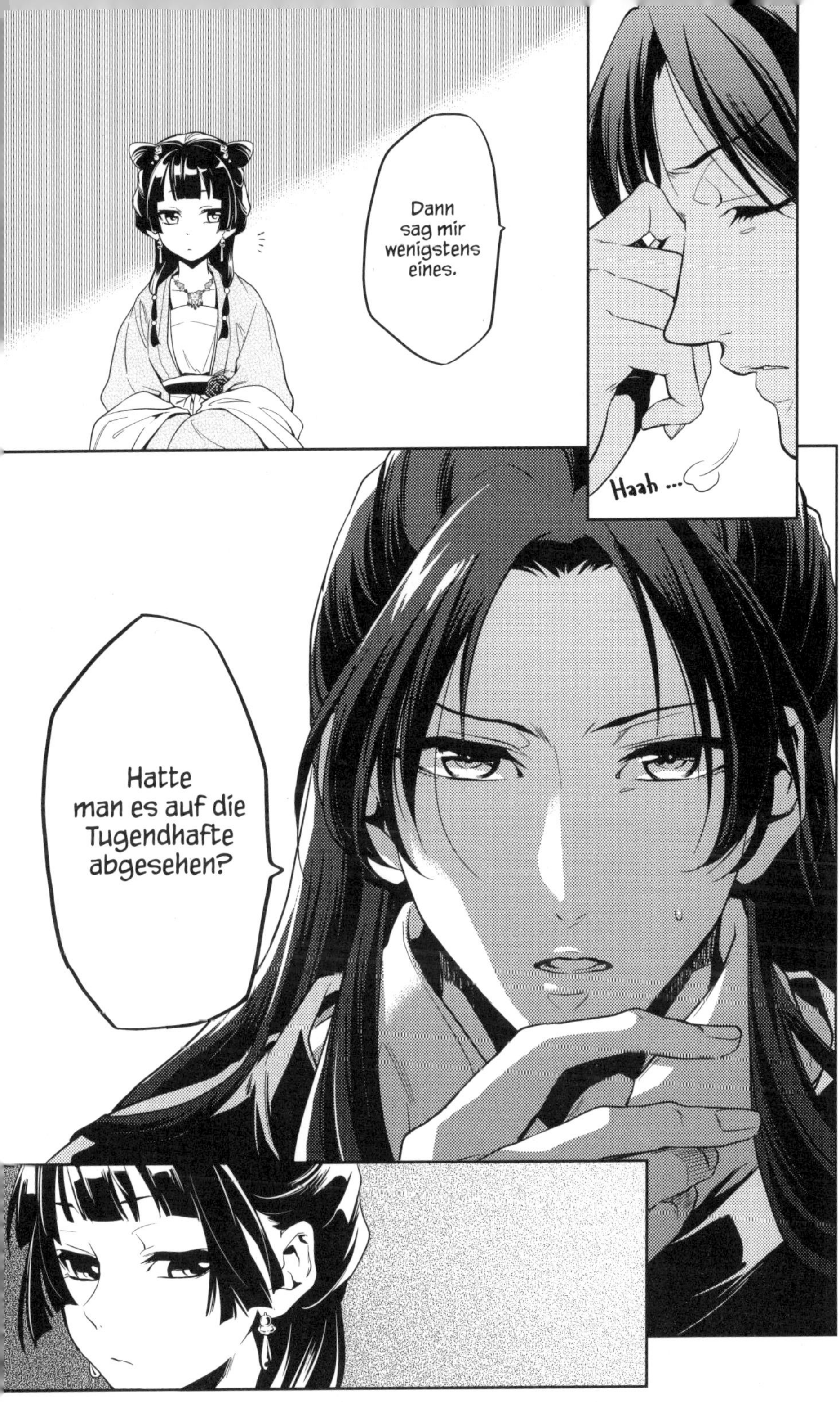
Haah ...
Dann sag mir wenigstens eines.
Hatte man es auf die Tugendhafte abgesehen?

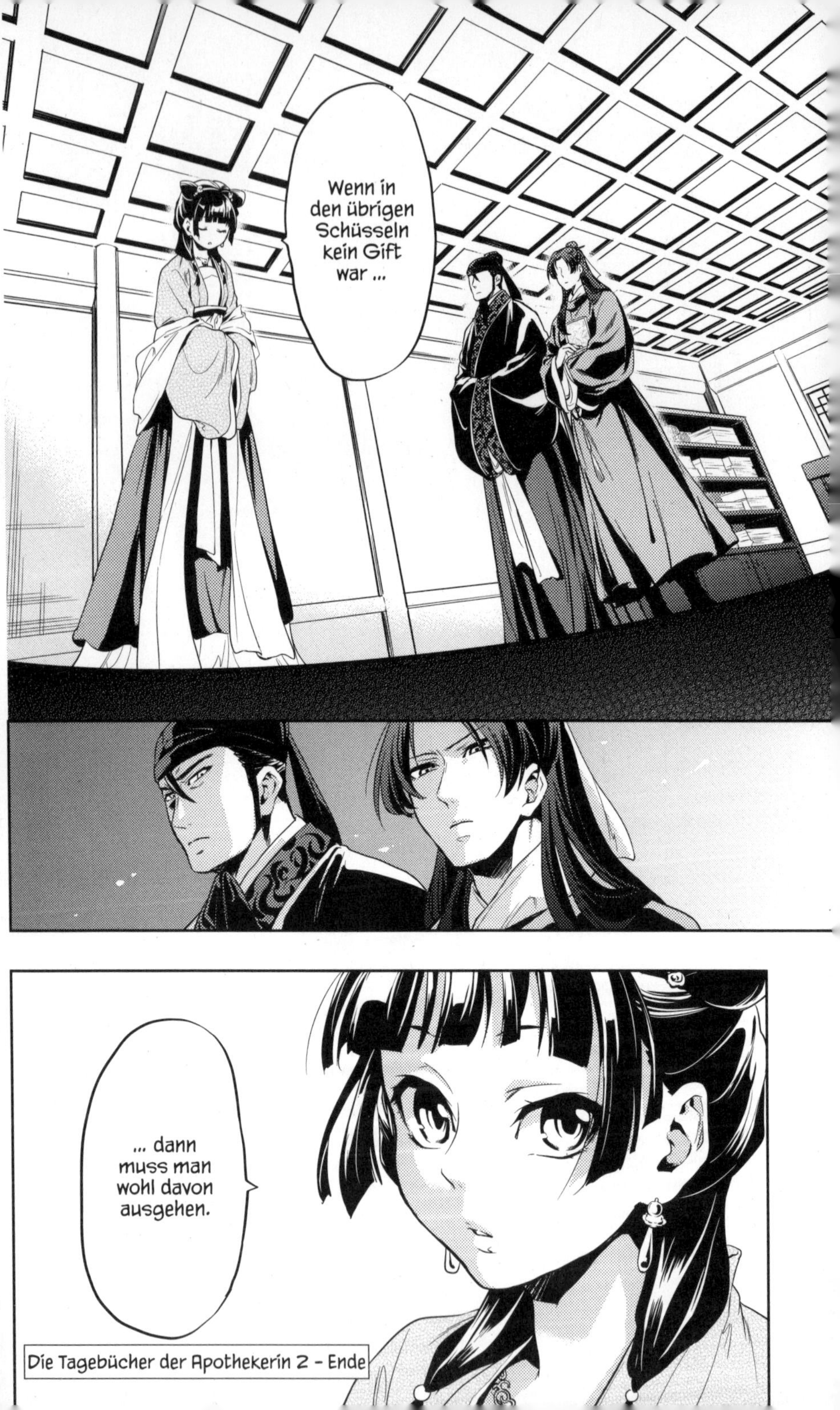
Wenn in den übrigen Schüsseln kein Gift war ...
... dann muss man wohl davon ausgehen.
Die Tagebücher der Apothekerin 2 – Ende

Die Tagebücher der Apothekerin

Geheimnisse am Kaiserhof

Bonusmanga: Treuherzigkeit

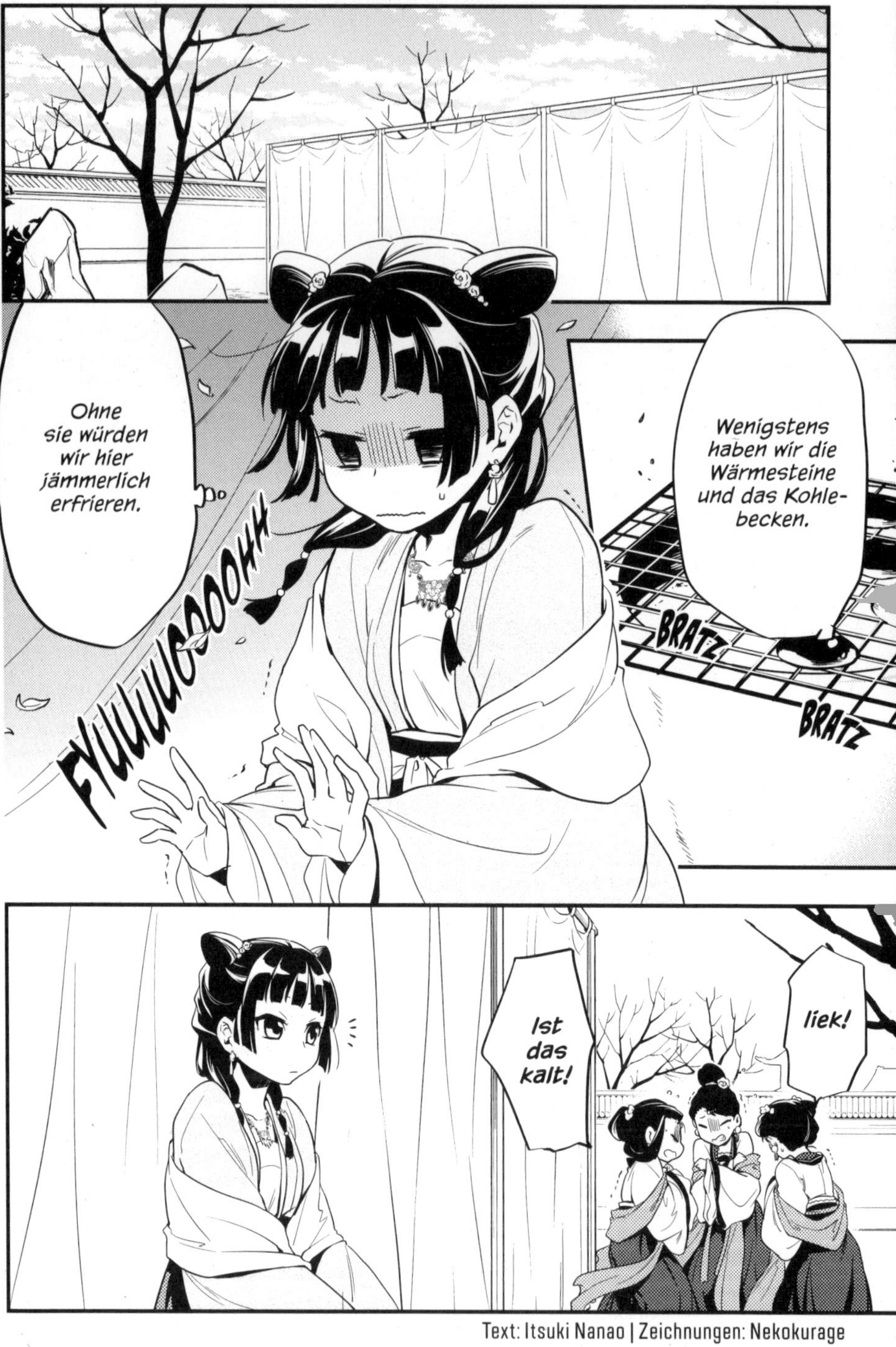

Text: Itsuki Nanao | Zeichnungen: Nekokurage

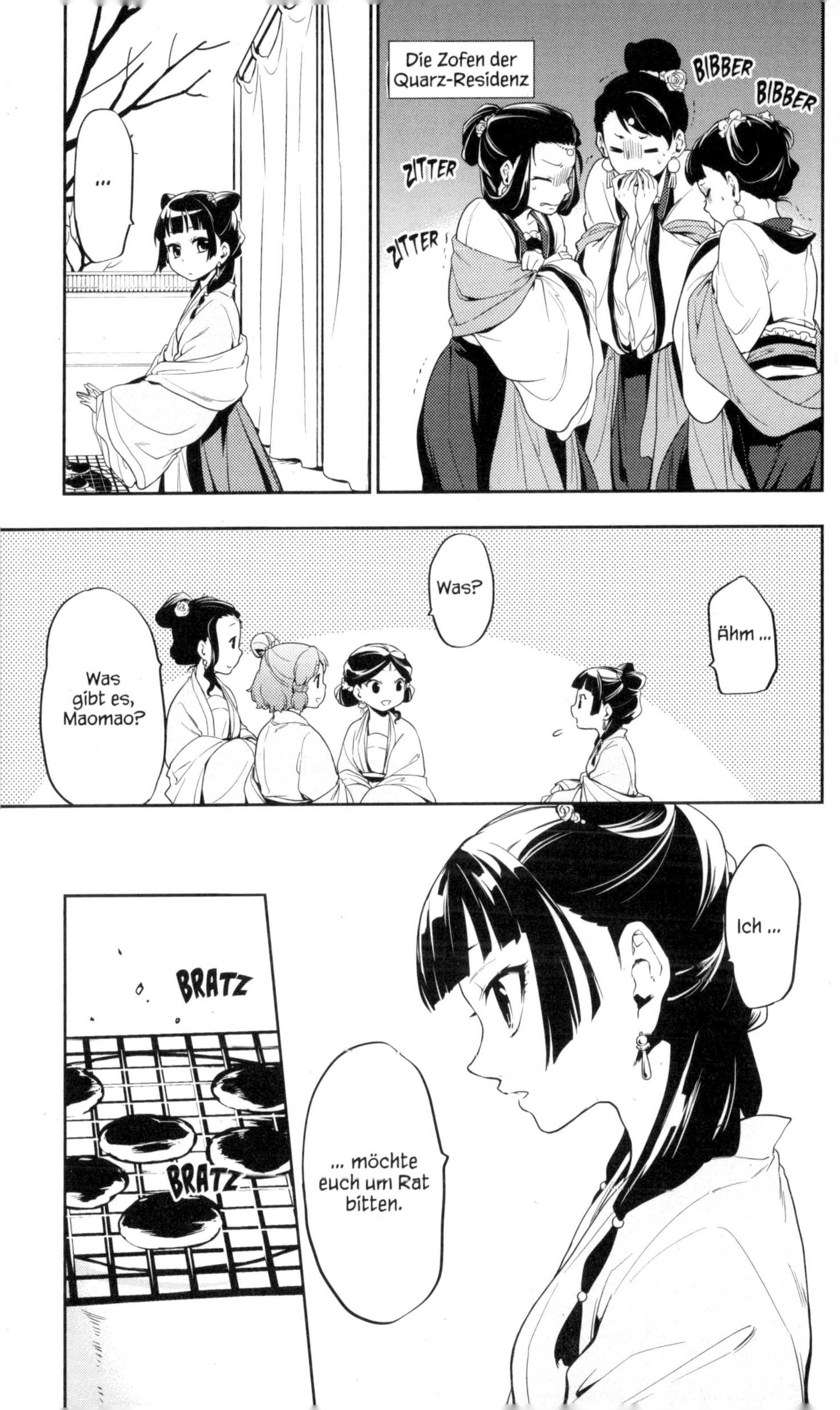
Die Zofen der Quarz-Residenz
BIBBER
BIBBER
ZITTER
ZITTER
...
Ähm ...
Was?
Was gibt es, Maomao?
Ich ...
... möchte euch um Rat bitten.
BRATZ
BRATZ

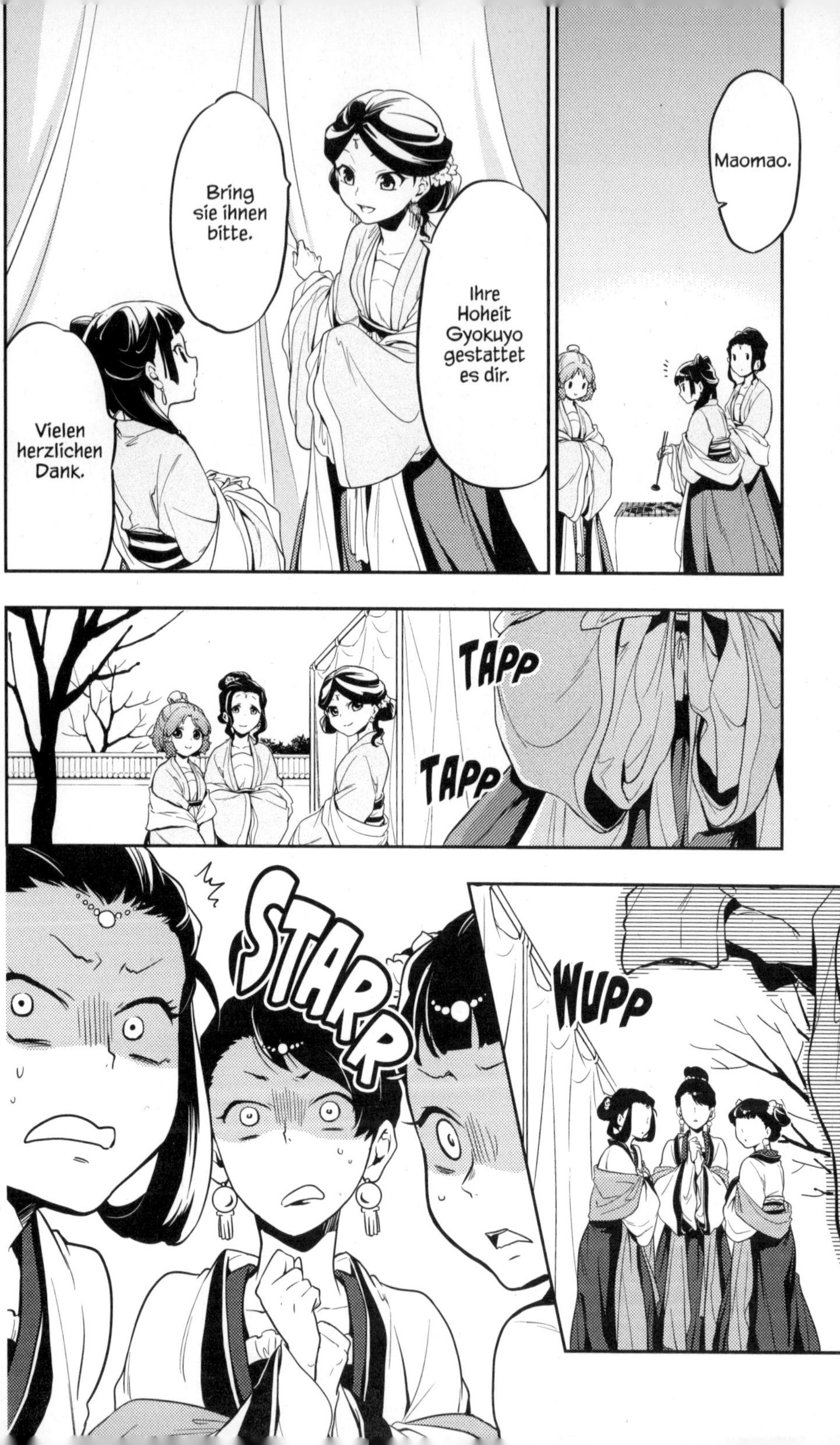
Maomao.
Ihre Hoheit Gyokuyo gestattet es dir.
Bring sie ihnen bitte.
Vielen herzlichen Dank.
TAPP
TAPP
WUPP
STARR

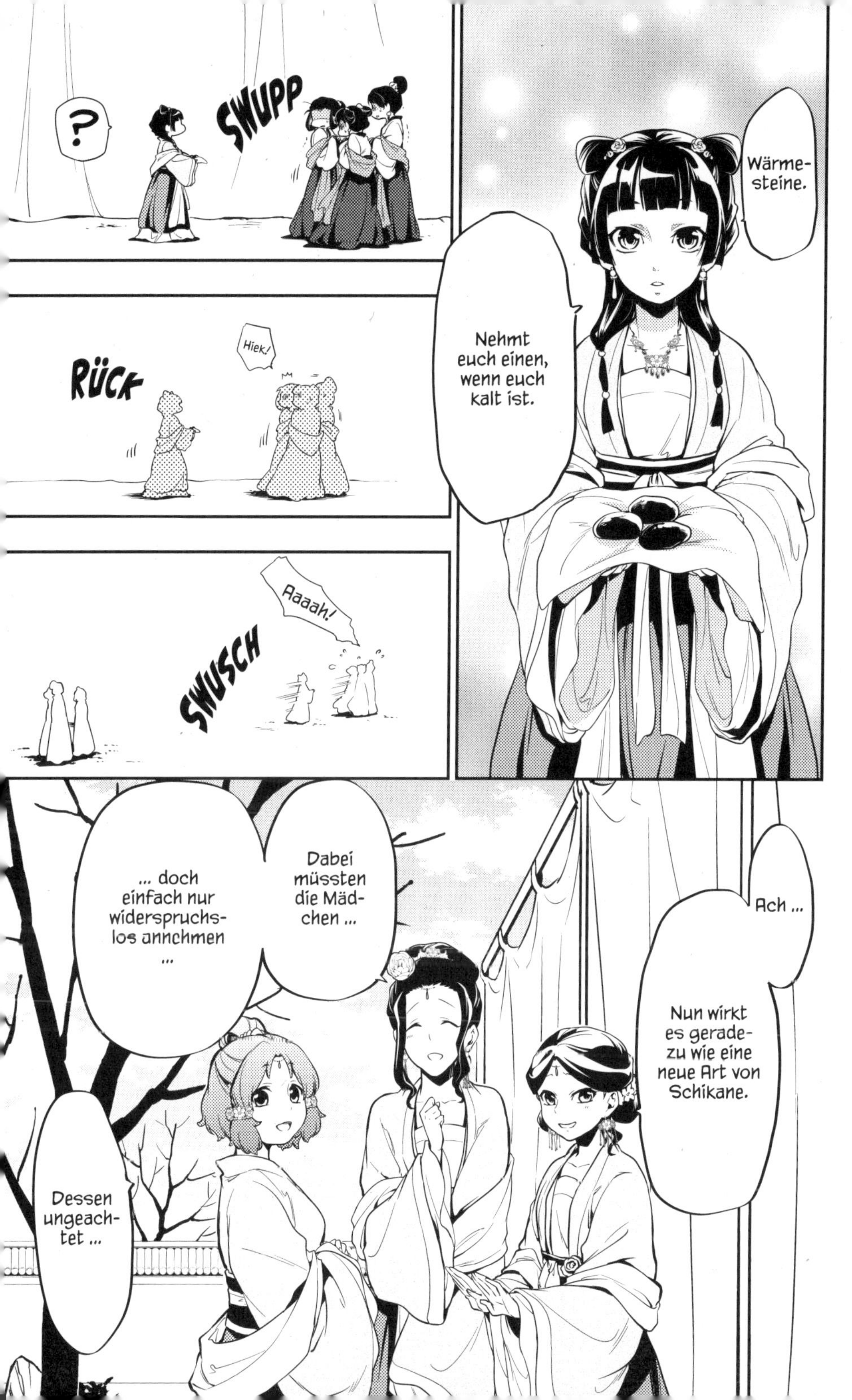
Wärme-steine.
Nehmt euch einen, wenn euch kalt ist.
?
SWUPP
Hiek!
RÜCK
Aaaah!
SWUSCH
Ach ...
Nun wirkt es gerade-zu wie eine neue Art von Schikane.
Dabei müssten die Mäd-chen ...
... doch einfach nur widerspruchs-los annehmen ...
Dessen ungeach-tet ...

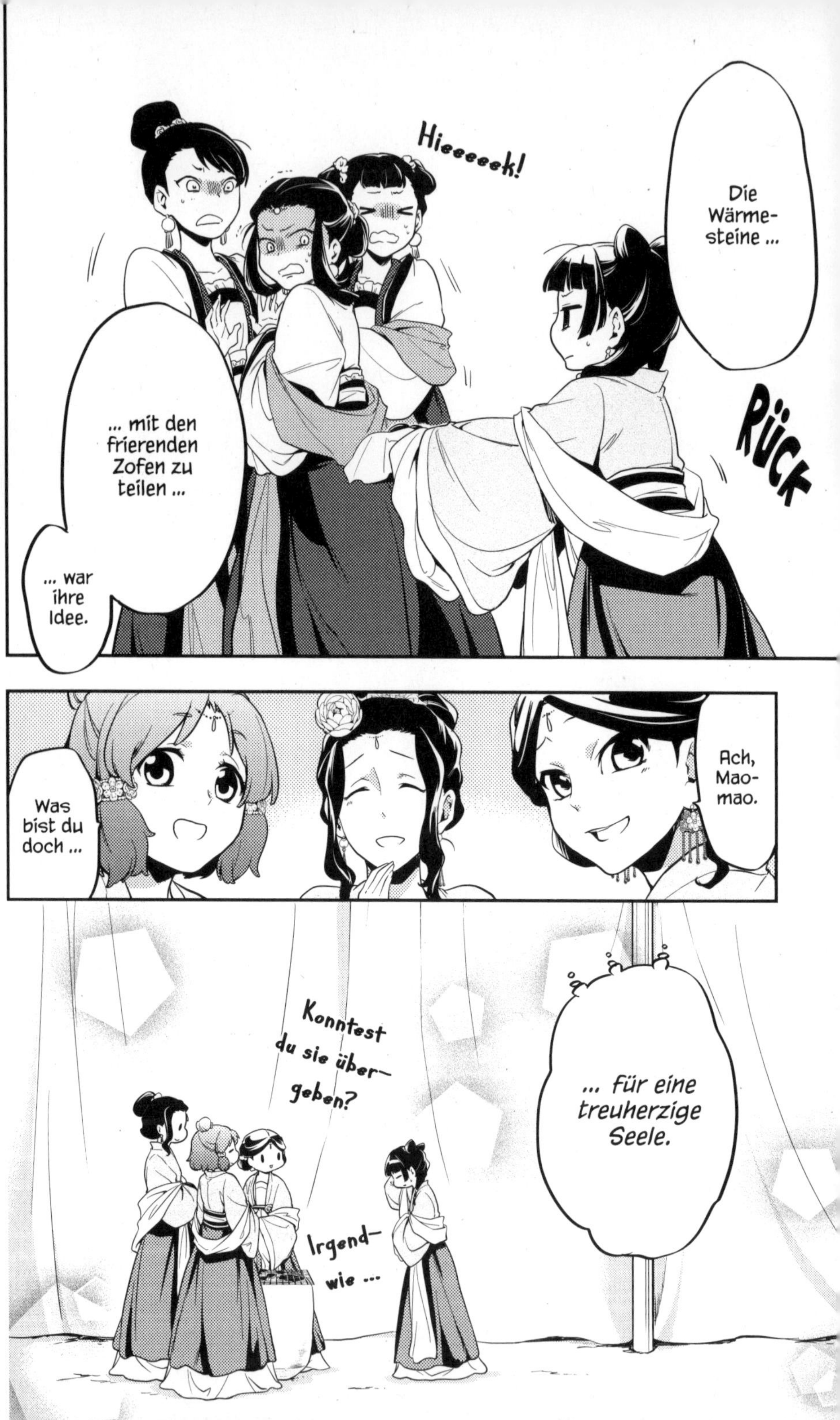
Die Wärme-steine ...
Hieeeeeek!
RÜCK
... mit den frierenden Zofen zu teilen ...
... war ihre Idee.
Ach, Mao-mao.
Was bist du doch ...
... für eine treuherzige Seele.
Konntest du sie über-geben?
Irgend-wie ...

Die Zofen der Jade-Residenz

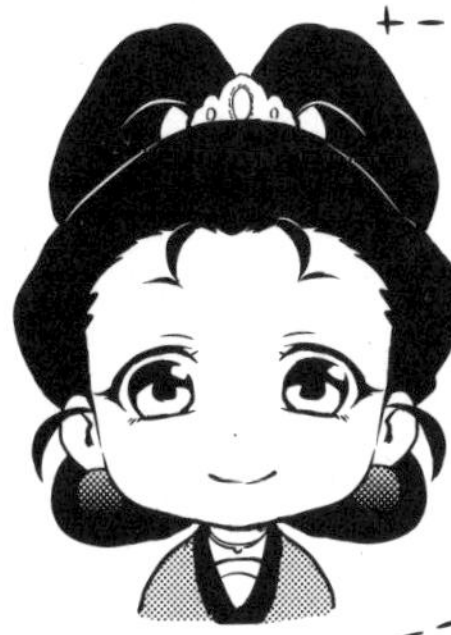

Honnyan

Die dreißigjährige Oberzofe.
Eine Schönheit, doch jeder Kummer steht ihr ins Gesicht geschrieben. Vielleicht lässt aufgrund ihrer Tüchtigkeit ihr Glück bei Männern zu wünschen übrig.

Infa

Lebhaft und vergleichsweise kleingewachsen. Hat ein fröhliches Gemüt und redet von allen am meisten.

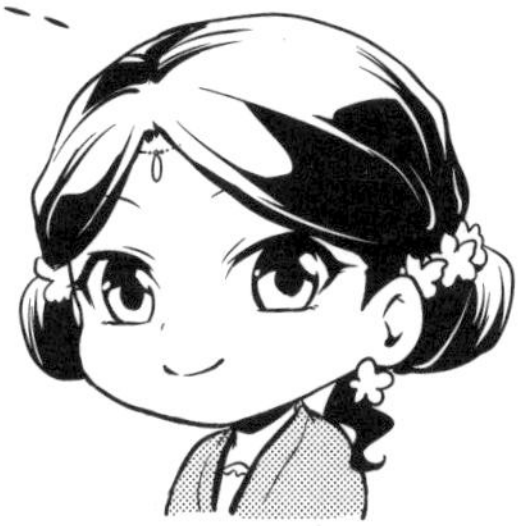

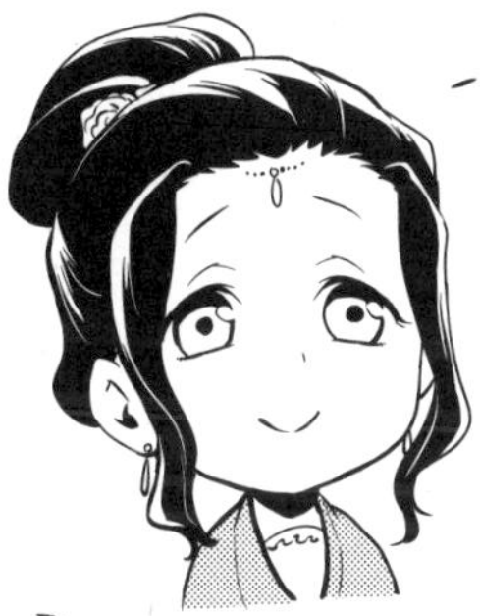

Airan

Ein schüchterner Mensch mit oft besorgtem Blick. Ist von den drei Zofen am größten.

Guien

Ruhig und pummelig. Ihr weiches Haar ist ihr besonderer Reiz.

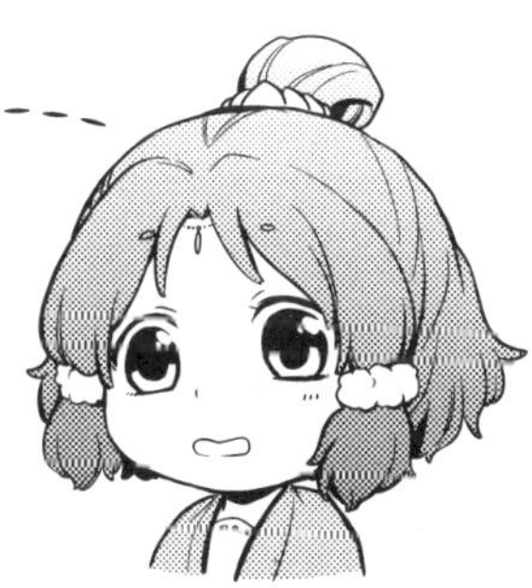

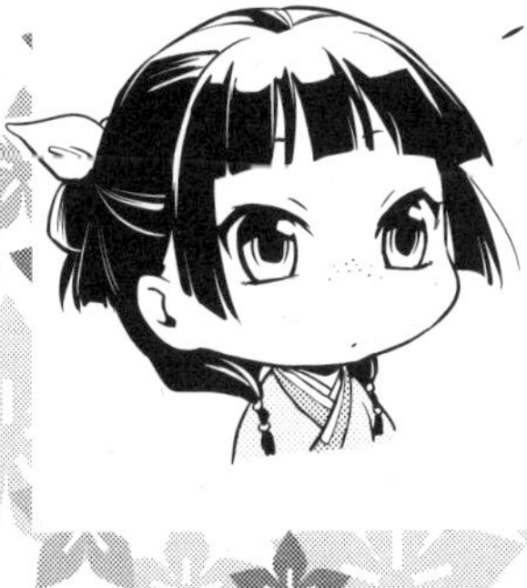

Maomao

Aufgrund verschiedener Umstände (siehe Band 1) Vorkosterin Ihrer Hoheit Gyokuyo.
Die Figur hat sich ungewollt ein wenig verselbstständigt, führt jetzt aber in der Jade-Residenz ein recht sorgloses Leben.

Danksagung

Die Tagebücher der Apothekerin –
Geheimnisse am Kaiserhof Band 2

Das Gartenfest mit den vier Ehefrauen. In der Romanvorlage sind die Designs der Gewänder nicht genau beschrieben. Mir sie und anderes beim Zeichnen auszudenken hat großen Spaß gemacht! Ich liebe chinesische Gewänder wirklich über alles. ♡ Auch im nächsten Band deuten sich Turbulenzen an! ✧

Zeichnerin Nekokurage

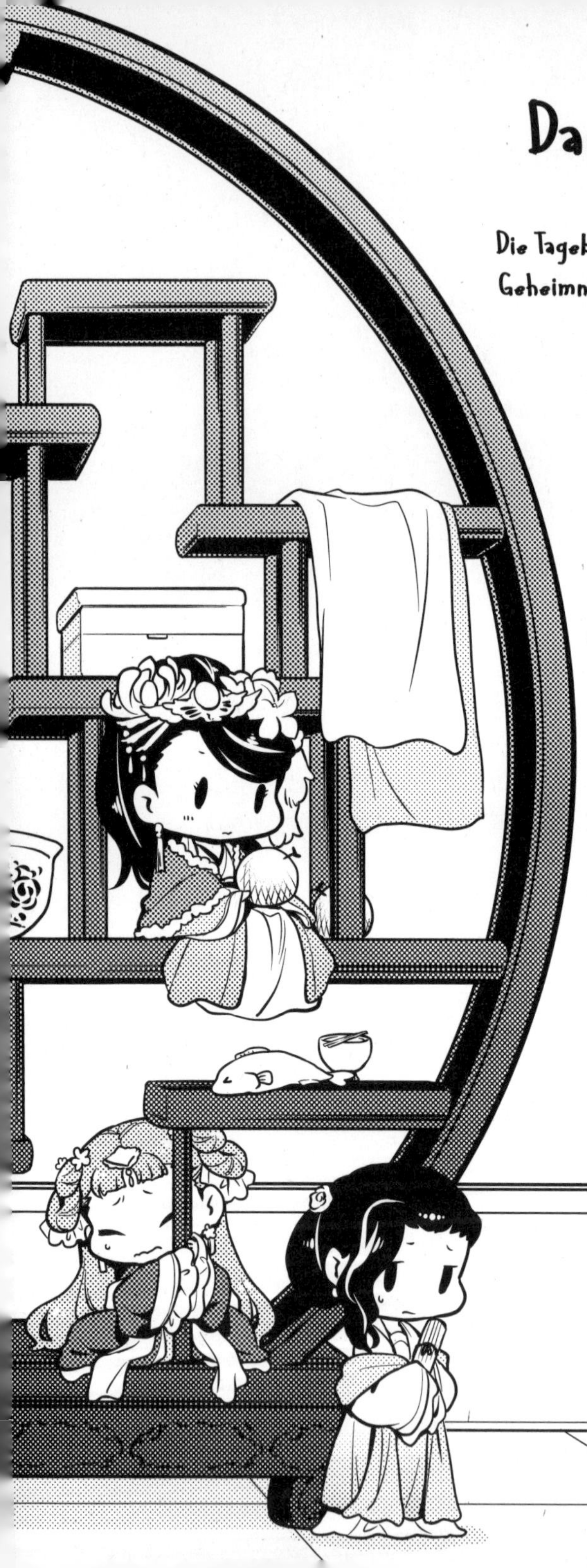

SPECIAL THANKS!

Assistent*innen

Waka Takase, Rie Shiroi, 105, Asaha, Hamano

Story Manga

Itsuki Nanao

Story Light Novel, Charakterdesign

Natsu Hyuuga, Touco Shino

Der Redaktion

Allen Leser*innen

Vielen Dank für alles!

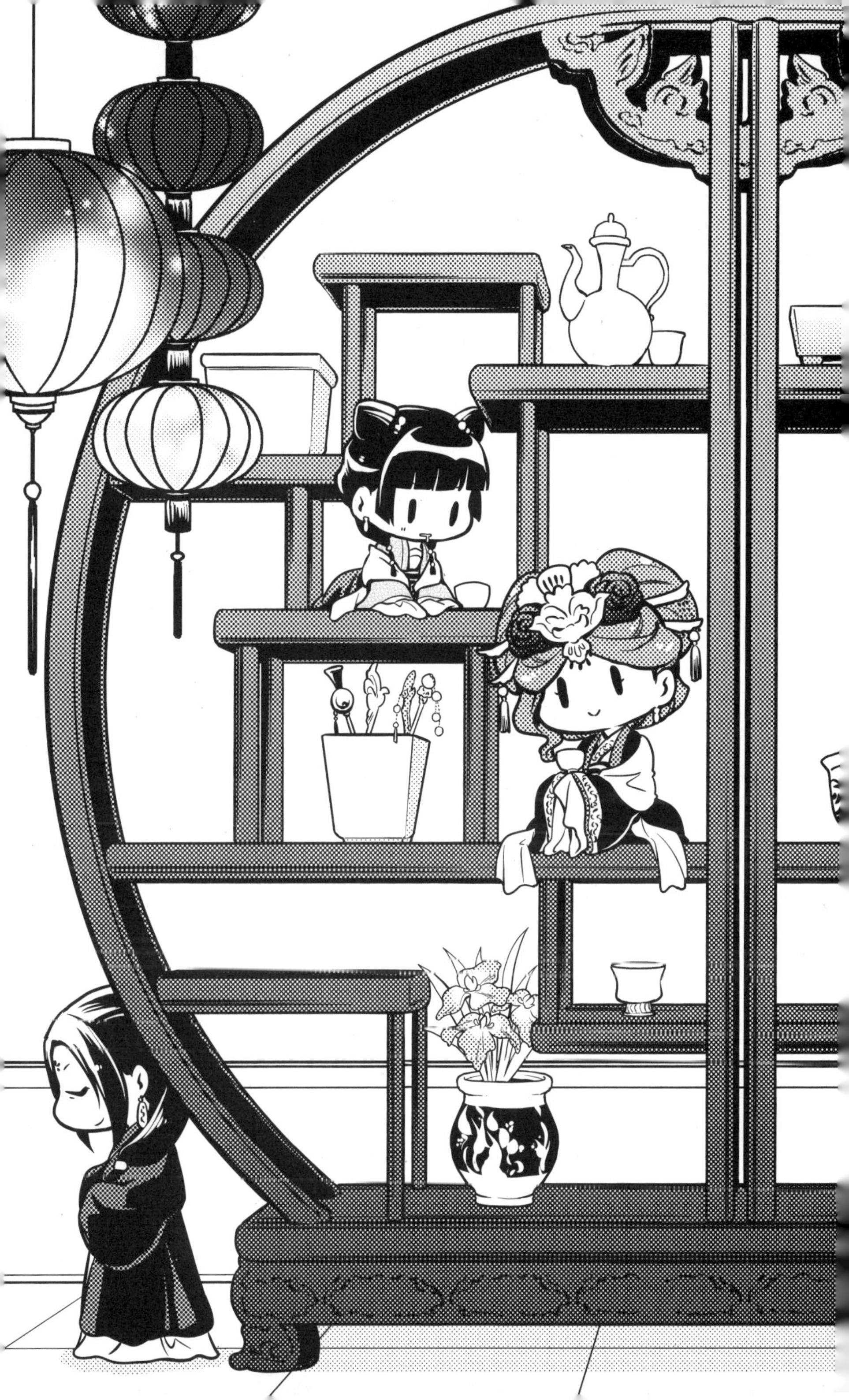

Das Gleiche wie du

Bonusmanga Zeichnungen: Itsuki Nanao

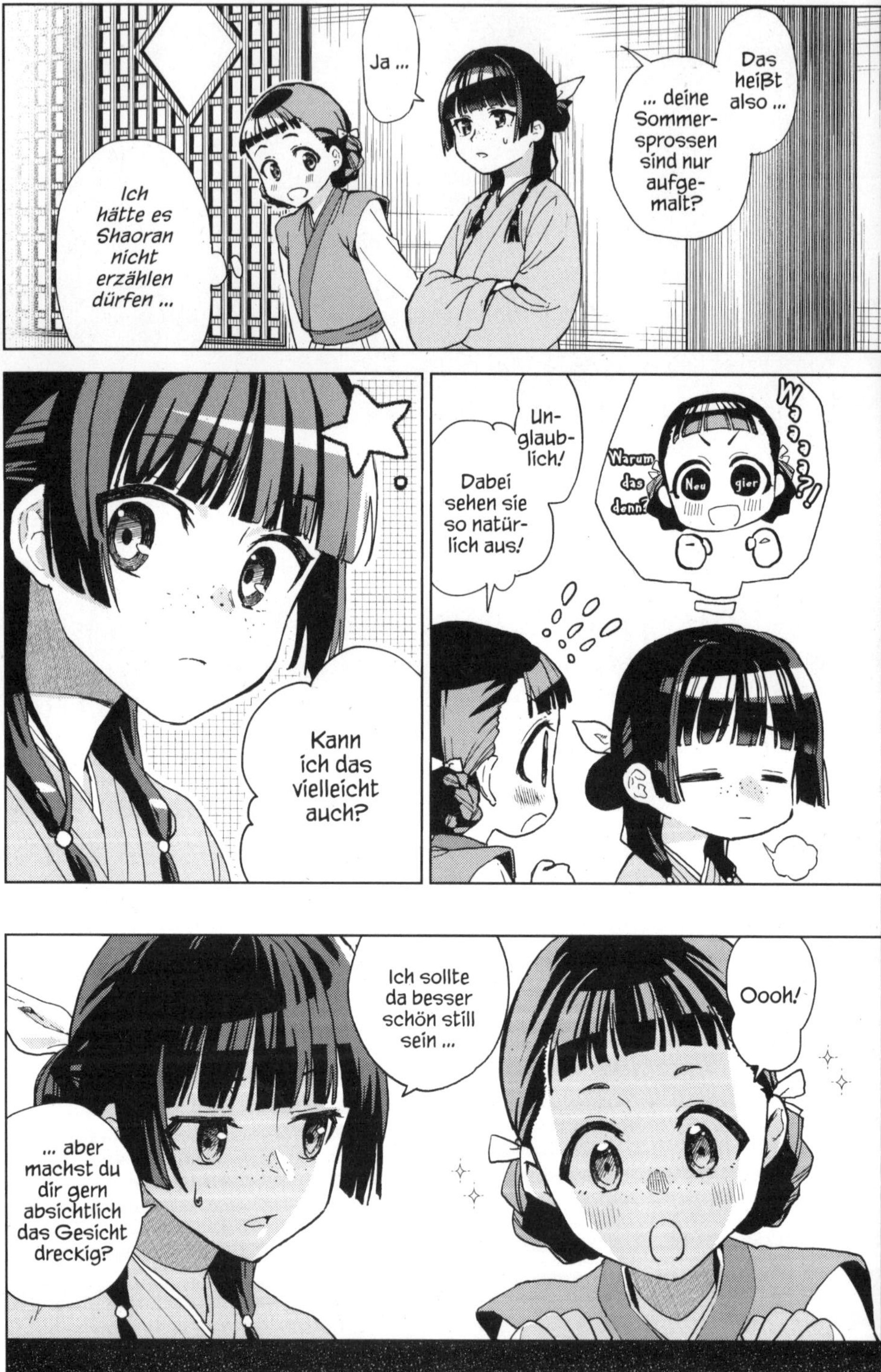

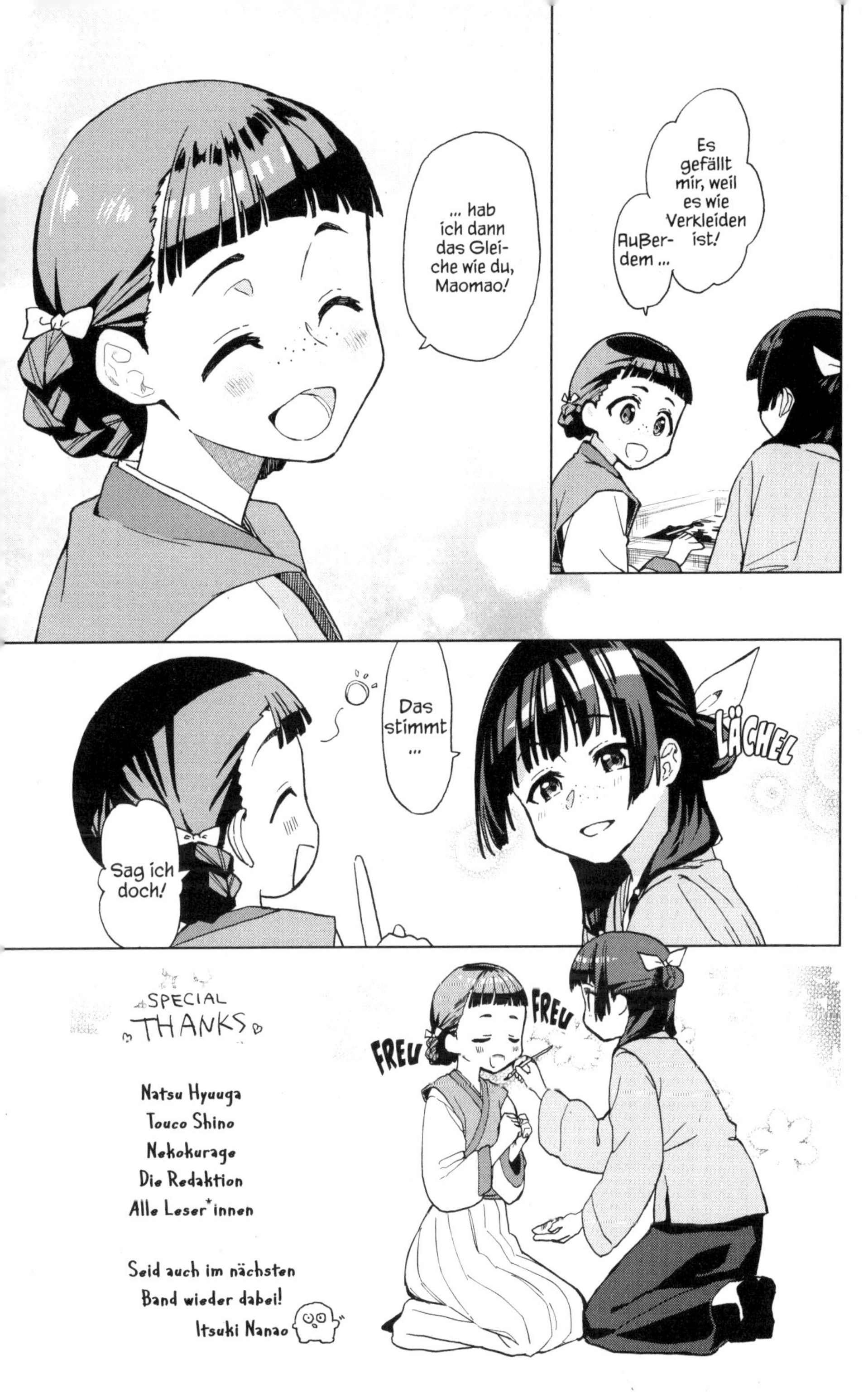
Es gefällt mir, weil es wie Verkleiden ist!
Außer-dem ...
... hab ich dann das Glei-che wie du, Maomao!
Das stimmt ...
LÄCHEL
Sag ich doch!
FREU
FREU
SPECIAL THANKS
Natsu Hyuuga
Touco Shino
Nekokurage
Die Redaktion
Alle Leser*innen
Seid auch im nächsten Band wieder dabei!
Itsuki Nanao

Vorschau auf Band 3

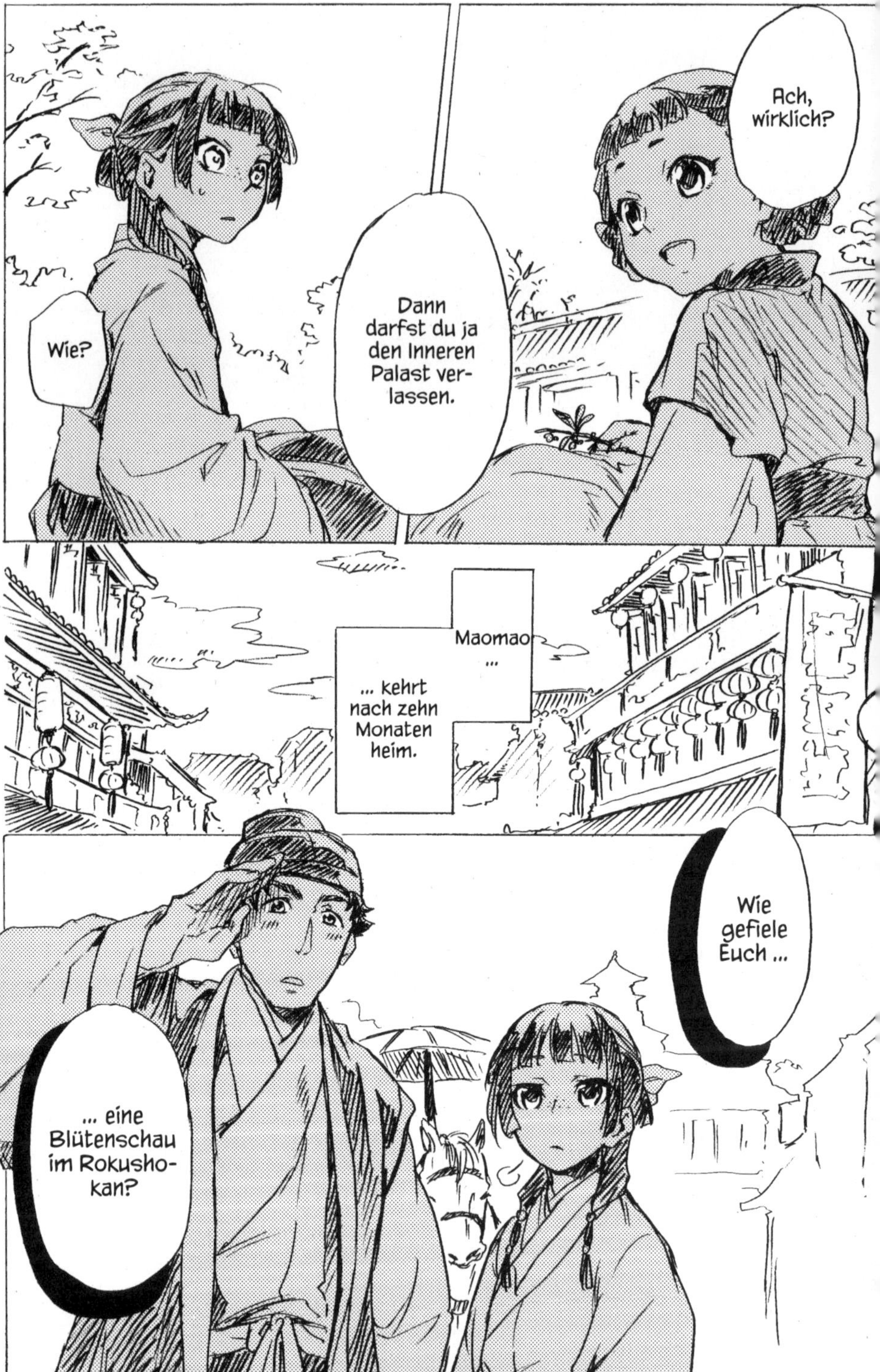

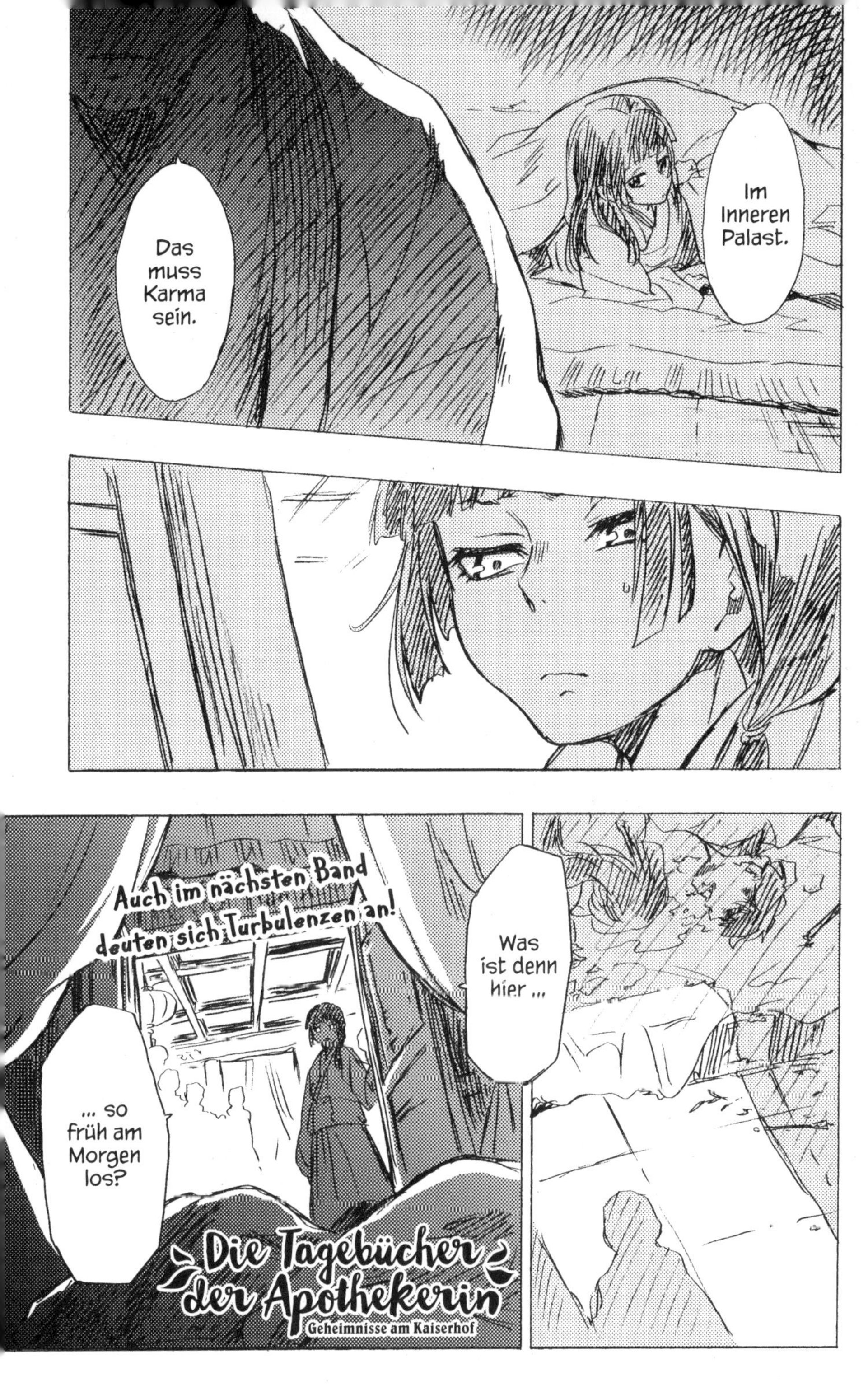
Im Inneren Palast.
Das muss Karma sein.
Was ist denn hier ...
... so früh am Morgen los?
Auch im nächsten Band deuten sich Turbulenzen an!
Die Tagebücher der Apothekerin
Geheimnisse am Kaiserhof

STOPP!

STOPP!
DIES IST DIE LETZTE SEITE!

Dies ist ein Manga, und einen japanischen Comic liest man von hinten nach vorne. Auch die Lesereihenfolge der Bilder und Sprechblasen auf den Seiten ist anders als gewohnt: von rechts oben nach links unten.

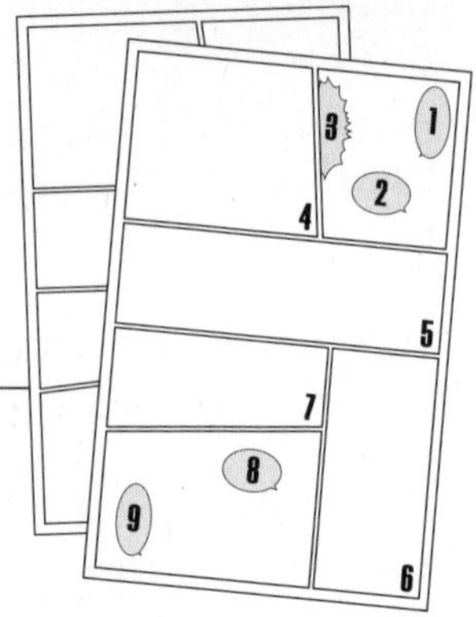

DIE TAGEBÜCHER DER APOTHEKERIN 02
Geheimnisse am Kaiserhof
von Natsu Hyuuga, Nekokurage & Itsuki Nanao

12. Auflage, März 2026
Deutsche Ausgabe/German Edition
Cross Cult Entertainment GmbH | Manga Cult, Teinacher Straße 72, 71634 Ludwigsburg („CCE")
CCE ist ein Unternehmen der Penguin Random House Verlagsgruppe
CCE-Verlagsleitung: Andreas Mergenthaler

Aus dem Japanischen von Verena Maser

Redaktion & Lektorat: Alexandra Grimsehl
Korrektorat: Denise Hedrich
Grafik/Produktionsleitung: Elke Epple
Layout und Lettering: Manga Cult, Datagrafix GSP GmbH, Berlin
Herstellung: Gerald Schmitt
Druck: GGP Media GmbH, Pößneck, Deutschland

produktsicherheit@cross-cult.de
(Vorstehende Angaben sind zugleich Pflichtinformationen nach GPSR)

Print-ISBN: 978-3-96433-558-6

www.manga-cult.de